Dirk Stienen

Das Berufsbild Pharmareferent im Wandel

Konsequenzen der Umsetzung innovativer Reorganisations- und Personalentwicklungskonzepte im pharmazeutischen Außendienst

Dirk Stienen

DAS BERUFSBILD PHARMAREFERENT IM WANDEL

Konsequenzen der Umsetzung innovativer Reorganisations- und Personalentwicklungskonzepte im pharmazeutischen Außendienst

ibidem-Verlag
Stuttgart

Die Deutsche Bibliothek - CIP-Einheitsaufnahme:

Stienen, Dirk:
Das Berufsbild Pharmareferent im Wandel : Konsequenzen der Umsetzung innovativer Reorganisations- und Personalentwicklungskonzepte im pharmazeutischen Außendienst / Dirk Stienen. - Stuttgart : ibidem-Verl., 2001
Zugl.: Dortmund, Univ., Diss., 1999
ISBN 3-898821-098-7

Diese Arbeit wurde an der Wirtschafts- und Sozialwissenschaftlichen Fakultät der Universität Dortmund als Dissertation angenommen.

∞

Gedruckt auf alterungsbeständigem, säurefreien Papier
Printed on acid-free paper

ISBN: 3-89821-098-7

Printed in Germany

Vorwort

Die vorliegende Untersuchung hat sich zum Ziel gesetzt, das sowohl von der Industriesoziologie als auch von anderen Disziplinen vernachlässigte Berufsbild des Pharmareferenten in seinen Facetten darzustellen und dabei die Vertriebsorganisationen der 90er Jahre und deren Auswirkungen besonderes zu berücksichtigen.

Die Arbeit entstand in unterschiedlichen institutionellen Kontexten: Zunächst in einer engen Zusammenarbeit mit dem Bundesarbeitskreis Außendienst der IG Chemie - Papier – Keramik (jetzt IG Bergbau-Chemie-Energie), wo sie durch kritisches Hinterfragen von klassischen Gewerkschaftsthemen in Zeiten starken Reorganisationsdrucks konzeptionelle Anregungen erhielt; in einer zweiten Phase standen die Kooperation mit Pharmaunternehmen und die Durchführung von Befragungen im Vordergrund, hier war der Fokus auf die Konsequenzen betrieblicher Veränderungsprozesse gerichtet, die durch die Umsetzung innovativer Reorganisationskonzepte entstanden.

Die Verbindung dieser unterschiedlichen Ansätze sowie die Gegenüberstellung von Interviews und Erhebungsergebnissen half, den Blick auf ein sich wandelndes Berufsbild zu schärfen. Die Ergebnisse der Untersuchung wurden in Workshops mit Betriebsräten und Unternehmensvertretern diskutiert und validiert, kritische Hinweise und Meinungen sind in die Arbeit miteingeflossen.

An dieser Stelle möchte ich mich bei allen Pharmareferenten, die sie sich die Zeit nahmen, den Fragebogen auszufüllen, herzlich für ihre Unterstützung bedanken. Auch gilt mein Dank allen Unternehmen, die mich bei der Erstellung dieser Arbeit unterstützt haben. Hervorheben möchte ich hier meine Ansprechpartner bei den Unternehmen, die an der Umfrage teilgenommen haben. Alle Mitglieder des damaligen Bundesarbeitskreises Außendienst der IG Chemie - Papier - Keramik, und hier besonders Frau Inge Mettke, möchte ich an dieser Stelle nicht unerwähnt lassen.

Herzlicher Dank gilt auch meiner Betreuerin Frau Prof. Dr. Ursula Schumm-Garling und Prof. Dr. Hartmut Neuendorff für die Erstellung des Erst- bzw. Zweitgutachtens.

Ihre unermüdliche Diskussionsbereitschaft werde ich meinen Freunden und Kollegen Rosario Möckel, Silvia Mundt, Bettina Balz und Sven Neuhaus nicht vergessen. Hervorheben möchte ich hier Frau Dr. Andrea Poy, die durch produktive Irritationen und kritische Anmerkungen das Projekt weitergebracht hat.

Ein besonders lieber Dank gilt meiner Mutter, die mich nicht nur durch geduldiges Zuhören, sondern auch beim Schriftverkehr und in der Korrekturlesung tatkräftig unterstützt hat.

Hagen, im September 2000

Dirk Stienen

Inhaltsverzeichnis

Abbildungsverzeichnis

Tabellenverzeichnis

1. Einleitung

In den Veröffentlichungen über die Pharmabranche, die den pharmazeutischen Außendienst zumindest partiell thematisieren, stehen vorwiegend Aspekte des Marketings (z.B. Wilkes 1989), der Branchen- und Unternehmenssituation (z.B. Friesewinkel 1992) oder der Auswirkungen der Pharmaberatung auf die Ärzteschaft bzw. deren gesellschaftliche Konsequenzen (z.B. Rohrbacher 1988) im Vordergrund. Branchenübergreifende Studien mit dem Schwerpunkt Außendienst und Vertrieb fokussieren dagegen eher einzelne - und oft auch traditionelle - Bereiche aus dem breiten Aufgabenspektrum eines Außendienstmitarbeiters, wie z.B. die Bedeutung der Rhetorik und der Persönlichkeit auf den Beratungs- oder Verkaufserfolg (z.B. Thiele 1988), die rechtlichen Aspekte der Außendiensttätigkeit (Mayer 1996, Hunold 1993a/b) oder den Technikeinsatz im Außendienst (Weißbach/Witzgall/Vierthaler 1990; Link/Hildebrand 1993). Eine umfassende Darstellung des Berufbilds des Pharmareferenten steht jedoch immer noch aus. In diesem Sinne dient die vorliegende Arbeit nicht zuletzt auch dazu, eine fundierte Informationsbasis über die Arbeitssituation der Pharmareferenten zu schaffen.

In der neueren Managementliteratur über den Außendienst (z.B. Bußmann 1994, 1996) werden zwar bereits die bis in den Vertrieb reichenden strukturellen Veränderungen der Unternehmensorganisation durch den Einfluß der Lean-Konzepte thematisiert, die Konsequenzen und Auswirkungen dieser Reorganisationsstrategien auf die betriebliche Praxis – besonders auf die Arbeitssituation der betroffenen Mitarbeiter - bleiben jedoch oft unberücksichtigt.

Diese Folgen - so die These - schlagen immer stärker auch direkt auf die Ebene des Mitarbeiter durch, da dem steigenden Druck auf die Unternehmen, bedingt sowohl durch Marktveränderungen als auch durch „hausgemachte" Schwierigkeiten, wie z.B. mangelnde Innovationserfolge in den FuE-Bereichen, vor allem durch Maßnahmen begegnet wird, die letztlich lediglich den Leistungsdruck am Ende der Kette verschärfen. Die Umsetzung von in erster Linie kosten- und marktinduzierter Reorganisationskonzepten führt so quasi zwangsläufig zu einer Verschlechterung der konkreten Arbeitssituation, die sich dadurch auszeichnet, daß Motivation zunehmend durch Leistungsdruck ersetzt wird. Die immer stärker in den Vordergrund rückende Umsatzerzielung führt damit zu einer massiven Veränderung des klassischen Berufsbildes des Pharmaberaters, der sich immer stärker vom Berater zum Verkäufer wandelt. Der Autor geht so der Frage nach, inwiefern diese reaktiven Verhaltensmuster der Unternehmensleitungen verbunden mit der mangelhaften bzw. übereilten Umsetzung eigentlich langfristig angelegter Managementkonzepte die Arbeitssituation der Außendienstmitarbeiter verändern.

Der Außendienstmitarbeiter als letztes Glied am Ende der Wertschöpfungskette ist von diesen Reorganisationen - im Vergleich zum „klassischen" Angestellten - in einem qualitativ anderen Maße betroffen. Die Außendienstmitarbeiter stellen im Vergleich zu der Gruppe der „klassischen" Angestellten, einen Sonderfall dar: So sind sie direkt mit dem Markt konfrontierte Einzelkämpfer, die in gewisser Weise immer schon stärker dem neuerdings propagierten Bild des „Unternehmers im Unternehmen" entsprochen haben. Die Ergebnisse der neueren Angestelltensoziologie (vgl. z.B. Kotthoff 1996, 1997), die mittlerweile ihren Rückstand gegenüber der Literatur über industrie- bzw. produktionsnahe Themen aufgeholt hat, sind daher auf diesen Angestelltentyp nicht ohne weiteres übertragbar. Aus diesem Grunde entwickelt der Autor ein eigenständiges Arbeitnehmerbild, das weniger den traditionellen Kategorien der Angestelltensoziologie entstammt, sondern aus den Ergebnissen der eigenen Erhebungen gewonnen wurde.

Die vorliegende empirische Untersuchung basiert daher zum einen auf einer breiten quantitativen Erhebung unter Außendienstmitarbeitern, zum anderen auf einer qualitativen, die in Expertengesprächen mit Brancheninsidern und Unternehmensvertretern der für drei Intensivfallstudien ausgewählten Unternehmen bestand.

Um diese empirischen Daten bewerten zu können, werden in einem theoretischen Teil die Einflußfaktoren auf das Berufsbild des Pharmareferenten analysiert. Hierzu werden in einem ersten Schritt die Ursachen analysiert, die einen hohen Veränderungsdruck auf die Vertriebsorganisationen der Unternehmen der Branche (z.B. durch stagnierende Märkte, hohen Verdrängungswettbewerb, fehlende Produktinnovationen und konjunktureller Rezession usw.) ausübten und somit das Berufsbild des Pharmareferenten in erheblichem Maße tangierten und wandelten. Zu diesen Ursachen zählen auch die Eingriffe des Gesetzgebers auf den staatlich reglementierten Pharma-Markt, der damit auf das Angebot- und Nachfrageverhalten sowie auch die gesamte Branchen- und Strukturentwicklung Einfluß nimmt. Am Beispiel des einschneidensten Eingriffs, dem Gesundheitsstrukturgesetz (GSG), werden die Wirkungsmechanismen des Pharma-Marktes aufgezeigt, die für die Unternehmen kaum zu antizipieren und nicht mehr beeinflußbar sind (Kapitel 2).

Im Anschluß wird ein Überblick über die klassischen Aufgabeninhalte des Berufs Pharmareferent und die deutlichen Unterschiede, die das „Einzelkämpfertum" im Außendienst von den klassischen Aufgabenprofilen der produktionsorientierten Tätigkeiten oder der traditionellen Angestelltenarbeit unterscheidet, gegeben: so z.B. der hohe Reiseaufwand, besondere rechtliche Vorschriften oder zusätzliche Arbeiten im heimischen Büro (Kapitel 3).

In einem vierten Kapitel werden die *neuen* Organisationskonzepte - zusammengefaßt unter dem Oberbegriff des „Lean Selling"[1] - , mit denen viele Unternehmen der Pharmabranche dem durch das GSG ausgelösten gewaltigen Kostendruck zu begegnen versuchten, vorgestellt. Die konkreten Maßnahmen und ihre betrieblichen Auswirkungen wirken gegenwärtig noch auf die internen Strukturen der Unternehmen wie auch für die Situation des Außendienstmitarbeiters nach. Es wird aufgezeigt, daß es sich bei den Reorganisationsbemühungen um eine Summe von miteinander z.T. unverknüpften und in der Praxis oft eher punktuell angewandten Instrumenten handelte. Ein besonderes Augenmerk wird in diesem Zusammenhang auf die Einführung von Teamarbeit gelegt, die für eine Beschäftigtengruppe, der traditionell eine Einzelkämpfermentalität unterstellt wird, als eher untypische Maßnahme gelten kann.

Aus der Umsetzung der Elemente dieser *neuen „schlanken" Vertriebskonzepte* ergeben sich Konfliktfelder, die in Kapitel 5 in ihren Konsequenzen für die Betriebsräte, deren Engagement selbst einen wesentlichen Einfluß auf das Berufsbild hat, aufgezeigt werden. Für die Betriebsräte sind diese Veränderungen vor allem mit qualitativ neuen Herausforderungen verbunden.

In dem sich anschließenden empirischen Teil der Arbeit wird die Umsetzung der oben beschriebenen Reorganisationskonzepte an drei Intensivfallstudien untersucht. Nach einer methodischen Reflexion (Kapitel 6) werden die drei Unternehmen und die jeweiligen mehr oder weniger systematisch umgesetzten „Konzepte" zur Vertriebsreorganisation vorgestellt und in ihrem Verlauf analysiert (Kapitel 7-9). Eine vergleichende Analyse der Fallstudien schließt sich mit dem zehnten Kapitel an.

---

[1] In Anlehnung an die Inhalte des „Lean production-Konzepts" der MIT-Studie von Womack u.a. (1991).

Die im Rahmen dieser Untersuchung identifizierten Umsetzungsschwächen der einzelnen Reorganisationsbeispiele werden in einem elften Kapitel zum Anlaß genommen, erste Ansätze zu einem problemorientierten auf den Vertrieb zugeschnittenen Lösungskonzept zu diskutieren. Der Widerspruch zwischen einem „mechanistischen", d.h. überwiegend an Kennzahlen (z.B. Umsatzhöhe oder Besuchsfrequenz) orientierten Führungsverständnis auf der einen und der propagierten Autonomie der letztlich an der Front für den Umsatz verantwortlichen Mitarbeiter auf der anderen Seite wird dabei herausgearbeitet und vor dem Hintergrund neuer Personalentwicklungskonzepte reflektiert.

2. Die Situation der Pharmaindustrie

2.1. Gesetzlicher Rahmen für die pharmazeutische Industrie

In Deutschland trägt der Staat die Verantwortung, daß medizinische Bedürfnisse und die Kosten ihrer Befriedigung miteinander Schritt halten und sich nicht gegenseitig negativ beeinflussen. Damit aber haben die jeweils geltenden gesetzlichen Rahmenbedingungen, so z.B. die Erstattungsfähigkeit von Medikamentenkosten, direkte Auswirkungen auf die wirtschaftliche Situation der Unternehmen dieser Branche, die somit eine wichtige Position im Netz der sozialen Sicherung einnehmen. So wurden in den letzten 10 Jahren eine Reihe von Gesetzen erlassen, die massiv die Beziehung zwischen Staat und Branche veränderten.

2.1.1. Gesundheitsreformgesetz

Durch das am 1. Januar 1989 in Kraft getretene Gesundheitsreformgesetz (GRG), die sog. erste Stufe der Gesundheitsreform, wurden bestimmte Leistungen, die zuvor noch von den Krankenkassen erstattet wurden, nicht mehr von diesen übernommen. Das Hauptaugenmerk des GRG war auf die Arzneimittel*kosten* gerichtet, da hier relativ schnell zu realisierende Einsparungsmöglichkeiten vom Gesetzgeber gesehen wurden, im nachhinein eine als kurzsichtig zu bezeichnende Einschätzung. Ein weiterer wichtiger Baustein des GRG, der von den folgenden Reformgesetzen aufgenommen und intensiviert wurde, ist die Vereinfachung der Bildung neuerer sog. Festbetragsgruppen[2].

2.1.2. Gesundheitsstrukturgesetz

Um die steigenden Ausgaben der gesetzlichen Krankenversicherung zu begrenzen einigten sich die Regierungsparteien und die SPD Ende 1992 auf einen gemeinsamen Reformentwurf: Das Gesundheitsstrukturgesetzes (GSG), das am 1. Januar 1993 in Kraft trat und die zweite Stufe der Gesundheitsreform darstellte.

---

2 Arzneimittel werden nur von den gesetzlichen Krankenkassen in voller Höhe getragen, wenn sie unter einem festgelegten Erstattungshöchstbetrag der entsprechenden Gruppe (dem sog. Festbetrag) liegen. Bei Verordnung eines teureren Präparats muß der Patient die Differenz zum Festbetrag zusätzlich zur Selbstbeteiligung bezahlen.

Folgende wesentlichen Neuerungen enthielt das GSG:

(1) *Preisstop und –senkungen*: Auf Grundlage der Preise vom 1. Mai 1992 wurden für verschreibungspflichtige Medikamente (wenn für sie kein Festbetrag galt) die Preise um 5% und für apothekenpflichtige Medikamente um 2% gesenkt, diese Preise wurden für ca. 2 Jahre festgeschrieben.

(2) *Positivliste*: Im Rahmen des GSG war für 1996 eine sog. Positivliste geplant, die gesetzlichen Krankenkassen wären dann nur noch für die Präparate aufgekommen, die auf dieser Liste gestanden hätten. Aufgrund der heftigen Proteste in der Bevölkerung und der offenkundigen Mängel, die der erste Entwurf einer Positivliste noch im April 1995 hatte, wurde seitens der Regierung auf die Einführung verzichtet.

(3) *Budgetierung*: Die Ausgaben für Arzneimittel wurden bundesweit budgetiert, in den alten Bundesländer lag die Obergrenze bei ca. 24 Milliarden Mark, in den neuen Bundesländern trat die Regelung erste 1995 in Kraft, hier lag das Budget bei ca. 6 Milliarden Mark. Diese Summen wurde 1995 nach der Bezirksstruktur der kassenärztlichen Vereinigungen differenziert auf die jeweiligen Bezirke verteilt. Durch diese Regelung wurde eine große Verunsicherung der Ärzteschaft ausgelöst, in ihrem Verordnungsverhalten konnten eine große Volalität beobachtet werden, die Verordnungsvolumina schwankten deutlich. Von 1993 bis 1995 wurden die Budgets auf Bundesebene nicht überschritten, in einigen Bezirken reichten die finanziellen Mittel jedoch nicht aus, um die medizinische Versorgung mit Arzneimitteln zu gewährleisten, Ärzte verzichteten z.T. massiv auf die Verschreibung von Medikamenten. Die Einsparungen im Rahmen der Budgetierung und das veränderte und verunsicherte Verordnungsverhalten der Ärzte verursachten dramatische Umsatzeinbrüche bei den pharmazeutischen Unternehmen (vgl. Abb. 3) und führte zu einer Protestwelle bei Patienten.

2.1.3. Die dritte Stufe der Gesundheitsreform

Die drei im folgenden dargestellten Gesetze werden zusammengenommen als die dritte Stufe der Gesundheitsreform bezeichnet.

(1) *Beitragsentlastungsgesetz* vom 1.1.1997: Neben der Verpflichtung, daß die gesetzlichen Krankenkassen ihre Beitragssätze um 0,4% senken mußten, erhöhte sich die Zuzahlung für verschreibungspflichtige Präparate. Je nach Darreichungsform betrug die Zuzahlungspflicht ab 1997 4 DM für kleine (N1), 6 DM für mittlere (N2) oder 8 DM für große Packungen (N3).

(2) *1. GKV-Neuordnungsgesetz* (1.7.1997): Durch das 1. GKV-Neuordnungsgesetz entstand eine direkte Koppelung zwischen Veränderungen der Beitragssätze der gesetzlichen Krankenkassen und den Zuzahlungsbeträgen der Patienten. Bei einer Beitragserhöhung von 0,1% erhöht sich die Zuzahlung bei DM-Beträgen um 1 DM, bei Prozentbeträgen um 1% usw., entsprechend sinken die Zuzahlungen bei Beitragsreduzierungen. Allerdings wurde diese Regelung zunächst für 1998 ausgesetzt, auch dürfen die vom Gesetzgeber vorgeschriebenen Mindestbeträge nicht unterschritten werden. Desweiteren räumt das 1. GKV-Neuordnungsgesetz den Versicherten ein außerordentliches Kündigungsrecht ein. Sie können im Fall einer Beitragssatzerhöhung ihrer Krankenkasse mit einer einmonatigen Frist ihr Versicherungsverhältnis kündigen und sich bei einer anderen Krankenkasse versichern.

(3) *2. GKV-Neuordnungsgesetz* (1.7.1997): Durch das 2. GKV-Neuordnungsgesetz wurde die Entwicklung des Gesundheitswesens stärker in die Hand von Selbstverwaltungsorganen wie z.B. den kassenärztlichen Vereinigungen oder den gesetzlichen Krankenkassen gelegt, der Bundesausschuß der Ärzte und Krankenkassen nimmt hierbei eine zentrale Rolle ein, da ihm weitgehende Befugnisse zugestanden wurden.

Daneben beinhaltete das 2. GKV-Neuordnungsgesetz eine erneute deutliche Erhöhung der Zuzahlungen, so muß der Patient seit dem 1. Juli 1997 je nach Packungsgröße neun, elf oder dreizehn Mark Zuzahlung leisten. Ist der Preis eines Arzneimittels aber geringer als der Zuzahlungsbetrag, trägt der Patient nur die Kosten des Medikamentes. Darüber hinaus sieht das Gesetz noch eine Härtefallklausel und eine Besserstellung von chronisch Kranken vor.

Der stärker gewordene Einfluß der Selbstverwaltungsorgane kann am Beispiel der sog. Strukturverträge prägnant verdeutlicht werden. Diese Neuregelung gibt den kassenärztlichen Vereinigungen, den Landesverbänden der Krankenkassen und den Verbänden der Ersatzkassen die Möglichkeit, dauerhaft strukturelle Veränderungen des deutschen Gesundheitswesens herbeizuführen, ohne das andere am System Beteiligte wie z.B. Arzneimittelhersteller beteiligt sind. Ärzte und Kassen können nun z.B. Pauschalen für ärztliche Behandlungen und verschriebenen Leistungen (z.B. Massagen) einführen.

Die globalen Arzneimittelbudgets, die durch das GSG eingeführt worden waren, wurden durch das 2. GKV-Neuordnungsgesetz zugunsten von individuellen Richtgrößen abgelöst. Diese Richtgrößen bestimmen, wieviel Geld ein bestimmter Arzt pro Patient für Medikamente ausgeben darf. Er wird somit in die Lage versetzt, „teure" Patienten durch weniger Mittel verbrauchende Patienten zu subventionieren, allerdings muß er mit der Summe seiner Richtgrößen auskommen, sonst drohen ihm Regresse. Bereits im Januar 1998 haben fünf kassenärztliche Vereinigungen budgetablösende Richtgrößen vereinbart. Die Gefahr, daß am Ende eines Jahres aufgrund von ausgeschöpften Budgets Arzneimittel entgegen besseren medizinischen Wissens von den Ärzten nicht mehr verordnet werden, wie sie das GSG seinerzeit heraufbeschwor, wird durch die Einführung von Richtgrößen verringert, da der einzelne Arzt für sein Verhalten alleinverantwortlich ist und nicht mehr das Verordnungsverhalten der gesamten Ärzteschaft in seinem Bezirk antizipieren muß. Proteste von Patienten aufgrund einer zu starken Kostenorientierung im sensiblen Bereich der medizinischen Versorgung sind aber noch immer virulent.

2.1.4. Die weitere Entwicklung der rechtlichen Situation

Die letzten zehn Jahre im Gesundheitswesen haben den starken Einfluß rechtlicher Bestimmungen auf die pharmazeutische Industrie deutlich gemacht. „Seit dem Gesundheitsreformgesetz (GRG) von 1989, das die Einführung der Arzneimittelfestbeträge brachte, hat es in stets kürzeren Abständen wiederholte Eingriffe des Staates in die Angebots- und Nachfragemechanismen gegeben" (Kucher/ Simon 1998: 1).

An dem Beispiel der Bestimmung der Festbeträge sei im folgenden die weiter existierende rechtliche Unsicherheit und die o.a. erweiterte Autonomie der Selbstverwaltungsorgane verdeutlicht:

In einem ersten Schritt legt der Bundesausschuß der Ärzte und Krankenkassen die Medikamentengruppen fest, für die es Festbeträge geben soll. In einem zweiten Schritt legen die Spitzenverbände der Krankenkassen den eigentlichen Festbetrag für die einzelnen Gruppen fest, daß heißt den maximal zu erstattenden

Betrag für das jeweilige Präparat. Nach Veröffentlichung im Bundesanzeiger sind die Festbeträge unmittelbar gültig.

Da nach Auffassung des Bundessozialgerichts, die in ihren Entscheidungen autonomen Selbstverwaltungsorgane unmittelbar in die Rechte Dritter, nämlich der Pharma-Hersteller, eingreifen, sei die jetzige Situation verfassungswidrig. Das Bundesverfassungsgericht beschäftigt sich nun mit dieser Frage, eine Entscheidung ist aber noch nicht absehbar.

Auch die Kosten, die der Patient für verschreibungspflichtige Präparate künftig selbst zu tragen hat, können sich ab 1999 relativ schnell verändern, wenn die für 1998 ausgesetzte Regelung des 1. GKV-Neuordnungsgesetz in Kraft tritt. Es kommt dann durch die Koppelung von Beitragssatz und Zuzahlungspflicht zu der Situation, daß für ein und dasselbe Medikament in gleicher Darreichungsform unterschiedliche Summen in der Apotheke bezahlen werden müssen, da die Patienten bei verschiedenen gesetzlichen Krankenkassen versichert sind. Außerdem wurden die Krankenkassen in die Lage versetzt, im Rahmen einer Satzungsänderung die Zuzahlungspflicht relativ einfach und schnell zu verändern. Wie die Vergangenheit gezeigt hat, wirken sich „Zuzahlungspreise“ auf das Verordnungsverhalten der Ärzte, das Nachfrageverhalten der Patienten und die Umsätze der Pharmaunternehmen direkt aus. Eine Planungssicherheit wird es also auch künftig für alle Beteiligte am Gesungheitswesen nicht geben, „das Gesundheitswesen und seine Finanzierung bleiben politische Dauerbrenner, unabhängig davon, wer gerade regiert“ (BPI 1998: 4).

2.2. Die Struktur der Pharmabranche[3]

Nach der Definition des Begriffs „Arzneimittelhersteller“ im Arneimittelgesetz (§ 4ff AMG) gibt es in Deutschland ca. 1100 solcher Arzneimittelproduzenten. Zu ihnen zählen jedoch ebenso Apotheker, die z.B. unter eigenem Namen Präparate vertreiben, wie auch ca. 40 international tätige Konzerne. Insgesamt überwiegen in Deutschland die kleinen und mittelständischen pharmazeutischen Unternehmen (vgl. Abb.1).

---

3 Die folgende Darstellung folgt in weiten Teilen – soweit nicht anders nachgewiesen - der vom Bundesverband der pharmazeutischen Industrie herausgegebenen Broschüre Pharma Daten ´98.

Abb. 1: Branchenstruktur der pharmazeutischen Industrie in der Bundesrepublik Deutschland 1995. Herstellerbetriebe nach Beschäftigten

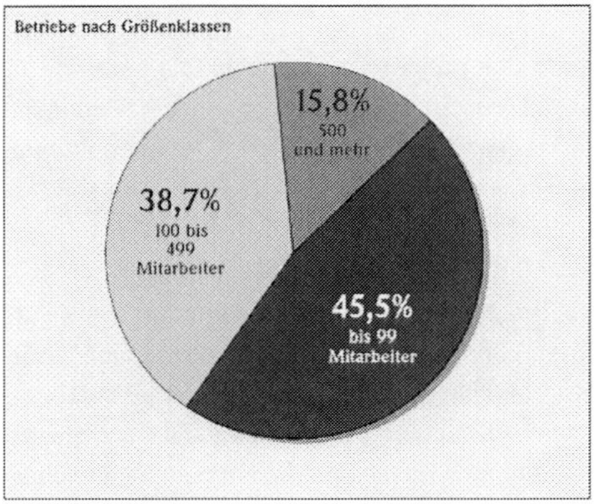

Quelle: Stat. Bundesamt

Selbst bei einer Berücksichtigung der unterschiedlichen Konzernverflechtungen zeichnet sich der deutsche Arzneimittelmarkt – im Vergleich mit den Arzneimittelmärkten anderer bedeutender Pharmaländer aber auch mit anderen wichtigen Industriezweigen in der Bundesrepublik – (noch) durch einen geringen Konzentrationsgrad aus; die Marktanteile der einzelnen Unternehmensgruppen sind relativ niedrig: So haben die zehn größten rechtlich selbständigen Hersteller - ohne Berücksichtigung konzernmäßiger Verbindungen - in Westdeutschland einen Marktanteil von nur 27,1%, in Ostdeutschland von 28,0%. Die Anfang der 90er Jahre beginnende und bis jetzt andauernde Fusionswelle - mit spektakulären Beispielen wie Ciba-Geigy und Sandoz – wird in der Branche jedoch zu einer deutlichen Zunahme des Konzentrationsgrades führen (vgl. o.A. 1997b: 4). Ebenso könnte der bereits recht hohe Anteil von ausländischen Konzernen mit ihren deutschen Tochter- und Vertriebsfirmen steigen, die bereits 51,1% am deutschen Apothekenmarktumsatz halten (vgl. Abb. 2).

Diese Fusionen in einer Branche, die lange Zeit als relativ krisensicher galt, verdanken sich zum einen den Anforderungen des „globalen Marktes“ und der Erschließung neuer Vertriebswege und Marktzugänge, nicht zuletzt sind sie aber auch Reaktion auf Defizite gerade im Bereich von Forschung und Entwicklung, die sich langfristig auch auf den Umsatz auswirkten (vgl. Jonas u.a. 1994). So waren 1995 bspw. nur vier von zehn der Hoechster „Verkaufsschlager“ jünger als zwanzig Jahre (vgl. Eglau 1995).

Diese Produktsituation der Pharmaindustrie hat zu einem Überdenken der bisherigen Unternehmensstrategien geführt: zum Verzicht auf Randaktivitäten und zur Konzentration der begrenzten Forschungsetats auf einzelne Kerngebiete wie Herz/Kreislauf, Zentrales Nervensystem, Rheuma oder AIDS. Nicht zuletzt versuchte man auch durch den Aufkauf von kleineren Forschungsinstituten, die zwar neue Wirkstoffe entwickeln aber nicht über die notwendigen Mittel zur Weiterentwicklung zum marktgängigen Medikament verfügen, den unbeweglich gewordenen Unternehmen wieder die notwendige innovative Schubkraft zu verleihen (vgl. Jonas u.a. 1994, Eglau 1995). Dabei konzentrierten sich die deutschen Unternehmen auf ausländische Technologiefirmen, wie das Beispiel Schering zeigt: Durch eine solche Aktion - den Aufkauf des amerikanischen Biotechunternehmens Triton - konnte sich Schering einen entscheidenden Wettbewerbsvorsprung gegenüber seinen Verfolgern sichern (vgl. Eglau 1995).

Nachdem es jedoch lange Zeit so aussah, als sei in Deutschland - u.a. durch die großen Widerstände gegen Gen- und Biotechnologie - der Zug in Sachen Forschungsaktivität abgefahren, wurde in den letzten zwei Jahren doch die Trendwende geschafft, allein im letzten Jahr erhöhte sich die Anzahl kleinerer Forschungsunternehmen in diesem Bereich von 103 auf 173 (vgl. Hoferichter 1998: 10). Da diese 173 „Forschungswerkstätten" aber das Geschäftsjahr 1997 mit einem Verlust von 69 Mio. DM abschlossen, bleibt wohl auch weiterhin zu konstatieren: Durch Übernahmen und Allianzen verschaffen sich die großen Weltkonzerne immer stärker den effizienten und zeitnahen Zugang zu neuen Technologien. Kleine, forschungsintensive Biotechfirmen stehen derzeit ganz oben auf dem Wunschzettel der Großen (vgl. Riedel 1998: 9). Das sich auch der Trend der – insbesonders grenzüberschreitenden - Megafusionen fortsetzt, zeigt die geplante Fusion zwischen der Hoechst AG und der französischen RhonePoulenc SA: Nach Expertenschätzungen könnten die beiden hoch verschuldeten Unternehmen durch die Fusion Beträge in dreistelliger Millionenhöhe einsparen, nicht zuletzt auch durch massiven Personalabbau, da beide Unternehmen z.B. in der Pharmasparte mit wenigen Ausnahmen auf denselben Feldern tätig sind (vgl. o.A. 1998). Zugleich wäre eine weitere Konsequenz dieser Fusion, daß mit Hoechst - nach Umsätzen bewertet - das letzte (rein) deutsche Unternehmen aus den weltweiten Top Ten der größten Pharmaproduzenten (vgl. o.A. 1997b: 4) ausscheiden würde.

Abb. 2: Anteil der Arzneimittelhersteller am deutschen Markt nach Herkunftsländern

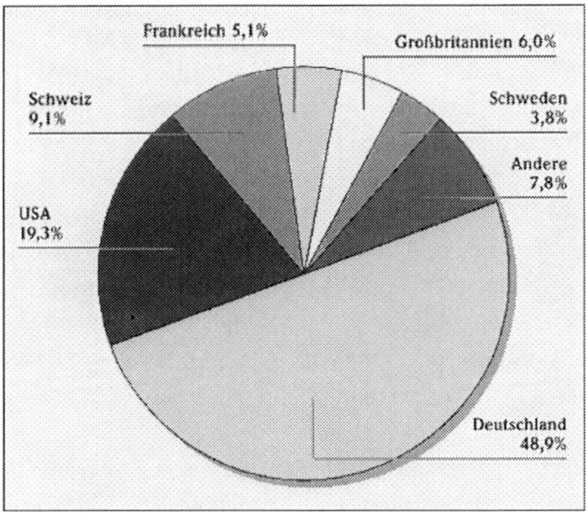

Quelle: IMS

2.3. Entwicklung auf den Absatzmärkten

Die pharmazeutische Industrie stellte 1997 pharmazeutische Erzeugnisse im Wert von 34,4 Milliarden Mark her, 0,7% mehr als 1996. Die Entwicklung der Produktion ist abhängig von einer Vielzahl von Faktoren wie den Preisen, der Importentwicklung bei Fertigarzneimitteln und dem Nachfrageverhalten von Ärzten und Verbrauchern im Inland, dem Aufbau von Produktionskapazität im Ausland sowie der Auslandsnachfrage, die für die bundesdeutsche Pharmaindustrie von entscheidender Bedeutung ist.

Der Umsatz auf dem Arnzeimittelmarkt stieg in Deutschland 1997 um 1,5% auf 30,3 Milliarden Mark.

Abb. 3: Gesamtproduktionswert der deutschen pharmazeutischen Industrie in Mrd. DM zu Fabrikabgabepreisen

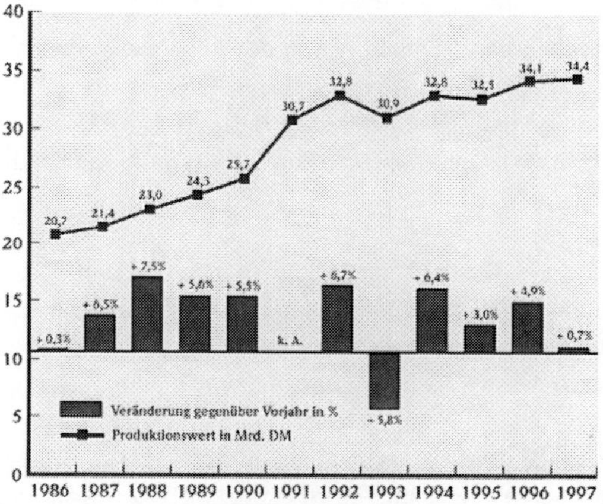

Quelle: Stat. Bundesamt, BPI (ab 1991 gesamtes Bundesgebiet)

Der Arzneimittelmarkt setzt sich aus unterschiedlichen, sich z.T. auch überschneidenden Teilmärkten zusammen. Eine Übersicht ist vor allem dadurch erschwert, daß es kein einheitliches Abgrenzungskriterium zwischen diesen Teilmärkten gibt: In manchen Fällen ist der Vertriebsweg entscheidend, in anderen der Kostenträger – z.B. die gesetzlichen Krankenversicherungen (GKV) - bzw. der Abgabestatus (vgl. BPI 1998: 8).

Abb. 4: Umsatz und Entwicklung der Teilmärkte des Arzneimittelmarkts Deutschland in 1997

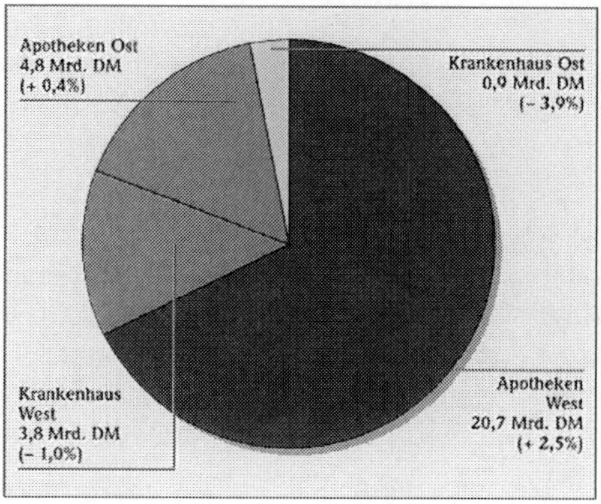

Quelle: Stat. Bundesamt

Generell lassen sich als Teilmärkte der Apotheken- (1), der GKV- (2), der Krankenhaus- (3) und der OTC-Markt (4) unterscheiden.

(1) Der **Apothekenmarkt** umfaßt alle in der Apotheke verkauften Medikamente: verordnete Arzneimittel ebenso wie von den Patienten ohne Rezept erworbene apothekenpflichtige und freiverkäufliche Präparate. Der Umsatz in diesem Marktsegment der pharmazeutischen Industrie ist 1997 um 2,1% auf 25,6 Milliarden Mark gestiegen.

Die Menge der verkauften Arzneimittelpackungen ist um 3,4% gesunken. Die Preise gaben um 0,5% nach. Der Umsatzzuwachs ist allein auf den Wechsel von älteren, meist preiswerteren Medikamenten zu neuen, meist teureren Medikamenten zurückzuführen. Diese sog. Strukturkomponente wuchs um 6,2%.

1998 hat sich diese Entwicklung zunächst fortgesetzt. Der BPI rechnet mit einem Umsatzwachstum im deutschen Apothekenmarkt von höchstens drei Prozent. Besser dürfte 1998 das Exportgeschäft abschneiden. Diese Annahme hat sich im ersten Halbjahr 1998 bestätigt:

(2) Zum Umsatz auf dem **GKV-Markt**, der einen Teil des Apothekenmarktes darstellt, zählen alle zu Lasten der GKV verordneten Arzneimittel; er betrug 1997 (zu Herstellerabgabepreisen) 19,2 Milliarden Mark (+1,7%). Davon entfielen auf die alten Bundesländer 15,1 Milliarden Mark (+2,1%), auf die neuen Bundesländer 4,1 Milliarden Mark (+0,1%). Die Zahl der verordneten Arzneimittelpackungen ist um 5,8% zurückgegangen.

(3) Der **Krankenhausmarkt** ging 1997 im Vergleich zum Vorjahr um 1,6% leicht auf 4,7 Milliarden Mark zurück (Herstellerpreise): in den alten Bundesländern sank er um 1,0% auf 3,8 Milliarden Mark, in den neuen um 3,9% auf 0,9 Milliarden Mark.

(4) Im **OTC (Over the counter)-Markt** wurden 1997 mit 16,1 Milliarden Mark (zu Endverbraucherpreisen) 3,6% weniger als im Vorjahr umgesetzt. Der OTC-Markt umfaßt sowohl die apotheken-, aber nicht verschreibungspflichtigen Präparate als auch freiverkäufliche Arzneimittel. Der OTC-Markt überschneidet sich daher mit dem Apothekenmarkt - diese Schnittmenge schrumpft jedoch, da freiverkäufliche Medikamente zunehmend auch in Drogerien, Reformhäusern und sogar im Lebensmittelhandel verkauft werden – und mit dem GKV-Markt, da noch immer viele

rezeptfreie Arzneimittel verschrieben werden. Der OTC-Umsatz belief sich 1997 auf 8,9 Milliarden Mark.

Diese Entwicklung, die besonders durch den Anstieg der OTC-Produkte gekennzeichnet ist, setzt dabei einen Trend fort, der seit längerem abzusehen war: Bereits 1985 entfielen auf die von Ärzten verschriebenen Präperate nur noch 80%; für das Jahr 2000 wurde der Anteil bereits 1989 auf nur noch 60% geschätzt (vgl. Spickschen 1989: 22). Diese Erwartungen sind nun mit 55% bereits fast erreicht, die Folgen dieser Entwicklung evident (vgl. Kapitel 2.4.2).

2.4. Weitere wesentliche Einflußfaktoren auf den Wettbewerb

2.4.1. Die Preisentwicklung

Mit einem Anstieg der Erzeugerpreise um etwa ein Prozent in 1997 liegen die Preise für Pharmazeutika unterhalb des der Lebenshaltungskosten, die um 1,8% stiegen. Die Apothekenabgabepreise auf dem GKV-Markt nahmen sogar um ca. 0,8% ab. Die Preise von Medikamenten, für die bereits Festbeträge galten, gaben insgesamt um 2,7% nach, während die Preise der noch nicht betroffenen Präparate um 1,9% stiegen. In den ersten drei Monaten 1998 sanken die GKV-Arzneimittelpreise insgesamt um 1,2%.

Aus einer transnationalen Perspektive stellen sich die Prozesse der Preisbildung hochgradig intransparent dar: Ein Medikament mit gleichem oder ähnlichem Warenzeichen ist u.U. von Land zu Land zu unterschiedlichen Preisen zu haben. Diese Abweichungen, die generell jedoch z.B. durch das internationale Gefälle bei Lohn- und Arbeitskosten, keine Besonderheit des Arzneimittelmarkts darstellen, werden jedoch im Pharmabereich dadurch verstärkt, daß sich in den jeweiligen Ländern die unterschiedlichen Einflußfaktoren, denen die Preisbildung unterliegt - also Gesetzen, behördlichen Eingriffen und sonstigen Rahmenbedingungen -, sehr divergierend ausprägen[4]. Die wichtigsten seien an dieser Stelle benannt (vgl. auch BPI 1998: 24ff):

4 BPI 1998: 27: „Die Arzneipreise in Deutschland lagen nach einer Untersuchung der Apothekerspitzenorganisation ABDA, die eine Studie der europäischen Verbraucherorganisation BEUC fortschreibt, Anfang 1994 nur geringfügig über dem Durchschnittsniveau in der Europäischen Union. Nimmt man den EU-Durchschnitt gleich 100, dann kommt Deutschland in dieser Untersuchung auf 105. Ein höheres Preisniveau wiesen die Niederlande (148), Irland und Dänemark (je 133), Großbritannien (123) und Belgien (116) auf. Inzwischen dürfte das deutsche Preisniveau auf EU-Durchschnitt liegen."

- **Staatliche Reglementierung**: Staatliche Preisreglementierungen, die sich nicht an den betriebswirtschaftlichen Erfordernissen der Hersteller, sondern oft an der finanziellen Lage der Krankenversicherung orientieren, bilden eine wesentliche Ursache für die z.T. gravierenden Preisunterschiede.

- **Wechselkursveränderungen**: Wechselkursveränderungen in Verbindung mit über längere Zeiträume mehr oder weniger festgeschriebenen Arzneimittelpreisen können dazu führen, daß inländische Pharmapreise optisch weit über dem Preisniveau in anderen Ländern liegen. Trotz Einführung des Euros werden diese Einflüsse in der Europäischen Union (EU) zumindest für ältere Arzneimittel fortwirken.

- **Handelsspannen und Besteuerung:** Staatlich festgelegte Handelsspannen von Apotheken und Großhandel sowie die Besteuerung weichen in den unterschiedlichen Ländern oft stark voneinander ab: „Dadurch kommt beispielsweise bereits ein Preisunterschied von fast sieben Mark schon bei einem relativ preiswerten Arzneimittel zustande, das ein Hersteller in Deutschland und in Portugal für jeweils zehn Mark an den Großhandel verkauft." (BPI 1998: 25). Auch fallen nicht nur die allgemeinen Mehrwertsteuersätze in der EU ganz unterschiedlich aus, in vielen Ländern werden auf Arzneimittel reduzierte Steuersätze erhoben, in anderen wiederum auf die Besteuerung ganz verzichtet[5].

- **Unterschiedliche Therapiegewohnheiten:** Behandlungsmethoden und -gewohnheiten weichen in den einzelnen Ländern teilweise erheblich voneinander ab. Dies hat Auswirkungen auf Umsatz, Kosten und folglich auch auf die Arzneimittelpreise.

2.4.2. Der Vormarsch der Generika

Wie in allen anderen Branchen hat auch die Pharmaindustrie besonders durch die hohe Zahl von internationalen Anbietern zunehmend mehrdimensionale Anforderungen zu bewältigen. Auch wenn der Preis immer noch als das zentrales Wettbewerbskriterium zählt, gilt dennoch, daß zunehmend die Innovations- und Serviceleistungen, also Neuentwicklungen, die Qualität der wissenschaftlichen Information und insgesamt das Beratungsangebot im weitesten Sinne z.B. durch

[5] So liegt der Mehrwertsteuersatz in Östereich für Arzneimittel z.B. bei 20%, in Schweden für verschreibungspflichtige Arzneimittel bei 0 %, ebenso in Großbritannien (BPI 1998: 26).

die Veranstaltung von internationalen Fachtagungen usw. an Bedeutung im Wettbewerb gewinnen.

Eine Verschärfung des Wettbewerbs ist auf dem Pharmamarkt in den vergangenen Jahren überall dort zu verzeichnen, wo Arzneimittelhersteller die abgelaufenen Patente erfolgreicher Präparate zur Herstellung eigener Medikamente - sog. „Generika" - nutzen konnten. Das Wachstumspotential in diesem Bereich wird bei einem Vergleich der Jahre 1988 und 1997 deutlich. Der Marktanteil der Generika stieg im GKV-Arzneimittelmarkt der alten Bundesländer - gemessen an der Zahl der verordneten Packungen - von 34,6% auf 53,9%. Der Anteil der Generika am gesamten GKV-Markt betrug 1997 nach Berechnungen des BPI gemessen am Umsatz 42,2% und bezogen auf die verordneten Packungen 54,9%. 481 Millionen Generika-Packungen im Wert von 8,1 Milliarden Mark standen 395 Millionen Originale im Wert von 11,1 Milliarden Mark gegenüber.

Nach Riedel (1998: 9) sind die Generika als wichtigste Begründung für die generelle Veränderungsdynamik des Pharmamarktes anzusehen: „Generika sind weltweit auf dem Vormarsch. [...] Bereits kurze Zeit nach Ablauf des Patentschutzes sind die Substitute auf dem Markt. Mit dem Ergebnis: Dem Hersteller des Orginals brechen - ohne alternative Blockbuster in der Produktpipeline - die Umsätze und Erträge weg". Viele zahlreiche mittelständische Unternehmen in Europa werden den Wandel nicht überleben (vgl. Regenauer 1998: 36).

Abb. 5: Entwicklung des Generikaanteils im GKV-Arzneimittelmarkt (West)

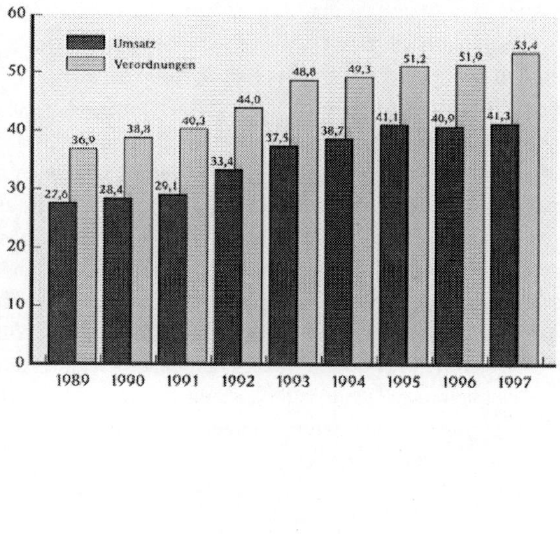

Quelle: IMS

2.5. Konsequenzen für den Außendienst

In der Pharmaindustrie kam es somit nach den „fetten" 70er und 80er Jahren mit hohen Umsätzen, verschreibungswilligen Ärzten und zahlungswilligen Krankenkassen zunächst zu erheblichen, ja dramatischen Einbrüchen, die sich jedoch verhältnismäßig schnell wieder in den Griff bekommen ließen. Neben den kurzfristigen Umsatzeinbrüchen ergaben sich in der pharmazeutischen Industrie jedoch auch langfristige Strukturveränderungen im Feld: politische Einflüsse wurden stärker und immer mehr unterschiedliche soziale Akteure (staatliche Institutionen, Krankenkassen usw.) wurden im Entscheidungsprozeß der Arzneimittelauswahl relevant.

Auf allen Märkten bzw. Teilmärkten der Pharmabranche begann mit dem GRG, merkbar intensiviert spätestens durch das GSG, ein bis heute nicht abgeschlossener Prozeß der Dynamisierung, von dem der Außendienst in vielfältiger Hinsicht betroffen ist: Mit dem Erfolg der Generika, der Einführung von Festbeträgen und Arzneimittelbudgets wird der Wettbewerb aber noch immer vor allem durch den Faktor Preis dominiert. Die durch veränderte gesetzliche Rahmenvorgaben ohnehin gestiegene Preissensibilität wird durch marginale Innovationssprünge in dem „reifen" Pharmamarkt weiter erhöht (bzw. die wenigen umsatzversprechenden Innovationen verteilen sich auf wenige Unternehmen, vorwiegend Großunternehmen mit ausländischem Background). Der Pharmaberater dürfte zunehmend zum Verkäufer „relativ alter Produkte" avancieren.

Darüberhinaus bleibt er auch von der Verschiebung der Kundenstruktur nicht unberührt. In der Vergangenheit waren mehr als 80% der Außendienstaktivitäten auf den einzelnen Arzt ausgerichtet, erst dann kamen Krankenhäuser und Apotheken. Künftig wird sich der Außendienst auf eine Heterogenisierung seiner Kundenstruktur einstellen müssen. Um persönliche Risiken zu minimieren und zudem ein breiteres Leistungsspektrum anbieten zu können, werden sich auch auf der Kundenseite Organisationsstrukturen verändern. Kunden des Außendienstes werden immer häufiger Gruppenpraxen, Praxiskliniken, Centerapotheken oder u.U. auch Apothekenzusammenschlüsse, Krankenhausketten, Krankenkassen mit eigenen Versorgungsstrukturen, Einkaufsgemeinschaften bei vernetzten Praxen usw. sein, der Kassenarzt als Einzelkämpfer hat ausgedient (vgl. Schorre 1998: 3). Diese strukturellen Veränderungen in den Kundenbeziehungen könnten zunehmend von neuen Formen der kommunikations- und datentechnischen Vernetzung der Beziehungen zwischen Kunden und den Providern von Gesundheitsdienstleistungen begleitet sein (vgl. hierzu Kapitel 4.1.3.).

Auch die Vertriebsstrukturen, deren zentraler Baustein der Außendienst nun einmal ist, konnten von diesen Prozessen nicht unberührt bleiben, so sind die z.T. massiven ad-hoc-Veränderungen im Vertrieb vieler Unternehmen, die unter dem Begriff des „Lean Selling" bekannt geworden sind, nicht zufällig im Jahre 1994 in Angriff genommen worden, sie sind durch das GSG mit seinen Umsatzeinbrüchen intendiert.

Theoretischer Teil

3. Charakteristika des Berufbilds Pharmareferent

3.1. Zulassung zum Beruf des Pharmareferenten

Durch die Veröffentlichung im Bundesgesetztblatt am 02.05.1978 wurde der Fortbildungsberuf des „geprüften Pharmareferenten“ geschaffen. Bis zu diesem Zeitpunkt waren in der Pharmaberatung Mitarbeiter aus den unterschiedlichsten wissenschaftlichen Fachrichtungen beschäftigt, z.T. mit stark divergierenden Qualifikationen bzgl. des medizinisch-pharmazeutischen Basiswissens.

So ist seit 1978 zwischen der Tätigkeitsbezeichnung „Pharmaberater“ und der Berufsbezeichnung „geprüfter Pharmareferent“ zu unterscheiden. Zudem ist mit Inkrafttreten des § 75 AMG der Beruf „Geprüfter Pharmareferent“ der einzige Außendienstberuf, der in Sachen Ausbildung und Prüfung staatlich geregelt ist (vgl. Rohrbacher 1988: 133). Nach § 75 Abs. 1 AMG dürfen Pharmaunternehmen nur Personen beauftragen, Angehörige von Heilberufen aufzusuchen, wenn diese Personen die hierzu entsprechende Sachkenntnis erworben haben.

Die Sachkenntnis nach § 75 Abs. 2 AMG besitzen

1. Apotheker oder Personen mit einem Zeugnis über eine nach abgeschlossenem Hochschulstudium der Pharmazie, der Chemie, der Biologie, der Human- oder Veterinärmedizin abgelegten Prüfung,

2. Apothekerassistenten sowie Personen mit einer abgeschlossenen Ausbildung als technische Assistenten in der Pharmazie, der Chemie, der Biologie, der Human- oder Veterinärmedizin,

3. Personen mit einer beruflichen Fortbildung als geprüfter Pharmareferent.

Somit ist jeder „geprüfte Pharmareferent“ ein Pharmaberater, aber eben nicht umgekehrt. Da aber zum einen das Aufgaben- und Tätigkeitsprofil gleich ist, zum anderen nach dem Wortlaut des Gesetzes sowohl Pharmaberater als auch Pharmareferent die Sachkenntnis zum Ausüben des Berufs besitzen, wird im folgenden nicht weiter zwischen den Berufsbezeichnungen unterschieden, sie werden synonym verwendet. Für die Einstellungspraxis sind die genannten rechtlichen Regelungen aber relevant.

3.2. Die aktuellen Rekrutierungsstrategien

Derzeit gibt es - im Gegensatz zu der Situation vor einigen Jahren - kaum ein Unternehmen, das die Ausbildung zum geprüften Pharmarefereneten unterstützt oder selbst durchführt. Vielmehr weisen schon die Anzeigen in den diversen Stellenmärkten mehr oder weniger deutlich auf die o.a. Zulassungskriterien hin, insbesonders wenn sich die Anzeigen an Hochschulabsolventen und Berufseinsteiger richten. Fehlt der Hinweis, ist Berufserfahrung ein notwendiges Kriterium; der potentielle Bewerber hat damit bereits zwangsläufig die nötige Qualifikation. Die Entwicklung der von den Unternehmen erwarteten bzw. unterstützten Qualifikation „geprüfter Pharmareferent" in den letzten Jahren ist der Tab. 1 zu entnehmen.

Tab. 1: Qualifikation „geprüfter Pharmareferent" nach Dauer der Außendiensttätigkeit gruppiert

Beschäftigungsdauer im pharmazeutischen Außendienst	„Geprüfter Pharmareferent"?		
	Ja		Nein
unter 5 J.	60 (36,36%)	<	105 (63,64%)
5-10 Jahre	192 (61,54%)	>	120 (38,46%)
10-15 Jahre	115 (85,19%)	>	20 (14,81%)
15-20 Jahre	117 (90,00%)	>	13 (10,00%)
über 20 J.	152 (86,36%)	>	24 (13,64%)

Ohne eine tiefergehende Auswertung der Stellenangebote lassen sich generell jedoch zwei Typen von Anzeigen, d.h. zwei Arten von Rekrutierungsstrategien unterscheiden:

- Es werden Personen mit langjähriger Berufserfahrung gesucht. Diese Anzeigen richten sich fast ausschließlich an sich noch in einem Beschäftigungsverhältnis befindliche Pharmareferenten mit Spitzenergebnissen, die in dem suchenden Unternehmen entweder Gebietsleiter werden können oder aber als Pharmareferent wichtige Kunden mit hohen Umsätzen (z.B. Kliniken, Großkunden) betreuen sollen.

- Es werden Berufseinsteiger gesucht, die „neben den erforderlichen Voraussetzungen (Geprüfter Pharmareferent / Apotheker, PTA, Pharmazieingenieur, Apothekenassistent / Mediziner, MTA / Veterinärmediziner, VMTA, Veterinäringenieur / Diplom-Chemiker, CTA / Diplom-Biologe, BTA) [...] verkäuferisches Talent und den festen Willen zum Erfolg"[6] mitbringen.

Bei der zweiten Strategie stellen die Unternehmen stark auf Absolventen der Studiengänge Diplom-Biologe und Diplom-Chemiker ab, da sie eine sehr schlechte Arbeitsmarktsituation in ihren originären Berufsfeldern im Labor vorfinden. Diesen Bewerbern bleibt so häufig nur die ungeliebte Tätigkeit als Pharmareferent, zuweilen auch ein Job im Marketing. Von ca. 600 Stellenangeboten für Biologen im ersten Halbjahr 1995 entfielen 82 auf den Bereich Vertrieb, nur 33 auf Forschung und Entwicklung (vgl. Gersemann 1995).

Auch hier bestätigt die Umfrage den subjektiven Eindruck, daß die Unternehmen diplomierte und promovierte Personen, überwiegend aus den wissenschaftlichen Disziplinen Biologie und Chemie, suchen und einstellen. Auf der einen Seite reflektieren sie so auf die Arbeitsmarktbedingungen, auf der anderen profitieren sie von den negativen Perspektiven des angesprochenen Personenkreises, zumindest haben sie es relativ leicht, hochqualifizierte (von der wissenschaftlichen Kompetenz her gesehen bestqualifizierte) Mitarbeiter für ein von den künftigen Außendienstmitarbeitern zuvor nicht angestrebtes Berufsbild zu verpflichten.

Die folgende Tabelle spiegelt die Ergebnisse der derzeitige Rekrutierungsmentalität wider:

[6] Stellenmarkt der Welt am Sonntag vom 29.11.1998. Bei der Aufzählung dürftet es sich um eine abschließende explizite Aufzählung der Berufe handeln, denen die Sachkenntnis zum Pharmaberater im Sinne des §75 AMG zugestanden wird.

Tab. 2: Qualifikationsprofil der „neuen" Außendienstmitarbeiter

Ausbildung der unter 5 Jahre im pharmazeutischen Außendienst Beschäftigten	Anzahl	Die drei häufigsten wissenschaftlichen Fachrichtungen (Anzahl; Anteil in %)
Lehre	28 (16,87%)	1. Medizin 6 (21,43%) 2. Pharmazie 4 (14,29%) 2. Wirtschaft 4 (14,29%)
Diplom	69 (41,57%)	1. Biologie 29 (42,03%) 2. Chemie 20 (28,99%) 3. Technischer Bereich 6 (8,70%)
Promotion	49 (29,52%)	1. Chemie 26 (53,06%) 2. Biologie 18 (36,73%) 3. Medizin 4 (8,16%)
Sonstiges	20 (12,05%)	1. Pharmazie 4 (20,00%) 2. anderes 4 (20,00%) 3. Biologie 3 (15,00%)

3.3. Aufgaben- und Tätigkeitsprofil

Nach der Verordnung über die berufliche Fortbildung zum Geprüften Pharmareferenten vom 02.05.1978 ist es nach § 2 Abs. 2 Aufgabe eines Pharmareferenten,

1. Angehörige von Heilberufen fachlich, kritisch und vollständig über Arzneimittel unter Beachtung der geltenden Rechtsvorschriften zu informieren und

2. Mitteilungen von Angehörigen der Heilberufe über Nebenwirkungen und Gegenanzeigen oder sonstige Risiken bei Arzneimitteln aufzuzeichnen und dem Auftraggeber schriftlich mitzuteilen.

Daß sich das Aufgabenfeld in der Praxis vielseitiger zeigt, als es diese rechtliche und theoretische Beschreibung zum Ausdruck bringt, pointiert Friesewinkel (1996: 8) wie folgt:

„Was der Außendienst sein sollte – aber wohl nicht bringen kann:

- **Philosoph**, um die Erhabenheit des Intellekts sichtbar zu machen,
- **Prediger**, um die Produkte mit einem Heiligenschein zu versehen,
- **Missionar**, um den Kunden zum Sektenmitglied zu stilisieren,
- **Spionageagent**, um die Erfolgsgeheimnisse der Konkurrenz zu lüften,
- **Coach**, um die Team-Arbeit mit dem Kunden zu fördern,
- **Mineur**, um so lange zu bohren, bis der Kunde weich ist,
- **Party-Löwe**, um sich auf glattem Parkett nicht die Knochen zu brechen,
- **Zuhälter**, um selbst abgetakelte „Produkte" an den Mann zu bringen,
- **Key-accounter**, um den ganzen therapeutischen Umsatz in der Praxis zu knacken,
- **Kellner**, um die Wünsche der Kunden „vor Ort" zu erfüllen".

Diese humoristische Beschreibung weist letztlich sowohl formal als auch „zwischen den Zeilen" auf die Komplexität des Aufgabenprofils und seine Spannungsfelder hin. Der Pharmareferent hat eben nicht nur den Arzt oder Apotheker wissenschaftlich zu informieren, er hat seine Produkte zu verkaufen und möglichst „viel Umsatz zu machen". Das es nicht immer eine Zielkongruenz zwischen „informieren" und „verkaufen" gibt, ist vor dem Hintergrund der relativ knappen Gesprächszeit (vgl. Kapitel 3.5.1.) schon fast selbstverständlich. Noch deutlicher: Um seine Tätigkeit ausüben und die hehren Ziele des Gesetzgebers verwirklichen zu können, muß der Pharmareferent eine Basiskompetenz in medizinisch-pharmazeutischem Wissen haben, zumindest in einem Indikationsbereich muß er über Expertenwissen verfügen. In der Praxis durchläuft er dann Verkaufs- und Gesprächstrainings und avanciert zum Verkäufer, der seine wissenschaftliche Fachkompetenz u.U. nur eingeschränkt nutzen kann (hier kommt es auch auf den Kundenbereich an, ein niedergelassener Allgemeinmediziner fragt in der Regel weniger tief als z.B. ein Arzt in einer Grundlagenforschung betreibenden Universitätsklinik).

3.4. Persönliche Merkmale der derzeit beschäftigten Pharmareferenten

Wie schon erwähnt, ist in der wissenschaftliche Öffentlichkeit das Berufsbild des Pharmareferenten kaum reflektiert worden. Wenn berichtet wird, ist eher ein negatives Image wie z.B. die Einflußnahme auf das Verordnungsverhalten der Ärzte Gegenstand der Artikel - über die Menschen, ihren beruflichen Alltag oder die eigentlichen Inhalte ihrer Tätigkeit ist so gut wie gar nichts bekannt. So gibt es kaum nennenswerte Studien zu diesem Thema, das von unternehmerischer Seite jedoch mit großem Aufwand beforscht wird. Die Ergebnisse zur Effizienz des eigenen Außendienstes gehören dann aber zu den „strikt gehüteten Firmengeheimnissen" (Rohrbacher 1988: 131).

Das das Berufsbild des Pharmareferenten nun nicht gerade durch Transparenz gekennzeichnet ist, zeigt der Umstand, daß die Anzahl der Pharmareferenten nicht einmal annähernd genau geschätzt werden kann. In den frühen 80er Jahren lagen die Schätzungen zwischen 12.000 und 18.000 (Friesewinkel 1992: 436), heute liegt sie nach Aussage der befragten Experten zwischen 10.000 und 14.000 Pharmareferenten. Somit beträgt die Rücklaufquote bei 926 Fragebögen aus insgesamt 66 Unternehmen zwischen 9,26% und 6,61% und liefert so einen relativ genauen Überblick.[7]

Der Anteil männlicher Pharmareferenten liegt bei ca. 60%, das Durchschnittsalter der Pharmareferenten zwischen 43 und 45 Jahren. Während 35,25% über eine abgeschlossene Lehre (insbesondere PTA und MTA) verfügen, haben etwa ein Drittel der befragten Pharmareferenten ein Hochschulstudium beendet, ungefähr jeder zehnte ist promoviert. Andere Ausbildungswege wurden von ca. jedem fünften Pharmareferenten beschritten, hier sind insbesondere ein abgebrochenes Studium und ein Lehramtsstudiengang zu nennen, in den meisten Fällen haben diese Personen auf die Frage nach der wissenschaftlichen Fachrichtung „anderes" angegeben. Insgesamt kommen 52% der Befragten aus den wissenschaft-lichen Bereichen Chemie (19,91%), Medizin (17,49%) und Biologie (14,61%).

Die Verweildauer im Pharmaaußendienst liegt – gemessen in Fünfjahresabständen – zwischen 14% und 19%. Ausnahme bilden lediglich die fünf bis zehn Jahre im pharmazeutischen Außendienst beschäftigten Personen mit ca. 34%. Dieser Umstand ist durch eine expansive Marktbearbeitung in den Jahren 1988 bis 1993 zu erklären, die abrupt durch den Schock des GSG im Jahre 1993 endete.

Der Schwerpunkt der pharmazeutischen Außendienstarbeit liegt deutlich im niedergelassenen Bereich, ca. 55% der befragten Personen arbeiten ausschließlich hier. Hinzu kommen nochmals ca. 30%, die neben dem niedergelassenen Bereich noch eine oder mehrere Kundengruppen besuchen. Den Bereich der Klinik be-

---

[7] Da in diesem Kapitel eine branchen- und unternehmensübergreifende Darstellung des Berufbilds Pharmareferent aufgezeigt wird, werden die Zahlen der gesamten Umfrage zu Grunde gelegt, die genauen und differenzierten Zahlen sind dem Anhang zu entnehmen.

treuen insgesamt ca. 38% der befragten Personen ganz (8,11%) oder teilweise (29,63%). Diese Aussage wird auch durch Betrachtung der Ergebnisse der Zeitschriftenumfrage nochmals verifiziert, womit festzuhalten bleibt, daß der niedergelassene Bereich eine noch größere Bedeutung im Bereich der direkten Bewerbung einnimmt als bisher in der Literatur angenommen.

Insgesamt haben 69,3% der befragten Pharmaberater nur eine Berufsgruppe als Ansprechpartner zu bewerben, der in Zeiten des GSG propagierte Trend zum sog. „Multikontakter" (vgl. Abb. 6) hat sich jedoch offensichtlich bisher nicht durchgesetzt - auch wenn die in Kapitel 2 beschriebenen Marktentwicklungen (z.B. Diversifizierung der Kundenstruktur) Veränderungsdruck in diese Richtung auszulösen scheinen. Als wahrscheinlichere Alternative zum Multikontakter wird jedoch von einigen der befragten Experten die zunehmende Spezialisierung der Außendienstmitarbeiter auf bestimmte Kundengruppen angenommen.

Abb. 6: Der Pharmareferent als „Multikontakter" (Rüßmann 1994)

3.5. Aspekte der beruflichen Tätigkeit

3.5.1. Arbeits-, Fahr- und Gesprächszeit

Neben dem allgemeinhin akzeptierten Umstand, daß die Arbeitszeit bei Berufen im Außendienst höher ist als bei anderen Tätigkeiten, hat die offene Frage „Wie hoch schätzen sie Ihre wöchentliche Arbeitszeit?" zu einer Antwort geführt, die von Brancheninsidern als wenig überraschend bezeichnet wurde. Danach arbeiten die Pharmareferenten 50,4 Stunden pro Woche. Auch die unternehmensbezogene Auswertung verifiziert diesen - an einer 37,5 bzw. 40 Stunden-Woche gemessen - sehr hohen Wert.

Auch die verantwortlichen Führungskräfte in den Unternehmen bestätigen, daß die subjektive Wahrnehmung der eigenen Arbeitszeit im Pharmaaußendienst sehr hoch ist, jedoch ziehen sie sich bei Verhandlungen zum Dauerbrenner „Arbeitszeit im Außendienst" häufig auf eine Position bzw. eine Arbeitszeitberechnung zurück, die im Unternehmen keine zusätzlichen Kosten verursacht. Betriebsräte initieren jedoch immer öfter betriebliche Umfragen im Außendienst, um eine möglichst präzise Arbeitsplatzbeschreibung zu erhalten, die als wertvolle Argumentationsgrundlage für Verhandlungen dienen kann (vgl. o.A. 1997a: 8). Das auch künftig Verhandlungen zu diesem Thema von Mitarbeiter- und Betriebsratsseite immer wieder eingefordert werden dürften, zeigt die Antwort auf die Frage nach der Entwicklung der Gesamtarbeitszeit in den letzten vier Jahren, nach der offensichtlich Nachholbedarf besteht (72,7% haben eine der beiden maximalen Ausprägungen angegeben).

Ebenfalls 72,7% der Befragten konstatieren eine Erhöhung der Fahrzeit innerhalb der letzten vier Jahre, nur für 10,3% hat sich die Fahrzeit verringert, 17% haben keine Veränderung festgestellt (Frage 19). Hauptursache für den gestiegenen Fahraufwand ist nach Angabe von ca. 30% ein größeres Gebiet. Für jeden vierten Pharmareferenten sind veränderte Verkehrsbedingungen der Grund für einen veränderten Aufwand an Fahrzeit.[8]

Die Wartezeit beim Kunden beträgt durchschnittlich ca. 18 Minuten, was bei einem in der Pharmaindustrie mehrfach beforschten und weithin akzeptierten Durchschnittswert von acht Besuchen pro Tag (vgl. Knips 1982: 102; Friesewinkel

---

[8] Ausnahmslos alle Befragten, die andere Verkehrsbedingungen angaben, haben zuvor eine Zunahme der Fahrzeit angegeben.

1992: 436) eine Wartezeit von ca. zweieinhalb Stunden bedeutet. Auch hier gibt der überwiegende Teil (71,3%) der befragten Pharmareferenten eine Steigerung des Aufenthalts im Wartezimmers an. Die Dauer des direkten Kundenkontaktes hat sich in den letzten Jahren hingegen nicht verändert, er beträgt durchschnittlich 8,6 Minuten, somit befindet sich der Pharmareferent an einem Arbeitstag 68,8 Minuten im direkten Gespräch mit dem Arzt oder Apotheker. Letztendlich verbringt der Pharmareferent nach seiner subjektiven Wahrnehmung (50,4 Std. Wochenstunden) mit seiner sog. core activity, dem Bewerben des Produktes beim Gesprächspartner, nur 11,38% seiner Arbeitszeit.

3.5.2. Das heimische Büro

Einen großen Block im Rahmen der Gesamtarbeitszeit nehmen die Tätigkeiten im heimischen Büro ein, ein Ergebnis sowohl der qualitativen Erhebung als auch der Umfrage. Immerhin 81,5% der Befragten haben auf die Frage nach der Entwicklung in den letzten vier Jahren der Arbeitszeit im heimischen Büro eine der beiden maximalen Ausprägungen angekreuzt, der Durchschnittswert auf einer Skala von minus drei bis plus drei lautet 2,2. Die nach den Interviews und Gesprächen wichtigsten heimischen Tätigkeiten gingen in die Frage 18 des Fragebogens ein, sie sind - nach ihrer zeitlichen Zunahme in den letzten vier Jahren geordnet - der Tab. 3 zu entnehmen.

Tab. 3: Veränderungsgrad der einzelnen heimischen Tätigkeiten

Wie hat sich die Veränderung Ihrer heimischen Tätigkeit im einzelnen entwickelt?	**Mittelwert** (Standardabweichung) [Anzahl der Nennungen]
Andere administrative Tätigkeiten	**1,94** (1,04) [881]
Sonstige Informationen durchsehen	**1,76** (0,97) [878]
Berichtswesen	**1,50** (1,26) [864]
Kommunikation mit dem Unternehmen	**1,46** (1,19) [880]
Produktinformationen auswerten	**1,36** (1,13) [863]
Gesprächsvorbereitung	**1,18** (1,14) [862]
Adressenkartei pflegen	**0,99** (1,24) [851]
Tourenplanung	**0,92** (1,23) [856]

In den Interviews mit den Pharmareferenten wurde zudem deutlich, daß die - nach Angabe von 76,6% der Befragten - Steigerung der heimische Arbeitsaufwand hauptsächlich auf den verstärkten Einsatz von Computern zurückzuführen ist. Vor dem Hintergrund, daß mit dem Einsatz von Computern im Außendienst eine Effizienzsteigerung und Zeitersparnis vor allem bei der Vor- und Nachbereitung zuhause - nicht zuletzt durch Vereinfachung von Routineaufgaben - erreicht werden soll (vgl. Kapitel 4.1.3.) ist dies ein erstaunliches Ergebnis. Bei 14% der befragten Pharmareferenten hat der Kollege Computer die Arbeitszeit nicht verändert, lediglich bei 9,4% verringerte sich der Arbeitsaufwand durch Technikeinsatz.

Es bleibt zum Aspekt „Arbeitszeit im Außendienst" für den Pharmabereich festzuhalten, daß es dem branchenübergreifenden Aktivitätsprofil (vgl. Abb. 7) weitgehend entspricht. Ausnahmen dürften aber der noch kürzere direkte Kundenkontakt und die höhere Wartezeit beim Kunden sein.

Abb. 7: Aktivitätsprofil „Außendienst" (Rensmann 1993: 118)

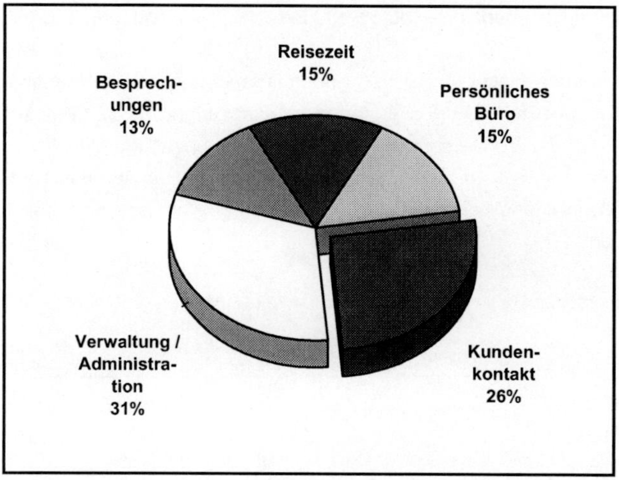

3.5.2.1. Entlohnung

Neben der o.a. Arbeitszeitthematik ist die Frage der „richtigen“ Entlohnung das wohl am stärksten diskutierte Thema innerhalb der Unternehmen. Das Hauptaugenmerk im Rahmen dieser Diskussionen ist weniger die klassische Frage der Entlohnungshöhe, vielmehr steht die Aufspaltung der Gesamtvergütung in einen fixen und einen variablen Anteil bzw. die Gewichtung des erfolgsabhängigen Anteil im Focus der Betrachtung.

3.5.2.1. Fixvergütung

Die IG Chemie Papier Keramik (IG CPK; heute IG Bergbau Chemie Energie) führte im Frühjahr 1996 eine Umfrage zur „Eingruppierungspraxis im Pharma-Außendienst“ durch, an der sich 66 Betriebe beteiligten. Auslöser für die Umfrage waren zwei Prozesse vor dem LAG Baden-Württemberg, in deren Verlauf die Arbeitgeberseite eine mehr oder weniger generelle Eingruppierung von Pharmaberatern in die Stufe E10 des Bundes-Entgelt-Tarifvertrags (BETV)[9] forderten. Die Umfrage ergab, daß 51,5% (34 Betriebe) ihre Außendienstmitarbeiter in den BETV-Chemie eingruppieren, 48,5% (32 Betriebe) nicht (vgl. o.A. 1996: 8).

Der im Rahmen dieser Arbeit verwendete Fragebogen stellte ebenfalls bei der Frage nach der Höhe der Fixvergütung auf die Stufen des BETV ab, zum einen aus Gründen der Vermeidung von handschriftlich einzutragenden Angaben, zum anderen um bei diesem „sensiblen“ Themenkreis im Rahmen von Umfragen die Hemmschwelle möglichst niedrig zu halten. Die Ergebnisse sind der Tab. 4 zu entnehmen:

Tab. 4: Eingruppierung im pharmazeutischen Außendienst

Stufen des BETV-Chemie	Prozentualer Anteil der Pharmaberater
E 9	2,48%
E 10	3,59%
E 11	16,97%
E 12	26,90%
E 13	16,83%
AT	33,24%

[9] Nach Empfehlung der IG CPK sollten die Eingruppierungstufen folgende Spannbreiten aufweisen (Stand 1996): E 10: 4292 – 5647 DM, E 11: 4798 – 6151 DM, E12: 5192 – 6656 DM, E13: ab 7159 DM.

3.5.2.2. Variable Entlohnung

Insgesamt werden nach der Umfrage der IG CPK nur ca. 13% der Pharmaberater ausschließlich fix entlohnt, 87% erhalten demnach zu ihrer Grundvergütung einen erfolgsabhängigen Anteil. Hauptbestandteile der variablen Vergütung bilden die Prämien- und Provisionssysteme, allerdings ließen die Interviews und einige Anmerkungen auf den Fragebögen eine gewisse Unsicherheit der Pharmaberater bei der Unterscheidung zwischen Provision und Prämie erkennen[10].

Im Gegensatz zu den Außendienstmitarbeitern anderer Branchen, bei den neben dem Festgehalt die Provision die zweite tragende Säule der Entlohnung darstellt (vgl. von Hoegen 1996: 70), nimmt in der Pharmabranche die Prämienentlohnung diese Position ein. Grundstruktur eines Prämiensystems ist die Absprache von Leistungszielen zwischen Mitarbeiter und seinem direkten Vorgesetzten, die Gespräche hierzu finden in der Regel einmal jährlich statt. In den meisten Fällen stellt die erzielte Umsatzhöhe das zentrale Kriterium für die Erfolgsmessung[11] und somit die Zielerreichung dar, zunehmend fließen in den Betrieben aber auch weitere Ziele wie Neukundengewinnung, Kooperationsverhalten oder Produkteinführungsaktionen mit ein. Bei dieser Art von Systemen setzt die variable Vergütung bei Erfüllung eines bestimmten Grads der Zielereichung ein (z.B. 90%), wobei es allgemeinhin als Grundsatz gilt, daß der Außendienstmitarbeiter mit einer besonderen Anstrengung zu einer 100% Zielerreichung gelangen kann. Überschreitet der Mitarbeiter jedoch mehrfach diese 100% Marke deutlich, ist dies eher ein Indiz für eine ungenaue Zieldefinition (vgl. ebenda).

Letztlich beinhaltet die Einführung leistungsabhängiger Lohnformen bzw. die Erhöhung variabler Vergütungsbestandteile ein systematisches Grundproblem. Ob als Anreizsystem für künftig zu erbringende Leistung oder als Honorierung für in der Vergangenheit erbrachte Zielerreichung implementiert, aus der Sicht des Unternehmens sollte der variabler Anteil - mit den Zielen der Motivierung des Außendienstmitarbeiter und der Absicherung eines Gesamtumsatzziels des Unternehmens - möglichst hoch sein. Vor dem Hintergrund der allgemeinen Diskussion über die angeblich zu hohen Personalkosten am Standort Deutschland ist

[10] Nach allgemeiner Rechtsprechung bekommt der Mitarbeiter im Rahmen einer Provisionsregelung pro Stück – und zwar vom ersten verkauften Produkt an – eine bestimmte Zahlung, zumeist ein prozentualer Anteil am Verkaufspreis. Bei einer Prämienregelung muß der Mitarbeiter zunächst einen bestimmten Grenzwert erreichen, um überhaupt in den Genuß einer erfolgsabhängigen Entlohnung zu gelangen.

[11] Durch die Einteilung in sog. RPM-Gebiete - RPM steht hierbei für „Regionaler Pharmamarkt“ – können die Umsatzzahlen pro Gebiet dem einzelnen Mitarbeiter genau zugeordnet werden, wenn das jeweilige Unternehmen eine entsprechende Aufteilung in seiner Außendienstorganisation hat. Die RPM-Daten werden durch die IMS GmbH, Institut für Medizinische Statistik, permanent erhoben.

jedoch nicht anzunehmen, daß die erfolgsabhängigen Gehaltsanteile permanent auf die bestehenden garantierten Festgehälter aufgesetzt werden. Wenn aber die Summe der bisherigen Gehälter im Außendienst nicht deutlich angehoben werden soll, so müssen nach Modifikation der Entgeltstruktur - und das ist Mathematik - die Fixgehälter reduziert werden (vgl. Bender 1998: 6). Selbst wenn man unterstellt, daß das Gesamtentlohnungsniveau für die Außendienstmannschaft als Ganzes gesehen nicht gesenkt wird, ist mit erheblichem Widerstand auf Seiten der Beschäftigten zu rechnen. Verschärft wird das Dilemma, wenn nicht dem Außendienst anzulastende Ursachen für einen Umsatzrückgang verantwortlich sind bzw. das Unternehmen großen Umsatzschwankungen ausgesetzt ist. Zum einen wird die schon systemimmanente Gefahr verschärft, durch eine Intensivierung der Leistungsverausgabung nicht die Motivation, sondern die Demotivation im Außendienst zu erhöhen (vgl. Kapitel 11.3.2.2.). Zum anderen kommt es in diesem Fall, und das hat die Praxis immer wieder bestätigt, zu einer Vielzahl von Konflikten, Diskussionen und Nachverhandlungen zwischen Geschäftsleitung und Betriebsrat, die nicht nur ineffizient sind, sie konterkarieren auch die Grundanforderungen an Lohnsysteme, nämlich daß diese durch Transparenz, Durchgängigkeit und Akzeptanz (vgl. Fischer 1995: 436) gekennzeichnet sind.

3.5.2.3. Geldwerte Entlohnung

Neben den pekuniären Entlohnungsformen sind im Außendienst noch weitere in der Regel nicht-monetäre Vergütungsvarianten verbreitet, die jedoch für den Mitarbeiter mit einem geldwerten Vorteil verbunden sind.

(1) Dienstwagenregelung: Nur 11,5% der Außendienstmitarbeiter benutzen für ihre Außendiensttätigkeit ihren eigenen PKW (vgl. Paffhausen 1995: 49), so ist die Dienstwagenregelung als ein wichtiges Thema anzusehen, das z.B. auf Betriebsversammlungen immer wieder heftig diskutiert wird. In erster Linie stellt der Dienstwagen eine Notwendigkeit bei der Ausübung eines Außendienstberufs dar; über die Funktion als „Handwerkszeug“ hinaus kann die Firmenwagenregelung aber auch als wirksames Belohnungs- und Anreizmittel interpretiert werden. „Wesentliche Motivation ist dabei, daß der Mitarbeiter diesen Wagen auch für private Verwendung kostenfrei nutzen darf“ (o.A. 1995: 9). Bei der Bemessung der Anreizfunktion von Firmenwagen können zwei Hauptkriterien angeführt werden.

In erster Linie ist hier die Fage nach der Großzügigkeit der Unternehmen bei der Kostenerstattung für Privatfahrten durch den Mitarbeiter zu nennen. „Die häufigste Form der Kostenbeteiligung der Mitarbeiter bei Privatnutzung ihres Dienstwagens ist die Versteuerung des geldwerten Vorteils. [...] Erst mit einigem Abstand folgt an zweiter Stelle die Übernahme der Benzinkosten für privat gefahrene Kilometer. Als sonstige Regelungen findet man vor allem die Übernahme der Benzinkosten bei Urlaubsfahrten durch den Mitarbeiter oder auch die Kostenbeteiligung des Mitarbeiters an Reparaturen, die Übernahme von Kosten für einen Auslandsschutzbrief oder eine Vollkaskoversicherung" (ebenda). Allerdings ist das für den Mitarbeiter wählbare PKW-Modell bzw. die Ausstattung des Dienstwagens ein weiterer Anreiz, da hier sicherlich ein „Prestigeeffekt" zu unterstellen ist.

(b) Incentives: Bei den unternehmeninternen Wettbewerben, den sog. Incentives, werden die jeweils umsatzstärksten Mitarbeiter mit einem „Geschenk" bedacht. In der Regel sind dies teure Luxusgegenstände wie z.B. Uhren, Lederkoffer oder Wochenendflugreisen. Letztlich trägt aber das Ergebnis der Frage 42 dem Hauptproblem dieser Incentives Rechnung: Selbst in Unternehmen mit einer Incentive-Regelung (vgl. z.B. Kapitel 8.5.1.3.) geben nur 49,8% der Befragten an, daß sie Incentives erreichen *„können"*. Ein großer Teil der Pharmareferenten sieht sich durch sein Gebiet oder seine Produkte bei diesem relativ undifferenzierten Anreizsystem eben von vornherein ausgeschlossen:

> *„Man kennt sich doch untereinander und es sind auch immer die selben, die die Rolex mit Gravur bekommen. Die haben ein paar Cash-Kühe in ihrer Region und das wars. [...] Die ersten zwei Jahre habe ich schon kurz vor Ende des Jahres geguckt, wie ich stehe, und dann auch noch etwas Gas gegeben, es ging da um eine Woche Johannisburg mit allem drum und dran. Aber seitdem interessiert mich das nicht mehr."* (Pharmareferent)

4. Lean Selling: Strategisches Konzept oder punktuelle Einzelmaßnahmen?

Die Studie des Massachusetts Institute of Technology (Womack u.a. 1991) über die Erfolge japanischer Unternehmenskonzepte hat den Begriff der Lean Production in die öffentliche Diskussion gebracht, die ihn dankbar aufnahm und auf neue, auch produktionsferne Felder übertrug: Lean Management, Lean Marketing, Lean Selling. In aller Regel versteht man unter diesen „Strategien" Maßnahmenbündel, die zu einer effektiveren Gestaltung der gesamten Wertschöpfungskette führen sollen und die die Rationalisierungspotentiale vor allem zwischen den verschiedenen Stufen des Wertschöpfungsprozesses suchen. Der Lean Management-Gedanke verdankt seine Griffigkeit und Brisanz offenbar der Bündelung organisatorischer Maßnahmen mit solchen der wirtschaftlichen Effizienzsteigerung und der Motivierung der Beschäftigten. Somit schwankt die Verwendung des Begriffs nach wie vor zwischen der Bezeichnung für reine Kostensenkungsstrategien und dem engagierten Plädoyer für mehr Eigenverantwortung der Mitarbeiter.

Verbindet man die Kunden- und Marktorientierung der Lean Management-Konzepte mit der Reorganisation von Kommunikationsstrukturen, kann Lean Management auch als eine informationstheoretische Strategie verstanden werden. „Lean" ist in diesem Sinne eine Strategie, die durch den Abbau von Hierarchieebenen, eine Einschränkung der Arbeitsteilung und Intensivierung der Schnittstellen zwischen Markt und Unternehmen gewährleisten soll, daß Informationen aus dem Umfeld - und das heißt vor allem Marktsignale, Kundenrückmeldungen usw. - schneller und ungefiltert ihren Adressaten erreichen.

So sollen unternehmerische Reaktionen auf das Marktgeschehen schneller eingeleitet werden, wenn nicht sogar der Mitarbeiter selbst ermächtigt wird, diese Entscheidungen zu fällen. Der Kunde ist dabei die wichtigste Informationsquelle. Die Organisation bzw. jede ihrer Einheiten soll sich - verkürzt gesagt - weniger mit von ihr selbst erzeugten Informationen als vielmehr mit Informationen aus ihrem Umfeld befassen. Der Zugewinn an organisatorischer und kommunikativer Durchlässigkeit der Unternehmensstrukturen führt jedoch auch dazu, daß Kommunikation weniger vorstrukturiert werden kann. Die angestrebte höhere Kommunikationsdichte setzt daher Offenheit und einen geringeren Grad an Selektionsmöglichkeiten voraus (vgl. Tikart 1994).

Sammelt man einige in der Diskussion über Lean Management fallende Begriffe, stößt man auf Schlagworte wie z.B. Kunden- und Qualitätsorientierung, Qualitätskontrolle in Selbstverantwortung, niedrige Kapitalbindung, Abbau von Hierarchieebenen bis hin zu flachen Organisationsstrukturen, Outsourcing, Team- bzw. Gruppenarbeit, Einführung von Personalbeurteilungssystemen, Target Costing[12].

Lean Selling kann dann als bestimmte vertriebsspezifische Selektion und Kombination aus diesem Maßnahmen- und Strategieangebot und deren Anwendung im Vertriebsbereich aufgefaßt werden.

In den Befragungen zeigte sich allerdings, daß der Begriff nur in wenigen Unternehmen explizit zur Bezeichnung der eigenen betrieblichen Umstrukturierungskonzepte benutzt wurde, obwohl durchaus einige der im folgenden beschriebenen Lean Selling-Elemente umgesetzt worden sind. Auf den Begriff wurde von den Unternehmen vielleicht auch deshalb verzichtet, um nicht unnötig angstbesetzte Schlagworte in die Diskussion zu bringen. Trotz seiner negativen Konnotationen wurde er jedoch in einem analytischen Sinn als systematischen Rahmen für die Untersuchung verwendet und hinterfragt.

Der Trend zur Umsetzung dieser Konzepte war im bisher eher von Reorganisationsmaßnahmen verschonten Vertriebsbereich - wie in den meisten anderen Branchen – vor allem durch einen hohen Kostendruck intendiert (vgl. Bußmann 1994: 32ff.). Nach Bußmann nehmen die Vertriebskosten branchenübergreifend durchschnittlich einen Anteil von 14% am Gesamtumsatz der im Rahmen seiner Untersuchung befragten Unternehmen ein; 48,8% der Vertriebskosten sind Personalaufwendungen. Erstaunlich ist die sehr geringe Streuung um diesen Wert im Branchenvergleich. Für die pharmazeutische Industrie mit einem hohen Anteil an hochqualifizierten Mitarbeitern im Außendienst scheint dieser Wert noch höher zu liegen. Deutlich niedriger an zweiter Stelle schlagen die Reiseaufwendungen mit 12,4% zu Buche, auch dieser Befund dürfte pharmazietypisch sein. Der Vertriebskostenblock stieg in den letzten Jahren um deutlich mehr als 10%, was für andere Kostenblöcke sicherlich nicht gelten dürfte.

Für die fehlende Umsetzung von strategischen Reorganisation sind hauptsächlich zwei Gründe von zentraler Bedeutung: Zum einen ist der Vertrieb aufgrund seiner

[12] Bei der Zielkostenrechnung (Target Costing) werden von Marktpreisen ausgehend den einzelnen Abteilungen wie Konstruktion, Vertrieb, Produktion, Beschaffung etc. Kostenvorgaben gemacht, die von den Abteilungen nicht überschritten werden dürfen.

starken Außenwirkungen ein besonders sensibler Bereich der Unternehmung. Die entstandene Schutzzone der Vertriebsabteilung vor Rationalisierungsmaßnahmen hat in den konjunkturell guten Zeiten „Speck“ angesetzt. Es werden zwar Potentiale zur Kostenreduktion von den Befragten vermutet, aber diese genau zu lokalisieren hat sich nach Bußmann (1994) in der Vergangenheit als ein überaus schwieriges Unterfangen herausgestellt. Zum anderen stellt sich in aller Regel die Umsetzung solcher Konzepte in der Praxis als schwieriger heraus als noch in der Planungsphase angenommen, da der Adaptionsprozeß der ursächlich aus dem Produktionsbereich stammenden „leanen“ Strategien von den Verantwortlichen, denen zur Durchführung solcher Konzepte das notwendige Erfahrungswissen fehlt, nur allzuhäufig nicht bewältigt werden kann.

Aber nicht nur die sich aus der Herleitung der Konzepte erklärende mangelnde Kompetenz der verantwortlichen Führungskräfte erklärt das Scheitern der Bündelung von Einzelmaßnahmen zu einem strategischen Konzept. Auch deren weitgehende Fokussierung auf Entscheidungen des Tagesgeschäfts bzw. der eher operativen Planung ließen langfristig angelegte Visionen nicht zur Umsetzung gelangen. Doch schon in Bußmanns Erhebung, die ausschließlich auf Managementbefragungen beruhte, wurde deutlich, daß die meisten bisherigen Kostensenkungsprogramme der Unternehmen auf die beiden größten Kostenfaktoren im Vertrieb abzielten: die Gehalts- und Reisekosten. Letztlich haben sich die traditionellen Führungsinhalte des Vertriebs als so beharrlich erwiesen, daß die Idee des Lean Selling nicht lange bestehen konnte.

Zusammenfassend läßt sich festhalten, daß der Vertrieb in der Vergangenheit ein von Rationalisierungsbestrebungen „stiefmütterlich“ behandeltes Kind war. Trotz des somit entstandenen hohen Entwicklungspotentials im Vertrieb ist auch derzeit mit Zdral (1994: 27) zu konstatieren: „Es gibt einige interessante Einzellösungen, aber bisher existiert kaum ein umfassend verwirklichtes Lean Selling-Modell in den Unternehmen.“

4.1. Elemente des Lean Selling

4.1.1. Hierarchie- und Personalabbau

Ein zentrales Element der gesamten Lean-Philosophie ist die Reduzierung von Führungsebenen, d.h. eine flachere Organisationsstruktur sowohl in der einzelnen

Abteilung als auch in der gesamten Unternehmung. Neben dem Kostenargument, das wichtiger, „gleichzeitig aber auch oft der schlechteste Grund“ (Bußmann 1994: 49) ist, wird der Vorteil von flachen Organisationsstrukturen in den schnelleren Zugriffs- und Eingriffsmöglichkeiten auf das Marktgeschehen gesehen.

Die Taylorisierung der Arbeit mit ihrer rigiden Trennung von Planung, Ausführung und Kontrolle hat sich auch im Angestelltenbereich und im Vertrieb in Zeiten einer verstärkten Kundenorientierung als Motivationsblocker erwiesen und die Möglichkeiten der gezielten Kundenansprache und -betreuung und damit auch einer schnelleren Reaktion auf Marktimpulse eingeschränkt. Zwar war die Tätigkeit im Vertrieb stets relativ ganzheitlich organisiert; doch kam ein hoher Spezialisierungsgrad vor allem in bezug auf vertretene Produkte und Zielgruppen zum Tragen, ebenso die strikte funktionale Arbeitsteilung zwischen Innen- und Außendienst.

Bei den, im Vergleich zu der auf die Spitze getriebenen funktionalen Arbeitsteilung, stärker partizipativen und integrativen Managementkonzepten, die auf eine „kontrollierte Autonomie“ der Mitarbeiter zielen (vgl. Sydow 1990: 13), räumt das Management den Mitarbeitern größere Handlungsspielräume ein, behält sich jedoch auch soziale Kontrollmechanismen vor, mit denen die effektive Nutzung dieser neu gewonnenen Autonomiechancen überprüft und kontrolliert werden kann.

Kommunikationsstrukturen in deutschen Betrieben zeichnen sich immer noch durch eine restriktive Wissensverwertung aus, die das Erfahrungswissen der Mitarbeiter nicht systematisch zu nutzen vermag. Innerhalb der hierarchischen Linienorganisation ist der Weg des relevanten Wissens - wenn es ihn denn überhaupt erreicht - oft zu lang. Zudem trägt exzessiver Machtgebrauch zur Unterdrückung und Zurückhaltung von Information bei (vgl. Weltz 1996).

Das Problem der Behinderung des Informationsflusses durch Hierarchie, übergroße Produktfülle und Rückzug aus der kundenbezogenen Arbeit wurde übrigens schon vor mehr als 30 Jahren von dem Klassiker der amerikanischen Wirtschaftsgeschichtsschreibung Chandler erkannt, dessen Studie über die Entwicklung des Du Pont-Konzerns in den 20er Jahren (1962) von Stinchcombe (1990) reinterpretiert wurde (vgl. auch Poy/Weißbach 1995). Chandler zeigte, wie sich der Du Pont-Konzern in den 20er Jahren von einer funktional-arbeitsteiligen auf eine divisionale Struktur umstellte, die zugleich produktgruppen- wie kundenbezogen war. Dieser neue Organisationstyp hatte - zuerst in der Explosivstoffproduktion - großen Erfolg. Forschung und Entwicklung, Produktion und Vertrieb waren in nach Produktgruppen und damit auch nach Kundengruppen getrennten *divisions* organisiert.

Chandler (1962) analysierte das Dilemma der funktional-tayloristischen Organisation wie folgt: Die von der Basis bzw. vom Markt kommenden Informationen werden auf ihrem Weg nach oben stark gefiltert und immer abstrakter. Sie können an der Spitze der Hierarchie nicht mehr richtig interpretiert werden, weil bspw. ein Vorstand nichts mehr von den Spezifika der Forschung in den verschiedenen Segmenten versteht. Die Informationen aus den dezentralen Bereichen sind für den Vorstand eines Unternehmens ähnlich intransparent wie ein Unternehmen für einen Börsenspekulanten, der Aktien dieses Unternehmens kauft. Mittlere Vorgesetzte zeigen außerdem die systematische Tendenz, Informationen, die Anlaß zum Zweifel an ihrem Erfolg im jeweiligen Marktsegment geben, gar nicht oder zu spät weiterzuleiten. Unternehmensressourcen werden daher nicht rechtzeitig auf profitablere Felder umgelenkt, aussichtslose Vorhaben nicht rechtzeitig abgebrochen. Damit erfolgt eine zu starke Ressourcenbindung in den Bereichen von Altprodukten auf schrumpfenden Märkten usw. Dies scheint gerade für die Pharmaindustrie typisch zu sein, in der Neuerungen oft durch „gut laufende" Altprodukte behindert werden. So werden Innovationen häufig unter Hinweis auf eine übergeordnete *economy of scale* oder *economy of scope* blockiert (vgl. Jonas u.a. 1994). Mit diesem Argument können kritische Marktsignale fast beliebig lange abgewehrt werden.

Durch flachere Strukturen werden die Prozesse der Weiterleitung und Verarbeitung von Informationen intern und auch extern optimiert. Da branchenübergreifend für fast alle Unternehmen der Kunde die relevanteste Informationsquelle darstellt, bedeutet ein schnelleres Informationsmanagement auch ein enormes Effizienzsteigerungspotential. Erst die schnell und vollständig an die richtige Position in der Unternehmung gelangte Information vom bzw. über den Kunden ermöglicht eine adäquate Kundenbewertung und Kundenselektion. Auch für das Management werden die Informationen aus dem Vertriebsbereich als Grundlage strategischer Entscheidungen immer wichtiger. Dies erklärt auch die jetzige schon fast hektische Diskussion um die Reorganisation des Vertriebs.

Genauso wichtig wie für das Gesamtmanagement des Unternehmens sind schnelle, aktuelle und vollständige Informationen auch für die Leitung des Vertriebsbereichs und den einzelnen Außendienstmitarbeiter: „Wenn Kunden heute mit ausgeklügelten Warenwirtschaftssystemen arbeiten, kann der Verkäufer nicht mehr mit drei Tage alten Listen daher kommen" (Knüttel 1994: 28).

Ein weiteres Motiv für die Enthierarchisierung ist die Kompetenzerweiterung des einzelnen Mitarbeiters, z.B. durch Aufgabenintegration und Teamarbeit (vgl. Kapitel 4.2.). Hier ruhen noch nicht genutzte Ressourcen, die bisher durch den „Hierarchiefilz" nicht zum Zuge kommen konnten. Die Abflachung der Hierarchien verrringert die Führungsaufgaben nicht, sie werden im Rahmen einer Delegation der Führungsaufgaben nach „unten" nur anders verteilt; dies führt dann zu einer erhöhten Kontrollspanne, d.h. der einzelnen Führungskraft sind mehr Mitarbeiter unterstellt. Jedoch können in diesem Fall die Führungkräfte von operativ-konkreten Führungsaufgaben entlastet werden und sich für andere - z.B. stärker kooperationsorientierte - Aufgaben freimachen (vgl. Kapitel 11.4.).

Nachteile der Reduzierung von Hierarchie sind vor allem im mittleren Management zu beobachten, da mit dem Verlust der Führungsposition auch Einbußen an Sozialprestige verbunden sind. Mit dem Abbau von Hierarchieebenen werden klassische Aufstiegswege abgebaut, die für einige Mitarbeiter durchaus motivierend wirken können. An die Stelle von Status und Titel sollten also andere Motivatoren treten, ein mehr als schwieriges Unterfangen, bedenkt man die jahrzehntelange Tradition und das Beharrungsvermögen solcher gesellschaftlich prestigeträchtiger Werte (vgl. Kapitel 11.3.2.). Diese Probleme heben die positiven Effekte der Hierarchieverflachung zwar nicht auf, werden jedoch oft unterschätzt.

Durch den Abbau von Hierarchieebenen und eine Neu- und Umverteilung der Aufgaben und Kompetenzen werden Personalkapazitäten freigesetzt, die nicht immer innerhalb des Betriebes weiter genutzt werden können. Die häufige „Lösung" besteht dann im Personalabbau, da hier bekanntlich auch die höchsten Einsparungspotentiale liegen. Insgesamt beschäftigte die pharmazeutische Industrie in Deutschland 1997 im Durchschnitt 115.500 Mitarbeiter, daß sind ca. 4,4% weniger als 1996. Seit Inkrafttreten des GSG wurden von Anfang 1993 bis Ende 1997 in der pharmazeutischen Industrie ca. 19.000 Stellen abgebaut (vgl. BPI 1998: 6).

Euphorisch klingen die Aussagen der Manager, daß die reduzierte Mannschaft „jetzt sogar noch mehr Projekte als die alte in Angriff" (Bußmann 1994: 50) nimmt. Bei der Umsetzung in der Praxis dürfte die jeweilige Unternehmensleitung vor gewaltigen Problemen - nicht zuletzt mit den Gewerkschaften und Betriebsräten - stehen. Denn in aller Regel führt die Umsetzung von Reorganisationsmaßnahmen zur Leistungsverdichtung und Mehrarbeit.

4.1.2. Key-Account-Management und Kundenbewertung

Zu einer Zeit wachsender Märkte war die Akquisition möglichst vieler Neukunden das strategische Ziel zahlreicher Unternehmen. Durch den Wandel zum Käufermarkt rückt jedoch in jüngster Zeit die *langfristige* Bindung des Kunden an das Unternehmen in den Mittelpunkt des Unternehmensinteresses (vgl. auch Peter/ Schneider 1994: 7), zumal die Marktsituation durch starke Konzentrationsprozesse (z.B. Gemeinschaftspraxen etc.) gekennzeichnet ist. Bei knappen Ressourcen gewinnt daher die Bewertung jedes Kunden im Hinblick auf Kosten und Nutzen für das eigene Unternehmen und die damit verbundene Entscheidung über die weitere Außendienstbetreuung stärkere Bedeutung. Key-Account-Management (KAM) kann daher als die strategische Antwort auf diese grundlegende Veränderung des Beziehungsgefüges zwischen Anbieter und Nachfrager gesehen werden.

Befragungen von Führungskräften ergeben immer wieder, daß die Intensivierung des Key-Account-Managements eine der wichtigsten Reorganisationsmaßnahmen für Vertriebsorganisationen ist. Damit untermauern die Unternehmen das Ziel nach zunehmender Marktorientierung und enger Verzahnung und Kooperation mit den Kunden (vgl. Hanser 1994: 37). Eine dauerhaft und gewinnbringende Kundenbeziehung ist nur durch intensive Betreuung und Beratung zu erreichen. Dies erfordert eine detaillierte Kenntnis des Partners, um z.B. Vorschläge zur Lösung von Kundenproblemen und speziell darauf abgestimmte Angebote machen zu können. Über der Stammkundenpflege soll jedoch nicht die Neukundenakquisition vernachlässigt werden. Denn trotz Key-Account-Managements werden auch in Zukunft Kunden verloren gehen. Es kommt also auf die „richtige" Aufteilung der zur Verfügung stehenden Ressourcen an; hierfür ist jedoch eine Kundenbewertung die notwendige Bedingung.

Ziel der Kundenbewertung und -selektion ist zum einen - angesichts der hohen Kosten eines Außendienstbesuches - die Ausnutzung von Kostensenkungspotentialen, zum anderen die gleichzeitige Erhöhung der Effizienz von persönlichen Kundenkontakten durch eine stärkere Konzentration auf die wichtigen Kunden. Am Anfang der Gesprächsvorbereitung steht daher die grundlegende Frage, welche

Kunden überhaupt für in eine enge, d.h. persönliche Betreuung ausgewählt werden sollen. Zur Kundenbewertung wurden bereits lange vor der Rede vom KAM verschiedene Verfahren entwickelt, die durchaus auch in anderen Branchen Anwendung finden können, wenn sie an die jeweils spezifischen Vertriebsbedingungen angepaßt werden[13]:

a) Bei Punktbewertungsmodellen, sog. **Scoring-Modellen**, wird der Arzt oder Apotheker anhand vorliegender Informationen mit Punkten bewertet. In diese Punktbewertungsmodelle können „all jene Kriterien eingehen, von denen das Unternehmen annimmt oder - besser - auf analytischem Wege empirisch festgestellt hat, daß sie einen Erklärungsbeitrag für die Identifikation von Kunden mit hoher/geringer Kaufwahrscheinlichkeit liefern." (Link/Hildebrand 1993: 48)

b) Eines der bekanntesten Modelle wurde bereits in den zwanziger Jahren von amerikanischen Versandhandelsunternehmen entwickelt, die **RFMR-Methode**. Der Begriff setzt sich zusammen aus Recency (Wann war die letzte Bestellung einer Apotheke oder Klinik? / Wann verschrieb der Arzt zuletzt eines der eigenen Präparat?), Frequency (Wie häufig wird bestellt? / Wie oft verordnet der Arzt meine Präparate?) und Monetary Ratio (Wie hoch sind die Warenwerte?). Dieses in modifizierter Form noch heute oft angewandte Bewertungsverfahren basiert auf einer Basis, ausgedrückt in Punkten, die dann jeweils durch Plus- und Minuspunkte korrigiert wird. Kauft bspw. eine Apotheke regelmäßig oder haben die Bestellungen einen hohen Warenwert, wird sich sein Punktestand erhöhen, was zu einer besseren Betreuung durch den Außendienst führen sollte. Verordnet aber z.B. ein Arzt nur selten ein Medikament aus dem eigenen Sortiment, wird sich dies in einer Senkung seines Punktesaldos niederschlagen, und er wird zukünftig weniger intensiv betreut. Auch wenn dieses Modell noch durch weitere Bewertungsvorschriften verfeinert werden kann, bleibt doch festzuhalten, daß schon dieses relativ einfache Modell zu einer erheblichen Senkung der Kosten führt, da Streuverluste in beachtlichem Maße vermindert werden können (vgl. Link/Hildebrand 1993: 48).

c) Eine Erweiterung der einfachen Bewertungsverfahren stellt der **Portfolio-Ansatz** dar. Die am häufigsten benutzten Dimensionen sind „Kundenattraktivität" und „Wettbewerbsposition". In jeder Kategorie werden dem Kunden nun Punkte nach festgelegten Kriterien zugewiesen. An dieser Stelle wird die Affinität zu dem

---

13 Die Anpassungen an den pharmazeutischen Vertrieb waren Gegenstand einer Expertenrunde mit Führungskräften eines Pharmaunternehmens und wurden hier durch den Autor vorgenommen.

bereits erwähnten Scoring-Modell deutlich. Kriterien, die in die „Kunden-attraktivität" eingehen, sind dabei z.B. Umsatzhöhe, Grad der medizinischen Spezialisierung, Verbandstätigkeit, Veröffentlichung von Publikationen, Bettenzahl, Forschungsaktivität, etc. Unter der eigenen „Wettbewerbsposition" beim Kunden fließen die Dauer der Beziehung zum Kunden, die Frequenz der durch den Arzt (bzw. Ansprechpartner in der Klinik) oder Apotheker zugelassenen Be-suche oder der Ausstattungsgrad des Kunden mit eigenen Erzeugnissen ein. Wie auch schon beim Scoring-Modell ist die Ausprägung und die Wahl der Kriterien in hohem Maße abhängig vom eigenen Unternehmen. Die ermittelten Werte werden dann an den Koordinatenachsen einer Matrix abgetragen. Der Kunde wird somit nach seiner Stellung innerhalb der Matrix klassifiziert und dementsprechend betreut. Jedes Feld stellt dem Außendienstmitarbeiter ein grobes Verhaltensmuster bereit.

Abb. 8: Grundstruktur eines Portfolio-Modells

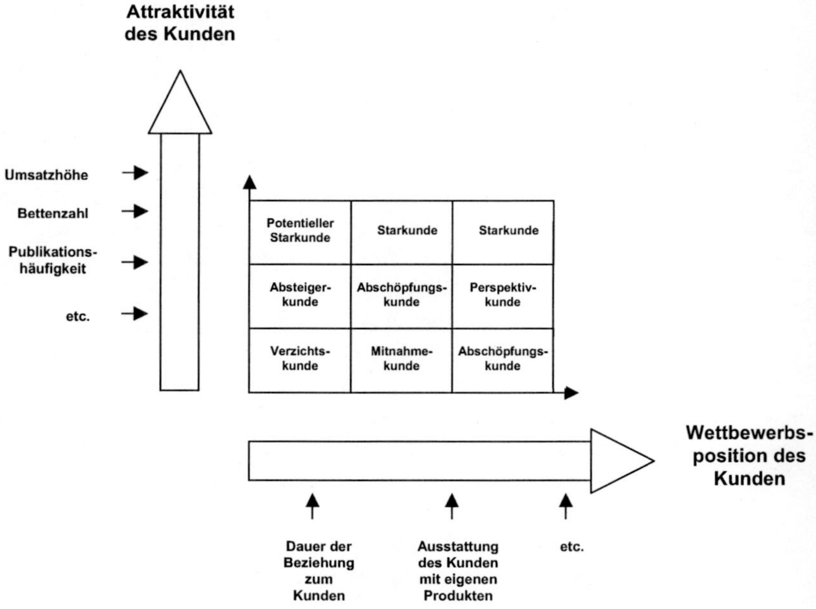

Diese Klassifizierung erlaubt nun nach Link/Hildebrand (1993) Planungsmöglichkeiten für den Außendienstmitarbeiter, die Bezeichnung Kunde gilt sowohl für den Arzt im klinischen und niedergelassenen Bereich als auch für Apotheker.

- Die Gruppe der Starkunden zeichnet sich durch ein hohes Wachstumspotential, eine gesicherte Wettbewerbsposition und ein hohes Umsatz-bzw. Gewinnpotential aus. Sie sollte eine intensive Betreuung durch den Außendienstmitarbeiter erfahren, was in verstärktem Maße auch auf mögliche neue Kunden dieser Gruppe, die es für sich zu gewinnen gilt, zutrifft. Hier kommen dann teure und aufwendige Marketingmaßnahmen zum Zuge wie z.B. maßgeschneiderte Individuallösungen, exklusive Leistungs- und Serviceangebote (z.B. im technischen Bereich), Sonderkonditionen oder häufiger, persönlicher Besuch des Außendienstmitarbeiters.

- Potentielle Starkunden, Abschöpfungskunden und Perspektivkunden haben gemeinsam, daß sich der Betreuungsaufwand hauptsächlich aus den Perspektiven ergibt, die die Kunden bieten. Wenn ein potentieller Starkunde starke Bindungen zu anderen Unternehmen aufzeigt, die einen Ausbau der eigenen Geschäftsbeziehung unwahrscheinlich erscheinen lassen (z.B. häufige Verordnung von Generika durch den Arzt aus Sicht eine Unternehmens, das ausschließlich ethische Produkte vertreibt), so sollte der Aufwand so gestaltet werden, daß die Position gehalten werden kann.

- Abschöpfungskunden bieten eher selten eine Tendenz zu intensiveren Geschäftsbeziehungen. Bei ihnen sollte eine Erhöhung des Betreuungsaufwandes kritisch beurteilt werden und auf die Verteidigung der eigenen Stellung gerichtet sein (z.B. ein Arzt oder eine Klinik, die gemessen an Patienten- oder Bettenzahl wenig Präparate verwenden).

- Verzichtskunden werden aus der Außendienstbetreuung gestrichen, sie bieten in der Regel nicht mal einen positiven Deckungsbeitrag für das Unternehmen (aus Sicht vieler Unternehmen wären das z.B. Homöpathen).

Die zunehmende Komplexität der über den Kunden erhobenen Daten macht ihre effiziente Verwaltung und Verarbeitung immer wichtiger. Hierzu werden in einigen Betrieben bereits EDV-Systeme unterstützend eingesetzt. Einige Möglichkeiten sollen im folgenden Abschnitt vorgestellt werden.

4.1.3. Computer Aided Selling

Unter Computer Aided Selling (CAS) versteht man den Einsatz stationärer und mobiler Computer zur Unterstützung des Außendienstes. CAS umfaßt die Hardware, die Software und die Übertragung der Informationen, aber auch die Einbettung in das gesamtbetriebliche EDV-System, da letztlich die Erfassung, Weiterleitung und Verarbeitung der Daten nicht zu trennen sind (vgl. Hermanns/Prieß 1987: 11).

Trotz der langjährigen Verwendung von Computern im Außendienst ist in Praxis und Theorie die genaue Zielsetzung der Unternehmen bzgl. des Computereinsatzes nicht eindeutig definiert. Das Spannungsfeld bewegt sich zwischen

- CAS als Außendienstsupport (z.B. „AUßenDIenstUnterstützungsSystem"-AUDIUS, vgl. Encarnacao/Lockemann/Rembold 1990: 2-17) und

- CAS als Instrument der Außendienststeuerung und damit der Kontrolle des Außendienstes („EDV-orientierte Außendienststeuerung", Gey 1990; vgl. auch Link/Hildebrand 1994: 111f.).

Um die Einsatzmöglichkeiten von EDV-Lösungen in der Außendienstorganisation zu untersuchen, ist es notwendig, zunächst die Aufgaben eines Außendienstmitarbeiters zu bestimmen, die prinzipiell für eine Unterstützung bzw. Kontrolle durch Computereinsatz geeignet erscheinen. Dabei sind die Aufgaben der Kommunikation und des Informationsaustauschs mit dem Kunden *und* dem Innendienst des eigenen Unternehmens von entscheidender Bedeutung:

- Sammlung und Aufbereitung von Informationen über den Kunden,
- Visualisierung von Informationen im direkten Kundengespräch,
- Koordination und Kommunikation mit dem Innendienst bzw. Unternehmen,
- allgemeine administrative Tätigkeiten.

Da das Kundengespräch im Zentrum der Außendiensttätigkeit stehen soll, ist die primäre Aufgabe eines CAS-Systems, Unterstützungsfunktionen für die effektive Planung, Durchführung und Kontrolle der Kundenkontakte zu übernehmen (vgl. Link/Hildebrand 1994: 112). Es kann den Mitarbeiter zunächst bereits bei der Kundenauswahl unterstützen und so helfen seine knappen Ressourcen von unattraktiven Kunden auf „absatzverdächtigere“ Kunden umzulenken oder zur Neugewinnung von Kunden zu investieren (vgl. Kapitel 4.1.2.).

Während noch vor wenigen Jahren die Hardware Restriktionen vorgab, sind durch den rasanten technischen Fortschritt heute der Gestaltung von EDV-Lösungen von dieser Seite her kaum noch Grenzen gesetzt. Immer leistungsstärkere Computer, der Fortschritt bei CD-ROM-Laufwerken und Festplatten oder die schnellere und umfangreichere Online-Datenübermittlung geben Anlaß für weitere Phantasien über die Möglichkeiten des Technikeinsatzes im Pharmaaußendienst.

Nach Link/Hildebrand lassen sich Rationalisierungsgewinne durch CAS-Einsatz vor allem bei der Nachbereitung eines Kundenkontaktes und der Berichterstattung erzielen. Damit wesentliche Informationen an das Unternehmen gelangten, mußten ohne Technikeinsatz noch Bögen ausgefüllt, in das Unternehmen übersandt und dort eingegeben werden, heute stellt die direkte Eingabe in den Laptop und die anschließende Übertragung mittels DFÜ eine erhebliche Vereinfachung und Effizienzsteigerung für den Außendienst dar und senkt in diesem Arbeitsbereich deutlich die Kosten. Darüber hinaus wird der Außendienstmitarbeiter von Schreibarbeit entlastet und kann Wartezeiten beim Kunden nutzen, was der Gefahr des Vergessens wichtiger Sachverhalte vorbeugt, die bei einem System der manuellen Nachbearbeitung nach Abschluß der Tagestour gegeben ist (vgl. Gey 1990: 188).

Das heißt aber letztlich auch, daß der Mitarbeiter unter einem zweifachen Informationsdruck steht: einerseits steht ihm eine immer größere Informationsmenge (Marktdaten, Produktinformationen usw.) zur Verfügung, die dann auch von ihm verarbeitet werden muß, andererseits wird ihm von Seiten der Zentrale ein immer lückenloseres Berichtswesen (Besuchsdaten usw.) abverlangt. Somit besteht in letzter Konsequenz durch die technischen Möglichkeiten die Gefahr, daß der Mitarbeiter „vor lauter Daten die relevante Information nicht mehr sieht“. So konstatierte auch ein Außendienstmitarbeiter:

> *„Ich bekomme unendlich viele Emails, ich weiß gar nicht, in wieviel Verteilern ich mit meiner Adresse stehe. Ich sortiere nach Absendern, da fallen schon mal 30% raus. 70% überfliege ich, aber eigentlich brauche ich nur 10 % der Mails. Und das Ganze braucht Zeit, die hab‘ ich eigentlich gar nicht.“*

Ein weiteres - zumindest theoretisches - Anwendungsgebiet mobiler Rechner ist die besonders intensive fachliche Beratung. Hat bspw. ein Herzspezialist Fragen, die ein Außendienstmitarbeiter nicht ohne weiteres beantworten kann, könnte ein Laptop mit einem Zugriff auf einen entsprechenden Hostrechner bzw. eine umfangreiche Datenbank auf CD-ROM von entscheidendem Vorteil sein. Auf diese Weise kann die Informationsquantität und -qualität dem speziellen Bedarf des Kunden angepaßt werden. Die Anwendung im direkten Verkaufsgespräch, die erst 7,59% (eigene Erhebung) der denkbaren Einsatzmöglichkeiten mobiler Rechner ausmacht, könnte zukünftig an Bedeutung gewinnen, zumal wenn die Entwicklungen im Multimediabereich weiter so rasant fortschreiten.

Bei derartigen Prognosen ist aber Vorsicht geboten, sowohl die technische Entwicklung als auch ihre Auswirkungen betreffend. Schon Weißbach/Witzgall/Vierthaler (1990: 167ff.) prognostizierten das Zusammenlaufen der beiden technischen Entwicklungslinien mobiler und stationärer Computer, bedingt durch die Weiterentwicklung und Verbilligung tragbarer PCs, die Autoren prognostizierten für den Pharmavertrieb einen dann einsetzenden verstärkten Einsatz der tragbaren Computer vor Ort beim Kunden.

Wie die Umfrage zeigt, sind heute Laptops der Standard im Pharmaaußendienst, nur 7,56% geben an, keinen zu besitzen. Allerdings benutzt der überwiegende Teil der Pharmareferenten den Laptop ausschließlich oder hauptsächlich als stationären Rechner.

Nach Weißbach, Witzgall und Vierthaler war es im pharmazeutischen Außendienst wahrscheinlich, weiche, dezentrale Techniknutzungskonzepte im Vertrieb in eine straffere Gesamtkonzeption einzubinden, da es kompliziert und risiko-behaftet sein dürfte, die Pharmaaußendienstmitarbeiter, die sich selbst auf eigene Kosten mit einem PC ausgestattet haben, in ein Gesamtinformationssystem einzubinden. Auch gingen die Autoren davon aus, daß ein zentralistisches Vertriebsinformationssystem zu viele Risiken beinhaltet, z.B. das Einrichten von Datenübermittlungsschnittstellen zum Außendienst zu teuer sei und einen zu hohen Zeitaufwand verursache, ohne jedoch den Vertrieb effektiv unterstützen zu können. „Sie sind auch deshalb - und zwar für beide Seiten - riskant, weil sie in der Kulisse hohen Entwicklungsaufwand erfordern, ohne daß klar ist, ob die Vertriebsorganisation mit den dort ausgeheckten Datenstrukturen und Auswertungsroutinen jemals erfolgreich arbeiten kann. Schließlich erfordern sie den frühzeitigen Abschluß von Betriebsvereinbarungen für die Zentrale, noch ehe die dezentralen Verwendungsmöglichkeiten des Systems vollständig erkannt sind" (Weißbach/Witzgall/Vierthaler 1990: 172). Nunmehr werden die Außendienstmitarbeiter mit modernen Laptops durch die Unternehmen ausgestattet, bei den CAS-Softwarepaketen ist von deren Anlage her sicherlich von zentralistischen Vertriebsinformationssystemen zu sprechen. Allerdings haben sich die Mitarbeiter offensichtlich mehr Freiheiten bei der Anwendung der Software genommen, als den Unternehmen recht sein kann, von konformer und stringenter Nutzung kann angesichts der Umfrageergebnisse nicht gesprochen werden.

Lediglich die beiden wohl wichtigsten Elemente der Außen- und Innendienstkommunikation, daß Berichtswesen und die Informationsübermittlung werden einigermaßen konform über den gesamten Außendienst hinweg betrieben. Inwieweit aber auch nur wenige „Ausreißer" die Effektivität und das Rationalisierungspotential solcher Systeme schmälern, kann an dieser Stelle nicht beantwortet werden.

Das aber bei Problemen, die mit einem Einsatz von Computern im Vertrieb verbunden sind - hier rangieren die technischen Schwierigkeiten an erster Stelle, daß fehlende Know-how und die hohen Kosten solcher Systeme folgen mit geringem Abstand (vgl. Link/Hildebrand 1993) – die Auswirkungen nicht nur teuer sind, sondern auch auf die Arbeitszufriedenheit und Motivation der Mitarbeiter direkt durchschlagen, kann sicherlich nicht bestritten werden. Relativiert werden die Kostensenkungspotentiale der CAS-Systeme durch den hohen Schulungsaufwand und die gestiegene Arbeitszeit.

Die Rationalisierungspotentiale müssen auch for dem Hintergrund der Mitarbeiterbefragung, also den Praxiserfahrungen an der Basis, in Zweifel gezogen werden. In einem Berufsbild, das vergleichsweise lange mit dem EDV-Einsatz vertraut ist, geben insgesamt nur 9,4% der befragten Personen an, daß eine Verringerung der Arbeitszeit durch die Einführung von CAS eingetreten ist. Hingegen hat die Arbeitszeit für 76,64% der Außendienstmitarbeiter mehr oder weniger stark zugenommen.

Setzen auf der einen Seite Link/Hildebrand wie auch die Distributoren solcher Systeme auf eine Zeit- und Kostenersparnis durch z.B. ein vereinfachtes Berichtswesen (s.o.), so sind auf der anderen Seite Schulungs- und Einarbeitungsaufwand aufzurechnen, und dies nicht nur einmalig; denn die Praxis zeigt häufige Softwarewechsel, bei denen dann jedesmal dieser Aufwand neu anfällt. Hinzu kommen zusätzliche Kosten der Problemlösung, bspw. durch Systemabstürze oder Nicht- bzw. Falschanwender.

Als Fazit bleibt festzuhalten, daß CAS-Systeme eine schnellere und komplette Vorgangsbearbeitung ermöglichen, die Flexibilität und Beratungsqualität erhöhen, die Bearbeitungsdauer vermindern, die Transparenz der Wertschöpfungskette steigern und strategische Marktanalysen erlauben *können*. Schwierigkeiten bei der Akzeptanz durch die Mitarbeiter und auch oft deutlich höhere Kosten als erwartet durch häufige Softwarewechsel bedingt durch die rasante Entwicklungsdynamik sowohl im Hardware- als auch im Softwaresektor stehen dem gegenüber. Somit bleiben CAS-Systeme noch hinter den Erwartungen zurück und das Potential ist noch lange nicht ausgeschöpft (vgl. Wilmes 1996: 68/ Winkelmann 1998: 70). Durch die Entwicklungsdynamik kann aber mit einer Zunahme von Computerlösungen - und seinen Problemen - in den Vertriebsbereichen gerechnet werden.

4.1.4. Outsourcing und Außendienstleasing

Der Begriff des Outsourcing setzt sich aus den beiden englischen Wörtern „Outside" und „Resourcing" und bedeutet danach grundsätzlich die Inanspruchnahme externer Dienstleistung bzw. die Übertragung bisheriger Aufgaben an externe Dienstleister (vgl. Nilsson 1992: 121). Die Gründe, warum Unternehmen über Outsourcingstrategien nachdenken, sind umfangreich und vielschichtig. Vorrangiges Ziel dieser Strategien ist die Umwandlung von Fixkosten in variable Kosten, die nicht nur Liquiditäts- und Finanzierungsvorteile sichert, sondern auch investive Festlegungen vermeidet und damit Auslastungs- und Amortisationsrisiken verringert (Semlinger 1989). Ressourcen werden verstärkt so eingesetzt, daß sie nur kurzfristig gebunden sind, was vor allem durch den Bezug externer Leistungen und durch Reduzierung von organisatorischem Ballast erreicht wird. Nur dadurch wird die Umsatz- und Preiselastizität erreicht, die auf sich differenzierenden, fluktuierenden Märkten erforderlich ist.

Märkte befinden sich aus den verschiedensten Gründen in einem stetigen Wandel. Dabei unterliegen auch die Absatzwege ähnlich wie Produkte und die Märkte selbst einem bestimmten Rhythmus, einem Lebenszyklus. Dieser verändert in einer immer dynamischeren Umwelt das Verhalten zwischen Anbietern und Absatzpartnern und verursacht eine stetige Verkürzung der Lebenszyklen von Absatzwegen (vgl. Becker 1994: 20).

Für Unternehmen gilt es nun, auf die immer schneller werdenden Veränderungen zu reagieren, die „zentralistisch orientierten und als immobil betrachteten Strukturen aufzubrechen“ (Heinrich 1992: 44). Außerdem zwingt der zunehmende Kosten- und Leistungsdruck die Unternehmen, kostenintensive Unternehmensbereiche effizienter und kostensparender zu gestalten. Beides erfordert von den Unternehmen und den Vertriebsabteilungen ein hohes Maß an Flexibilität und Effizienz.

Eine bereits skizzierte Lösung stellt die Bildung von Teams dar. Nach derartigen Reorganisationsmaßnahmen ist es dann naheliegend, diese selbständigen Einheiten ganz auszulagern bzw. durch externe Dienstleister zusätzliche Kapazitäten „einzukaufen“ (vgl. Becker 1994: 20). Nachdem mit Outsourcingstrategien vor allem im EDV-Bereich begonnen wurde, setzten sie sich zunächst auch in anderen Bereichen durch. So wurde z.B. die Abteilung Pflanzenschutztechnik bei der Hoechst AG und bei der Schering AG ausgegliedert.

Im Zusammenhang mit Outsourcing fällt immer wieder das Schlagwort von der „Beschränkung auf Kernaktivitäten“. Um seinen Leistungsprozeß effizient und wettbewerbsfähig zu gestalten, müsse sich ein Unternehmen auf ein Bündel von Kernkompetenzen konzentrieren. Zeitaufwand und Engagement in Aktivitäten, die nicht zu diesen Core Activities des Unternehmens zählen, erfordern angesichts knapper Management Ressourcen zu hohe Management-Aufmerksamkeit. „Mit dem Outsourcing betrieblicher Leistungsprozesse und Organisationseinheiten versuchen daher Unternehmen, solche Nicht-Kern-Kompetenzen aus dem Unternehmen heraus auf spezialisierte Dienstleister zu verlagern. Entsprechend hat sich in den letzten Jahren für viele betriebliche Leistungen ein Outsourcingmarkt entwickelt, der von Catering-Firmen über Gebäude-Management- und Logistik-Systemanbietern bis zu DV-Dienstleistern reicht“ (von Bechtolsheim 1994: 14).

Außer der Konzentration auf Core Activities sollen noch weitere Aspekte zu einer Effizienzsteigerung bei der Anwendung von Outsourcingstrategien führen:

- Es werden „economies of scale“ erwartet, denn die Sammlung von DV-Aufgaben bei einem Großanbieter von EDV-Dienstleistungen kann z.B. kostengünstiger sein als die individuelle EDV-Abteilung in den jeweiligen Unternehmen.

- Durch konsequentes Outsourcing wird ein Trend zum „Spezialistentum" erreicht. Eine Firma, die generell im Auftrag von Unternehmen sich ausschließlich mit einer speziellen Dienstleistung, z.B. dem Betreiben einer Kantine, beschäftigt, kann dies eben effizienter praktizieren als ein Unternehmen, das diese Aufgabe nur als einen kleinen Teil ihrer Aufgabenbereiche ansehen kann.

Bezogen auf den Außendienst greift jedoch vor allem dieses letzte Argument weniger. Viele der Pharmaunternehmen in Deutschland sind reine Vertriebsorganisationen, die auf externe Fachkompetenz zunächst nicht angewiesen sind und deren Mitarbeiter sich durch lange Betriebszugehörigkeit an das Unternehmen gebunden fühlen, gerade die Loyalität der Mitarbeiter kann in einem Geschäft, in dem es auf Vertrauen ankommt, zum Wettbewerbsfaktor werden.

Der entscheidende Grund, den Außendienst teilweise auszulagern oder zu „leasen" sind in aller Regel der Kostendruck und die ungenaue Planungssituation für die Unternehmen. Doch trotz der Kostenvorteile hängt der Erfolg von Outsourcing- oder Leasingstrategien noch von einer Reihe anderer Faktoren und Voraussetzungen ab (vgl. Becker 1994: 21):

- Sicherstellung einer intensiven und möglichst unbeschränkten Kommunikation (in technischer, fachlicher und sozialer Hinsicht) im Hinblick auf eine gemeinsame Zielformulierung und einer grundsätzlichen Vermeidung von Zielkonflikten; eine kaum zu realisierende Forderung, sieht man sich die Stellenangebote und Akquisestrategien auf Pharmaberatung spezialisierten Leasinganbieter an. Angesichts der hohen Kosten einer permanenten Bereitstellung von Außendienstkapazitäten seitens der Leasingunternehmen dürfte eine gleichzeitige Tätigkeit für mehrere Kunden unterstellt werden können, ein Zielkonflikt für jeden einzelnen Leasingnehmer.

- Eindeutige Vertragsgestaltung und die Entwicklung geeigneter und von allen Beteiligten akzeptierter Meß-, Steuerungs- und Kontrollsysteme; hinzu kommt eine ausgewogene Machtverteilung zwischen den Partnern: Immer wenn ein Bereich des Unternehmens ausgegliedert wurde, der in der Wertschöpfungskette des Unternehmens eine wichtige Stellung hatte (und dies dürfte für den sensiblen Bereich der Pharmaberatung und seine Bedeutung für den Umsatz des Unternehmens durchaus gelten), entsteht eine starke Abhängigkeit vom externen Dienstleister, da dieser ab einem bestimmten Grad der Intensität der

Zusammenarbeit für den Outsourcingnehmer, der seine Kapazitäten abgebaut hat, zu einem unverzichtbaren Partner wird, sollte z.B. eine relativ dringende Reaktion auf das Marktgeschehen notwendig werden – kein für den Pharmamarkt undenkbares Szenario (vgl. Kapitel 2). In diesem Fall würde durch Veränderung von Marktbedingungen eine Machtverschiebung zwischen den Vertragspartnern eintreten, jenseits aller schriftlichen Verträge und Vereinbarungen.

Doch selbst wenn diese Voraussetzungen weitestgehend erfüllt sind, kann eine forcierte Leasingstrategie noch zu ganz anderen Problemen im Unternehmen führen: Ein Abteilungsleiter eines Industrieunternehmens fragt seinen Vorgesetzten, ob er die Geschichte von den zehn kleinen Negerlein kenne. Aufgrund des erstaunten Blicks des Vorgesetzten führt er ihn durch die halbleeren Geschäftsräume des Unternehmens und fragt: „Was kommt eigentlich nach dem Outsourcing?" (vgl. Jarmai 1994: 26).

Die Antwort auf die Frage des Abteilungsleiters verdeutlicht eine ernstzunehmende Gefahr für die Unternehmen, die Outsourcing allzu exzessiv praktizieren: den Verlust der eigenen Identität und Stärken. Solange die Kantine der Firma an einen externen Betreiber abgegeben wird, ist Outsourcing unproblematisch, doch wenn es an das „Eingemachte" geht, darf ein Unternehmen sich nicht von Modetrends leiten lassen (vgl. Steppan 1992: 50f.). Nur zu häufig wurde erst nach erfolgter Abgabe eines Bereichs festgestellt, daß diese Abteilung für die Kernkompetenzen, die ureigenen Stärken, von existentieller Bedeutung war. Doch dann ist bereits der Verlust des Know-hows endgültig und der Vorsprung im Wettbewerb dahin. Auch eine gründliche Wertschöpfungsanalyse, die sowohl Produkte und Prozesse (etwa Entwicklung, Produktion, Vertrieb) umfaßt, kann vor derartigen Folgen nicht immer Schutz bieten. Ein Unternehmen, das seine Außenbeziehungen strikt marktförmig koordiniert und z.B. einen Leasingaußendienst einsetzt, ist so auch in zunehmendem Maße den Risiken schwankender Qualität und Zuverlässigkeit der Dienstleister ausgesetzt.

Outsourcing führt in aller Regel zur Verlagerung von Kosten- und Personalverantwortung - hat also in erster Linie für die Unternehmen zunächst entlastende Wirkungen. Oft wird daher übersehen, daß auch neue Anforderungen entstehen: „Je konsequenter das Prinzip der Ausgliederung betrieben wird, desto höher werden die Anforderungen an das Schnittstellenmanagement zum externen Markt" (Steppan 1992: 51). Internes Schnittstellenmanagement wird also durch externes ersetzt, dadurch verändert sich die Struktur der Kommunikation: denn es macht einen erheblichen Unterschied, ob man mit einem angestellten Mitarbeiter oder einem eines anderen Unternehmens verhandelt und nach gemeinsamen Lösungen sucht. Funktioniert die Koordination der Aufgaben zwischen Outsourcinggeber und -nehmer nicht, kann das zu erheblichen Störungen im Unternehmen führen.

Wenn auch die Theorie und die Leasinganbieter suggerieren, es bestehe zwischen den Partnern grundsätzlich eine kooperative, harmonische Beziehung, so sieht die Praxis anders aus: „Denn nun [...] muß sich der Hersteller nicht mehr - wie vor dem Outsourcing - mit eigenen Leuten herumschlagen, sondern mit fremden Firmen, und das nach der Methode: Kneble du mich, kneble ich dich." (Steppan 1992: 51).

Outsourcingstrategien bergen für das Unternehmen also Chancen und Risiken. Es wurde gezeigt, daß bei Outsourcingprozessen starke Restriktionen und Widerstände auftreten, die zum Scheitern der Umstrukturierung führen können. Im Zuge der Reaktionen auf das GSG und der konjunkturellen Rezession wurden sehr viele Maßnahmen ergriffen, um möglichst schnell die Kosten senken zu können, Outsourcing war dabei eine Strategie unter vielen.

Im Rahmen einer Umfrage der Zeitschrift *absatzwirtschaft* nahm bei der Frage nach den geplanten bzw. durchgeführten Reorganisationsmaßnahmen im Vertrieb Outsourcing im Jahre 1993 noch den 5. Rang ein. Von 80 befragten Unternehmen gaben seinerzeit 18 Firmen an, Outsourcing sei im Vertrieb ihres Unternehmens geplant oder bereits durchgeführt worden (vgl. Hanser 1993: 38). Die zentrale Bedeutung der Kernkompetenzen in einem Unternehmen wurde zunehmend erkannt und gewürdigt, daraus resultierte, daß die Gefahren des Outsourcing stärker in den Mittelpunkt der Betrachtung gerückt sind. Gerade der Marketing- und Vertriebsbereich wird zunehmend als ein zentrales Glied der Wertschöpfungskette angesehen, und damit sinkt auch die Bereitschaft, dieses Glied auszulagern.

„Die Frage des Outsourcing ist zwar nach wie vor virulent, doch personalpolitische Durchsetzungsschwierigkeiten lassen das Interesse an dieser Alternative abkühlen" (Hanser 1994: 37). Gerade diese personalpolitischen Schwierigkeiten zeigen, daß in vielen Unternehmen Outsourcing mit problemlosen Personalabbau gleichgesetzt wurde. Als sich aber der Personalabbau durch die Rechtsprechung und den Widerstand der Gewerkschaften als schwieriger herausstellte als geplant, ebbte auch das Interesse an - zumindest permanenten - Ausgliederungsstrategien ab. Eher ungebrochen scheint aber der Trend, zeitlich auf wenige Monate begrenzt und ohne zuviel „geheimes" Produkt- und Methodenwissen preiszugeben, auf externen Anbieter zurückzugreifen, bspw. bei Sonderaktionen im Rahmen von Produkteinführungen.

4.2. Teamarbeit oder: Die Renaissance des Gruppenarbeitskonzepts

Teamarbeit gilt zwar als zentrales Element der sog. Lean-Strategien, etabiliert sich aber zunehmend als eigenständiges Konzept, das auch jenseits der neuen Managementkonzepte Bedeutung erlangt. So ist auch die Diskussion um Gruppenarbeit nicht eigentlich neu: Schon zu Beginn dieses Jahrhunderts wurden Vor- und Nachteile von Gruppenarbeitskonzepten - jedoch vor allem in den Produktionsbereichen der Unternehmen - thematisiert und bereits umgesetzt. In der Mitte dieses Jahrhunderts wurden diese Experimente durch die beginnende Forschung zur Gruppendynamik (vgl. Lewin 1947) und die sog. Hawthorne-Studien (vgl. Roethlisberger/Dickson 1939) flankiert.

Anfang der 70er Jahre wurden zuerst in Skandinavien, dann aber auch kurze Zeit später in der BRD, Konzepte mit teilautonomen Arbeitsgruppen realisiert, diese standen im Zeichen der Bewegung Humanisierung der Arbeit [HdA]. Berühmt wurden z.B. die Versuche von Volvo im PKW-Montagewerk in Kalmar (vgl. Berggren 1991) oder die von Volkswagen im Motorenwerk Salzgitter. Fortgeführt wurden die mit der Gruppenarbeit verbundenen Intentionen in den 80er Jahren mit den durch die „Japan-Euphorie" Auftrieb erhaltenden Qualitätszirkeln, durch die Rationalisierungseffekte erzielt und verstärkte Mitarbeiterbeteiligung und Partizipation am Arbeitsplatz durchgesetzt werden sollten.

Weiteren Rückenwind erhielten zu Beginn der neunziger Jahre diese japan-orientierten Ansätze mit der MIT-Studie (Womack u.a. 1991), die eindrucksvoll und anschaulich die Grenzen des tayloristischen-fordistischen Fertigungs- und Organisationsparadigmas aufzeigte und alternativ das Konzept der sog. „Lean Production" oder „schlanken Produktion" propagierte, in dessen Zentrum das dynamische Arbeitsteam steht (vgl. Heidenreich 1994). Insbesondere im Bereich der Automobilindustrie hat die 1992 in Deutschland erschienene MIT-Studie eine Renaissance in Richtung Gruppenarbeit ausgelöst. So wurden in den deutschen

Unternehmen Gruppenarbeitskonzepte als alternative Form der Arbeitsorganisation wieder diskutiert, zumal Elemente wie z.B. „Total Quality Management" oder „Kaizen" integrative Bestandteile dieses Konzept waren.

Diese Bugwelle schwappte von den Automobilfirmen zur Zulieferindustrie und erreichte bald auch andere Industriebereiche: Gruppenarbeit avancierte damit zum „Inbegriff der modernen Arbeitsorganisation", und es galt bereits als entscheidender Wettbewerbsnachteil, keine Gruppenarbeit zu praktizieren (vgl. Antoni 1996). So behauptet heute auch fast jedes Unternehmen, im Team zu arbeiten. Das dies häufig nur aus Imagegründen geschieht und die betriebliche Realität von Teamarbeit im engeren Sinne oft weit entfernt ist, darf angenommen werden.

4.2.1. Was ist Gruppen- bzw. Teamarbeit ?

So einfach wie die Frage -„Was ist Gruppenarbeit"- auf den ersten Blick erscheint, so schwierig ist es, sie zu beantworten. In der gegenwärtigen - oft undifferenzierten - Diskussion geht man von einem impliziten Verständnis von Gruppenarbeit aus – jedoch zu unrecht. Es gibt Rotationsgruppen, Vorschlagsgruppen, Qualitätszirkel, KVP-Gruppen, Kundengruppen, Projektgruppen oder -teams, teilautonome Arbeitsgruppen, Fertigungsinseln, Außendienstteams und dergleichen mehr. Die Frage lautet also: Wie können diese unterschiedlichen Formen unter den Begriff der Gruppen- bzw. Teamarbeit[14] subsumiert werden - eine Definition scheint schwierig.

Um jedoch innerhalb eines Unternehmens sinnvoll von Teamarbeit sprechen zu können, sollten nach Antoni (1996: 25) folgende Faktoren erfüllt sein: **mehrere Personen bearbeiten über eine gewisse Zeit, nach gewissen Regeln und Normen, eine aus mehreren Teilaufgaben bestehende Arbeitsaufgabe, um gemeinsame Ziele zu erreichen, sie arbeiten dabei unmittelbar zusammen und fühlen sich als Gruppe.** Diese Gruppenkohäsion zielt nicht nur auf die Interdependenzen und Interaktionen der Mitglieder, sondern auch auf die emotionale Beziehung der Mitglieder, durch die ebenfalls das Team geprägt wird.

---

[14] Im Rahmen dieser Arbeit werden die Termini Gruppen- bzw. und Teamarbeit in der Regel synonym verwendet, da es sowohl in Praxis als auch Wissenschaft keine eindeutige bzw. standardisierte Unterscheidung gibt. Einige Autoren unterscheiden jedoch zwischen Produktion (Gruppenarbeit) und Angestelltenarbeit (Teamarbeit, vgl. Moldaschl 1998).

Diese Beschreibung stellt in gewisser Hinsicht einen Gegenpol zu den Ausführungen von Womack u.a. dar, da sie stark auf die zwischenmenschliche Dimension von Teamarbeit abstellt. Doch das Scheitern von vielen Gruppenarbeitskonzepten liegen nicht zuletzt gerade in dem ausgeprägt betriebswirtschaftlichen und rationalisierungsorientierten Herangehen an das Thema.

Eine spezifizierte Definition – auf den Außendienst zugeschnittene - Definition findet sich bei Bußmann (1996: 70):

„Team Selling beschreibt vermarktungs- und kundenbezogene Aktivitäten,

- die von einer organisatorisch fest installierten oder auf Projektbasis arbeitenden kleinen Gruppe von drei bis zwölf Personen ausgehen. Diese setzt sich aus Vertriebsmitarbeitern und – je nach Aufgabenstellung – aus Mitarbeitern anderer Abteilungen, des Zulieferers oder Kunden zusammen;
- bei denen sich die sozialen und fachlichen Fähigkeiten der Teammitglieder gegenseitig ergänzen und die damit zu Synergieeffekten führen. Hierbei ist ein intensiver Austausch und eine enge Kooperation zwischen den Mitgliedern erforderlich;
- mit denen gemeinsame, hohe Vermarktungsziele verfolgt werden, für die das Team kollektive Verantwortung trägt;
- die eine in sich möglichst geschlossenen Aufgabe darstellen, für die das Team einen gemeinsamen Aktionsplan und Arbeitseinsatz weitgehend autonom entwickelt und umsetzt."

4.2.2. (Hinter-)Gründe, Einflußfaktoren und Motive für Teamarbeit

4.2.2.1. Wettbewerb und Marktentwicklung

Auf die Frage, warum gerade in den 90er Jahren die Teamkonzepte wieder an Attraktivität gewinnen, kann in erster Linie die Veränderung der Märkte – also der Wandel zum Käufermarkt und der insgesamt verschärfte Wettbewerb – angeführt werden. Auf sich zunehmend globalisierenden Märkten verbunden mit einer stetigen Erhöhung des Wettbewerbdrucks gewinnt für die Unternehmen fast jeder Branche eine höhere Flexibilität und eine bessere Kundenorientierung an existenzieller Bedeutung. Somit müssen die Unternehmen im Zuge des verschärften Wettbewerbs die steigenden Qualitäts- und Serviceansprüche bei erhöhtem

Kostendruck annehmen. Mit der zunehmenden Bedeutung des Kunden steigt auch die strategische Bedeutung der kunden- bzw. marktnahen Bereiche (vgl. Bußmann 1996: 34ff.), dies gilt besonders in dem sensiblen Bereich der Pharmaberatung.

Das Unternehmen verbindet mit der Einführung von Teamarbeit konkrete Erwartungen wie: eine bessere interne und externe Kundenorientierung und dadurch eine insgesamt höhere Beratungsqualität; weniger Leerlauf und Reibungsverluste (z.B. im innerbetrieblichen Informationsfluß und an der Kundenschnittstelle; vgl. auch Bußmann 1996: 36) und schließlich auch eine höhere Identifikation der Arbeitnehmer mit ihrem Unternehmen und daraus resultierend eine höhere Arbeitszufriedenheit und stärkere Motivation.

Befürworter von Teamarbeitskonzepten können sich auch auf eine Untersuchung stützen, die einen erstaunlichen und überraschenden Zusammenhang zwischen Außendienstgröße und Pro-Kopf-Umsatz des einzelnen Außendienstmitarbeiters erbrachte: „Je größer der Außendienst, desto geringer wird der erwirtschaftete Umsatz pro Außendienstmitarbeiter" (vgl. Klenger 1993: 48).[15] Die relativ kleinen Außendienstorganisationen geben somit einen Ausblick auf mögliche Effizienzsteigerungspotentiale durch die Umstrukturierung von großen Außendienstorganisationen in kleine Einheiten, eben in Teams.

Abb. 9: Größerer Außendienst - fallende Umsätze (vgl. Klenger 1993: 48)

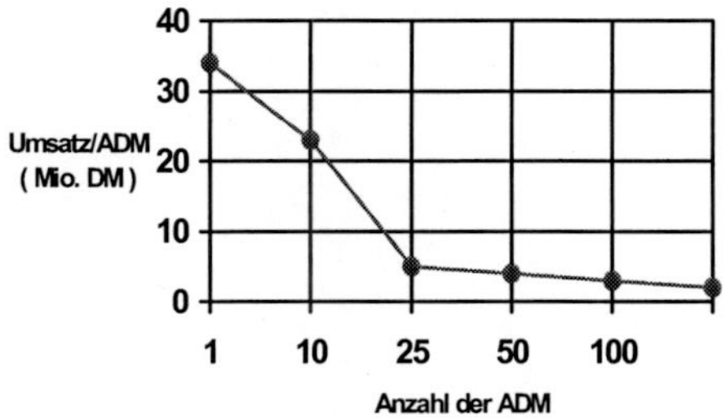

Somit bleibt festzuhalten, daß mit den bewährten arbeitsteiligen Konzepte die heutigen Anforderungen an die Unternehmen nicht mehr zu bewältigen sind und nach neuen Formen der Unternehmensführung und -organisation gesucht werden

---

15 Verifiziert wurde diese Aussage durch den Vergleich mit früheren Umfragen der Zeitschrift „absatzwirtschaft". Dabei ließ sich die gleiche Tendenz feststellen, allerdings etwas weniger stark ausgeprägt.

muß. Das ist die entscheidende Botschaft der Womack-Studie: Die Effizienz- und Kostenvorteile japanischer Unternehmen sind nicht auf einen Vorsprung an technologischen Innovationen, sondern auf einen veränderten Umgang mit Arbeit zurückzuführen - eine Kritik, die sich vor allem gegen den vermeintlich technischen „Königsweg" der achziger Jahre richtet (vgl. Heidenreich 1994). Diese Entwicklung zeigt sich auch im Pharma-Außendienst, in dem mittlerweile die Bedeutung des Technikeinsatzes wieder auf ein realistisches Maß zurecht gestutzt wird (vgl. Winkelmann 1998: 70).

4.2.2.2. Gesellschaftlicher Wertewandel

Der Veränderungsdruck auf die Unternehmen hat aber auch noch andere Ursachen. Seit den 70er Jahren hat sich nicht nur der Markt, auch die Einstellung der Mitarbeiter zu ihrer Arbeit hat sich gewandelt: Gerade jüngere Menschen haben heute höhere Erwartungen an ihren Arbeitsplatz, sie verlangen nach sinnvolleren und befriedigenderen Aufgaben, mehr Kompetenz und Verantwortung. Neben der Befriedigung von materiellen Bedürfnissen gewinnen auch Möglichkeiten zur persönlichen Weiterbildung und Qualifizierung an Bedeutung. Extrem arbeitsteilige und sinnentleerte Tätigkeiten wie in hochgradig bürokratisierten Arbeitsorganisationen sind mit diesen oft als gesellschaftlichen Wertewandel beschriebenen Veränderungen nicht mehr vereinbar. Der Arbeitsplatz wird so zunehmend ein Zentrum für menschliche Kommunikation und Sozialisation. So mache es nach Aussagen vieler Mitarbeiter eben mehr Spaß, wenn im Team mit mehreren zusammengearbeitet wird. Viele Unternehmen versuchen nun diesen „Gruppenvorteil" (Stürzl 1992) zu nutzen. Über einen intensiveren Kontakt und die stärkere Kommunikation mit Mitgliedern der Gruppe können so Bedürfnisse nach Sicherheit und sozialer Anerkennung in einem weitaus größeren Umfang befriedigt werden als bei rigider Einzelarbeit.[16]

Das gerade bei dem Berufsbild des reisenden Pharmareferenten, der nur einen kleinen Teil seiner Arbeitszeit im Dialog mit Kunden verbringt, der Wunsch nach einer intensiveren Kommunikation festzustellen ist, verwundert daher nicht. Immerhin 46,88% der befragten Pharmareferenten möchten <u>sowohl</u> mit dem

---

[16] Dies belegte z.B. die erstmals von Elton Mayo durchgeführte sog. „Hawthorne-Studie" (1924-1934). Es konnte nachgewiesen werden, daß eine höhere Aufmerksamkeit der Unternehmensführung in Bezug auf Mitarbeiterinteressen und verbesserte informelle Beziehungen am Arbeitsplatz eine verbesserte Arbeitszufriedenheit und somit eine steigende Arbeitsleistung zur Folge hatten. Auch konnte die Studie belegen, daß allein schon das räumliche Beisammensein eine stimulierende Wirkung auf die Arbeitsleistung haben kann, selbst bei Fließbandarbeit (vgl. Allport 1924).

Innendienst als auch mit anderen Außendienstmitarbeitern intensiver zusammenarbeiten (vgl. Kapitel 4.2.2.3.).

Durch eine Aufwertung der Mitarbeiterkompetenz in Entscheidungsprozessen ergeben sich so für den Außendienstmitarbeiter auf den ersten Blick Vorteile: er trägt eine höhere Verantwortung und handelt selbständig, seine Tätigkeit wird durch Aufgabenintegration (z.B. mit Innendienstaufgaben oder durch Vertrieb einer breiteren Produktpalette oder durch Entspezialisierung der bereisten Zielgruppen) interessanter und qualifizierter.

Es muß jedoch zugestanden werden, daß sich in der qualifizierten Angestelltenarbeit, zu der der Außendienst in einer wissenschaftlich orientierten Branche wie der Pharmaindustrie gehört, derart tayloristische Strukturen wie in den Fertigungsbereichen nicht ausgebildet haben. Einerseits war dadurch der Druck in Richtung Aufgabenintegration hier folglich nicht so hoch wie vielleicht in anderen Bereichen; andererseits ist der Außendienst, der vor allem durch die Orientierung auf die Einzelleistung und den jeweils individuellen Stil seiner Mitarbeiter, die sich nicht leicht in „Strukturen" einbinden lassen, geprägt ist, nicht gerade dazu prädestiniert, um zur Spielwiese von Teamarbeitskonzepten zu werden (vgl. Bußmann 1996: 32).

4.2.2.3. Teamarbeit als Lösung des „klassischen Konflikts"?

Gerade im Pharmabereich bekommt der Aspekt des engeren Zusammenarbeitens eine zusätzliche Bedeutung durch den bei Branchenkennern legendären Konflikt zwischen Innen- und Außendienst bzw. den permanenten Streitigkeiten der jeweilgen Mitarbeiter. Diese „Tradition" ist nach den Aussagen der Interviewpartner auf einige wesentliche Ursachen der beiden von ihrer Anlage her sehr unterschiedlichen Berufsbilder zurückzuführen – hier sind besonders die Selbsteinschätzung der eigenen Bedeutung und des eigenen Aufgabenprofils sowie die Wahrnehmung des jeweils anderen anzuführen:

Der Innendienst wird von dem Außendienst als Dienstleister bzw. Zulieferer gesehen. Die Außendienstmitarbeiter haben kein Verständnis für Versäumnisse, Verspätungen oder eine verlangsamte Informationsverarbeitung und –mitteilung. Schließlich haben die Innendienstmitarbeiter keine Reisetätigkeit, also quasi acht Stunden Zeit am Tag für die Bearbeitung der Anfragen aus dem Außendienst, außerdem erwirtschaften die Mitarbeiter im Inndienst keinen direkten Umsatz, die dominierende (Meß-)Größe für Leistung im pharmazeutischen Vertrieb. Diese wiederum sehen sich als unverzichtbare Vorstufe des Außendienstes, ohne ihre Vorleistungen würde der Außendienstmitarbeiter seinen Aufgaben nicht nachkommen können.

> *„Auch der Neid-Faktor ist nicht zu unterschätzen. Letztlich müssen Innendienstmitarbeiter ihre Autos selbst finanzieren, Winterreifen bekommen sie auch nicht vom Unternehmen. Auch die Wirkung von Prämiensystemen dürfen in diesem Zusammenhang nicht vergessen werden – die Innendienstmitarbeiter wissen, was durch variable Entlohnung 'hinzukommen' kann, aber sie partizipieren in der Regel nicht, obwohl sie nach ihrer Selbsteinschätzung zur Umsatzerzielung des Außendienstes maßgeblich beigetragen haben."* (Geschäftsführer einer international tätigen Unternehmensberatung)

Das diese permanente unterschwellige Konfliktsituation die Beschäftigten im Außendienst belastet, zeigt der ausgeprägte Wunsch nach einer engeren Zusammenarbeit mit dem Innendienst; 72,15% der Befragten Außendienstmitarbeiter möchten intensiver mit dem Innendienst zusammenarbeiten. Demgegenüber möchten nur 53,83% mit anderen Außendienstmitarbeitern enger zusammenarbeiten. Eine Gegenüberstellung der Ergebnisse der Fragen 58 und 59 des Fragebogens liefert daher ein eindeutiges Ergebnis: In allen Antwortausprägungen wird die intensivere Zusammenarbeit mit dem Innendienst einer engeren Kooperation mit dem Außendienst vorgezogen (vgl. Tab. 5). Demnach ist die Bewältigung dieser traditionellen Konflikte eine weitere Chance von Teamarbeit im Außendienst, besonders wenn sie auf eine stärkere Einbindung des Innendienstes abstellt, dies gilt auch für den Fall, daß reine Außendienstteams gebildet werden.

Tab. 5: Der Wunsch nach engerer Zusammenarbeit im Außendienst

Wie würden Sie gerne mit anderen ... zusammenarbeiten?		Innendienst-Mitarbeitern		Außendienst-Mitarbeitern
weniger intensiv	-3	0,22%	<	0,89%
	-2	1,10%	<	1,22%
	-1	1,32%	<	1,33%
so wie bisher	0	25,22%	<	42,73%
	+1	28,73%	>	22,53%
	+2	30,04%	>	20,09%
intensiver	+3	13,38%	>	11,21%

4.2.3. Risiken und Konfliktfelder von Teamarbeit

Auf den ersten Blick scheint man sich den Argumenten der Befürworter von Teamarbeit kaum verschließen zu können, und auch für den Arbeitnehmer scheint Teamarbeit gegenüber der Arbeit nach Vorschrift in einer oft als autoritär empfundenen Hierarchie einige Vorteile zu bieten.

Mit der Einführung von Teamarbeit geht - wie bereits erwähnt - ein erhöhter Verantwortungsdruck für die Mitarbeiter einher, der dann als ein großes Problem gesehen werden muß, wenn ihm keine Mitsprache bei den „großen Unternehmensentscheidungen" zugestanden wird. Das Team trägt nicht selten für seinen Teilbereich das volle Unternehmensrisiko, ohne auf die Zielvorgaben der Unternehmensleitung Einfluß nehmen zu können. Im Außendienst heißt es dann oft: „Die Umsätze müssen stimmen, wie ihr das macht, ist egal".

Die Crux der Lean-Philosophie besteht darin, daß sie die spontanen Antriebe der Mitarbeiter zugunsten des Unternehmens zu funktionalisieren statt zu unterdrücken versucht, wie dies mit hierarchischen Organisationskonzepten intendiert ist. Teamarbeit stellt den systematischen Versuch dar, die Eigeninteressen der Mitarbeiter (Verantwortung, Entscheidungs- und auch Zeitsouveränität usw.) so für die Unternehmensinteressen zu mobilisieren, daß die Vorgesetztenfunktion von den Mitarbeitern vollständig internalisiert wird und schließlich zwischen eigenen

Zielen und Unternehmenszielen nicht mehr unterschieden werden kann. Die Grenze zwischen „Vorgesetzten und Mitarbeitern“ verlagert sich ins Innere der Beschäftigten, so daß sich das neue Verhältnis zur Arbeit zunehmend auch gegen die Mitarbeiter selbst richten kann (vgl. Peters 1997).

Diese Gefahr der Identität von eigenen und Unternehmenszielen ist sicherlich nicht in allen Abteilungen gleichermaßen gegeben. Der Außendienst als traditionelle Domäne der Einzelkämpfer ist hier jedoch besonders gefährdet. Nach den Restrukturierungsprozessen geht der Druck nicht mehr von den Führungskräften aus, dafür aber von den Teams selbst, die um ihre Prämien fürchten, wenn nicht alle „mitziehen“ („Produktivitätssteigerung durch Angst“). Die Teams basteln jetzt oft selbst - am Betriebsrat vorbei - an ihrer Rationalisierung - so das Fazit eines Betriebsrats (vgl. Kapitel 5.).

Die Umstellung auf Teamarbeit kann Konkurrenzsituationen zwischen den Teams, aber auch innerhalb der Teams, verschärfen. An die Stelle von Abteilungsegoismen können so Teamegoismen treten. Auch besteht die Gefahr, daß im Rahmen einer Gesamtbewertung der Teams alle Teams an der Spitzenposition gemessen werden und dies zu Motivationsverlust und Versagensängsten bei schwächeren Teams führt.

Andererseits sind die realen Autonomiegewinne unbestritten: War in traditionellen Unternehmensstrukturen der Vorgesetzte die natürliche Grenze für die Selbständigkeit des Mitarbeiters, wird nun das Problem der Selbstbestimmung neu aufgeworfen. Erst diese neue Herausforderung kann bestimmte Kompetenzen aktivieren: Problembewältigung setzt Problemkontakt voraus.

In vielen Fällen zeigt sich jedoch, daß die Unternehmen von Teamarbeit in dem hier beschriebenen Sinne noch weit entfernt sind. In vielen Betrieben und Abteilungen ist „Team“ zu einem Modewort geworden, das Vorgesetzte und Mitarbeiter immer wieder gerne benutzen: Gestaltet sich eine Zusammenarbeit kollegial und findet ein kommunikativer Austausch zwischen den Mitarbeitern statt, wird dies nur allzugern von den Beteiligten als Teamarbeit bezeichnet. Auch Geschäfts- und Vertriebsleitungen bezeichnen sich häufig als Team, sprechen von Teamentscheidungen und stellen sich den Mitarbeitern nach außen hin als Kollektiv dar, sind aber weit vom eigentlichen Kern der Teamarbeit entfernt. Die positiven Konnotationen des Begriffs „Teamarbeit“ haben bereits dazu beigetragen, daß diese Bezeichnung schon in Unternehmenspräsentationen und Firmenbezeichnungen Eingang findet, um dem potentiellen Kunden ein Wir-Gefühl zu vermitteln. Doch die Tatsache, daß der Terminus „Teamarbeit" schon als Marketingstrategie eingesetzt wird, sollte den Interessierten dazu verleiten, genauer die eigentlichen Kerngedanken in den Blick zu nehmen und die Spreu vom Weizen zu trennen.

Als besonderes Konfliktfeld gilt vor allem die Einführung bzw. die Phase der Umstellung auf Teamarbeit[17], die oft mit erheblichen Anlaufschwierigkeiten verbunden ist. Zunächst herrscht in vielen Punkten konkreter Regelungsbedarf:

- Stellung der Teamsprecher: Sollen die Teamsprecher ernannt oder gewählt werden? Erhalten sie eine zusätzliche Vergütung?

- Einbindung in die Linienorganisation: Können die Teams in eine Linienorganisation eingebaut werden oder sollen sie sie ersetzen? Was wird mit langfristig nicht teamfähigen oder -willigen Mitarbeitern geschehen?

- Art und Weise der Leistungsbewertung: Soll sie z.B. auch andere Kriterien als den Umsatz des Teams berücksichtigen (vielleicht die Beratungsqualität; vgl. Kapitel 3.5.3.2.)? Hiervon sind allerdings die Betriebe noch weit entfernt. Im Außendienst wird die Wahl der Kriterien in aller Regel einfach sein; hier diktiert noch immer das Erreichen des Umsatzziels.

- Bewertung und Vergütung: Kann die Bewertung durch das Team selbst oder muß sie durch die Geschäftsführung erfolgen? Wie soll die Bewältigung der neuen, eigenständig zu bewältigen Arbeitsaufgaben adäquat entlohnt werden? Wie könnte ein neues Vergütungssystem aussehen? Wenn die Teamorientierung ernst genommen werden soll, müssen auch höhere Entscheidungsebenen (z.B. Geschäftsleitung) in die Leistungsbewertung miteinbezogen werden. Gerade das Fehlen von Teamstrukturen auf der obersten Führungsebene erleichtert nicht gerade ihre Durchsetzung auf den unteren Ebenen.

17 „Für die Einführung der Teamarbeit ist es angebracht, einen synchronisierten Realisierungsplan auszuarbeiten, der alle zur Einführung erforderlichen Aktivitäten und deren zeitliche Abhängigkeiten beinhaltet. Von wesentlicher Bedeutung für das Gelingen sind eine rechtzeitige und umfassende Information der betroffenen Mitarbeiter und eine deutliche Kommunikation der angestrebten Ziele. [...] Dazu sind in der Vorbereitung entsprechende Vorkehrungen zu treffen. Auch sind die in den betroffenen Bereichen tätigen Mitarbeiter [...] auf die Gruppenarbeit und die Veränderung ihrer Rolle vorzubereiten. [...] Mit Beginn der Teambildung sollten geeignete Räumlichkeiten zur Durchführung von Teamgesprächen, die entsprechenden Hilfsmittel und Arbeitsmaterialien, wie beispielsweise Pinnwände u.ä. eingerichtet sein" (Haller/Gzik/Frölic 1991: 78).

- Konfliktregulierung: Wie können Konflikte innerhalb des Teams ausgetragen werden? Hier ist eine Kommunikationskultur gefordert, in der auch Fehler offen diskutiert werden können, ohne daß die Mitglieder gleich in Schuldzuweisungen verfallen. Dem Gruppensprecher kommt hier die Aufgabe zu, in Krisensituationen zu moderieren.

Mit dem letzten Punkt ist sicherlich ein wesentliches Problem des Teamkonzeptes angesprochen. Kontakte außerhalb der Arbeitszeit, gemeinsame Freizeitaktivitäten, die über den jährlichen Betriebsausflug hinausgehen, können hier Prozesse der Teambildung unterstützen. Gerade im Bereich des Außendienstes, wo bisher der klassische Einzelkämpfer gefragt war, müssen wahrscheinlich zusätzliche Teamentwicklungsmaßnahmen ergriffen werden.

Auch wird dort, wo Teamarbeit praktiziert wird, die Euphorie nicht selten durch die Frustrationen, Emotionen sowie von Blockaden und Hemmungen bei einzelnen Mitgliedern im Team gebremst. In Unternehmen anderer Branchen wird nicht selten von Konkurrenzkämpfen berichtet, die mühsam gefundene Kompromisse gefährden und Zeitverzögerungen verursachen. Oft besteht Teamarbeit dann aus schleppenden Debatten, halbherzigen und fruchtlosen Diskussionen (vgl. Becker/ Jäger 1994: 9). Zudem zeigt sich das Denken in Hierarchien als sehr beständig.

Handelt es sich bei den Teams nicht um reine Außendienst-, sondern um Mischteams z.B. von F&E-Mitarbeitern und Vertriebsangehörigen, kommen zu den genannten Problemen auch noch unterschiedliche fachliche und „kulturelle“ Orientierungen, d.h. „unterschiedliche Sprach- und Denkstile“ hinzu (vgl. Demske 1989: 320).

Schwierigkeiten und Konkurrenzrangeleien sind jedoch nicht weiter verwunderlich, sind es doch alltäglichen Probleme des menschlichen Miteinanders. Warum sollten also gerade im Außendienst, wo bisherige Einzelkämpfer zu einem Team zusammengeschlossen werden, keine Probleme auftauchen? Es dürfte nicht zutreffen, daß die Gruppendynamik und die gemeinsame Teamprämie jedes Problem lösen, wie Manager immer wieder berichten. Die Bildung einer Teamidentität setzt Rahmenbedingungen voraus, die vor allem auf die Verbesserung des Klimas im Sinne eines Voneinander- und Miteinander-Lernens und auf die Entwicklung einer Streitkultur zielen.

4.2.4. Führung von Teams

Grundvoraussetzung in diesem Modell ist die Existenz eines Leiters, der die Bildung hierarchischer Strukturen im Team verhindern und die Kommunikation verbessern soll. „Team ist kein demokratisches oder antiautoritäres Konzept, Team braucht Führung“ (Voigt: 1993). Im Umkehrschluß bedeutet diese Annahme, daß eine Art „Basisdemokratie" nicht funktionieren kann.

Ohne einen solchen Leiter würden sich hierarchische Strukturen in den Teams bilden, weil sich entweder dominante Charaktere oder umsatzstarke Mitglieder bei Entscheidungen durchsetzten würden. Eine solche Entwicklung steht aber im Gegensatz zu einer funktionierenden Streitkultur und hätte zur Folge, daß sich aus der Bildung von Teams weder eine Effizienzsteigerung, noch eine Verbesserung der Arbeitsbedingungen ergeben würde. So hat der Leiter (oder auch ein Moderator) sowohl bei Becker und Jäger (1994) als auch bei den meisten anderen Autoren eine besondere Stellung innerhalb des Teams. Mit dieser Position ist auch eine besondere Verantwortung für den Leiter verbunden, er braucht spezielle Fähigkeiten und Qualifikationen. Denn mit der Qualität seiner Leistung steht und fällt die Gruppe, da er für die funktionierende Kommunikation zuständig ist, dem zentralen Erfolgsfaktor bei der Bildung von Teams.

Wenn ein Unternehmen eine größere Kontrolle über das Team haben möchte, kann es einen Angehörigen der Unternehmensleitung zu den Teamgesprächen delegieren, der dann als Teamleiter fungiert. Allerdings wäre das eine Aufweichung des eigentlichen Kerns der Gruppenarbeit und würde die Re-Organisationsstrategie schon bei ihrem Beginn zum Scheitern verurteilen. Die Teams sollen selbständig und eigenverantwortlich sein, würden in diesem Fall aber doch wieder „von oben“ gesteuert und kontrolliert, eben nur in einer anderen Form.

Von den Moderatoren bzw. Leitern der Teams werden daher besondere Qualifikationen und Fähigkeiten erwartet: er hat die Gruppe nach außen zu vertreten, den Prozeß des Zusammenfindens zu fördern, Emotionen und Interesse zu erzeugen und steuern, die sehr wichtigen Umbrüche zwischen den einzelnen Phasen der Teamentwicklung zu lokalisieren, und schließlich sein eigenes Verhalten richtig zu steuern. Dieser letzte Punkt ist besonders elementar, da die Spannbreite seines Verhaltens von Zurückhaltung bis hin zur Durchsetzung von Beschlüssen mittels Sanktionen reicht. Grundvoraussetzungen für den Leiter sind fachliche Kompetenz, Kommunikationsfreudigkeit, Einfühlungsvermögen und ein gewisses

Maß an rhetorischem Geschick. Handelt es sich bei dem Leiter um einen ehemaligen Meister (bspw. in der Produktion), sind nicht nur die genannten Punkte zu erlernen, er muß sein Rollenverständnis verändern (vgl. Poy 1998). Anstelle von Delegation von Aufgaben und Inhalten steht die Moderation und ein sich zurücknehmen können, die Entscheidung nicht mehr allein vornehmen und tragen (vgl. Stürzl 1992). Die Unternehmensspitze könnte möglicherweise Vorschläge machen bezüglich der Wahl des Gruppensprechers, sollte sich aber, wie bereits gesagt, auf die Festlegung der Rahmenbedingungen für das Team beschränken.

Aber nicht nur den Führungskräften werden veränderte Kompetenzen abverlangt, auch die Mitarbeiter müssen im Zuge der Umstellung neue Qualifikationen erwerben. So ist es ein erklärtes Ziel der Teamkonzepte, daß jeder einzelne seine Fähigkeiten im Bereich der sozialen Kompetenz ausbaut und erweitert.

Die Grundstrukturen und Ziele der Einführungsstrategien Teamarbeit sind im Kern nahezu identisch, sie zielen alle auf die besonderen Aspekte der Gruppendynamik, der sozialen Kompetenz und der Rolle des Moderators ab. Zusammenfassend läßt sich festhalten: Bewährt haben sich problemorientierte Strategien, die die betroffenen Mitarbeiter rechtzeitig in die Entscheidungsprozesse einbinden und sie auf die neuen Aufgaben vorbereiten, während die Risiken einer ad-hoc-Einführung im Interesse reiner Kostensenkung nicht hoch genug veranschlagt werden können.

4.2.5. Teamarbeitsformen im Außendienst

Im Angestelltenbereich findet das Gruppenarbeitsmodell, wie es aus der Produktion bekannt ist, bisher kaum Anwendung. Das liegt zum einen an anderen Bedingungen (andere Aufgabenzuschnitte, Komplexität der Aufgaben, Kundenbezogenheit usw.), aber auch an kulturellen Hemmnissen, die besonders im Außendienst in der Orientierung am „Einzelkämpfer“ liegen. Galten branchenübergreifend die Vertriebsorganisationen lange Zeit als Schonraum von Reorganisationsmaßnahmen. Im pharmazeutischen Industriebereich wurde erst durch die Veränderung der Märkte, die verschärfte Wettbewerbsposition und schließlich die einscheidenden Umsatzeinbußen durch das GSG der Boden für Veränderungen soweit „aufgeweicht“, daß auch unkonventionelle Maßnahmen - zumindest begrenzt - greifen konnten.

Wie auch in den Produkionsbereichen lassen sich in den Angestelltenbereichen unterschiedliche Formen der Teamarbeit unterscheiden: Bei reinen Außendienstteams wird das Moment der Aufgabenintegration über die Verbreiterung der Produktpalette hinaus zwar nicht in dem Maße zum Tragen kommen wie dies bspw. bei Gruppenarbeit in der Produktion der Fall ist. Es bieten sich aber dennoch Möglichkeiten einer umfassenden Aufgaben- und Kompetenzerweiterung wie z.B. durch Beteiligung an Marketingentscheidungen und durch Übernahme von Kosten- und Budgetverantwortung. Davon abzugrenzen sind temporäre Formen der Teamorganisation wie z.B. die kurzfristigen Projektgruppen, sog. „task forces" bei der Einführung eines Produktes.

Teamarbeit im Außendienst in Zusammenhang mit Key-Account-Management und dem Einsatz von EDV-Technik kann möglicherweise aber auch zur Aufgabenintegration an ganz anderen Stellen führen, z.B. in der Innendienstarbeit: War hier der Mitarbeiter bisher für die Nachbearbeitung und Verteilung von Daten und Unterlagen verantwortlich, könnte er nun direkter in das Vertriebsgeschäft miteinbezogen werden und kleinen oder wenig rentablen Kunden, die im Zuge des KAM von den Außendienstmitarbeitern nicht mehr so intensiv betreut werden, telefonisch als Ansprechpartner dienen. Auch können Innendienstmitarbeiter für die telefonische Akquise von Neukunden eingesetzt werden.

Die spezifischen Marktveränderungen in der Pharmabranche, die Veränderungen in der Kundenstruktur und im Kundenverhalten haben die Unternehmen für die neuen Teamkonzepte besonders sensibel gemacht, darüberhinaus entwickelt sich durch die Reorganisationsexperimente der Mitbewerber eine besondere Eigendynamik. Je nach Branchensegment und Kundenstruktur erfahren die Teamkonzepte jedoch eine spezifische Ausprägung. In einigen Fällen werden reine Außendienstteams für bestimmte Regionen gebildet (ca. 4-6 MA), in anderen aber auch gemischte Teams von Innen- und Außendienstmitarbeitern eingerichtet.

Als das spektakulärste Reorganisationsvorhaben gilt in der Branche der Fall Bayer, der im folgenden kurz skizziert werden soll.

4.2.6. Der Fall Bayer[18]

Angesichts der dramatischen Situation nach dem GSG wurde in den Vertriebsorganisationen bei Bayer zunächst eine Ist-Analyse durchgeführt. Dabei wurde festgestellt, daß der Kundenbesuch - die eigentliche Kernaufgabe eines Außendienstmitarbeiters - nur ca. 10% der Gesamtarbeitszeit in Anspruch nimmt.

Überdifferenzierte Hierarchien innerhalb der drei Außendienstlinien hatten zu intransparenten Organisationsstrukturen geführt - mit der Folge, daß sich der Vertrieb offensichtlich „mehr mit sich selbst als mit dem Kunden" beschäftigte. Entscheidungen wurden folglich zu weit entfernt vom Kunden getroffen. Das Marketing versorgte z.B. die Außendienste mit teurem Informations- und Werbematerial relativ unabhängig vom konkrete Kundenbedarf.

Die beiden wesentlichen Maßnahmen des Reorganisationskonzept, das von einem sog. „Winners-Edge-Team" in Kooperation mit einer großen Consulting-Firma entwickelt und umgesetzt werden sollte, waren die Bildung von Außen- und Innendienst-Teams (1) und die Einführung von internen Marktbeziehungen (2), die auf allen Ebenen vor allem zu einem stärkeren Kostenbewußtsein führen sollten.

(1) Teambildung: Die drei Außendienstlinien, die zuvor bundesweit strikt separat operierten - was u.a. dazu führte, daß in Ballungsgebieten Ärzte von mehreren Bayer-Pharmareferenten aufgesucht wurden - wurden zusammengelegt, reduziert und in kleine Teams mit ca. vier bis fünf Mitarbeitern umgewandelt. Die Außendienstmitarbeiter, die zuvor auf nur wenige Arzneimittel spezialisiert waren, vertraten nun im Team in ihrem Gebiet sämtliche Produktlinien und entschieden selbst über den Einkauf von Marketing- und Serviceleistungen. Im Rahmen dieses Prozesses konnten auch Hierarchieebenen abgebaut werden. 70 Gebietsleiter und 20 weitere Führungskräfte verloren im Zuge dieser Maßnahmen ihre traditionelle Funktion; kompensatorisch wurden 18 Führungspositionen im sog. Regionalmanagement neu geschaffen, die durch ein internes Assessment Center besetzt wurden. Diese Regionalmanager sollen nun als Bindeglied zwischen einem Verkaufsleiter in der Zentrale und ca. sechs AD-Teams fungieren. Neu geschaffen wurde auch die Funktion des Coachs, der „in der Region seinen AD-Teams bei ihren komplexen Aufgaben permanent als Berater und Moderator zur Verfügung

---

[18] Die folgende Darstellung beruht auf Interviews mit einem damaligen Vertriebsleiter, sowie - aufgrund der mangelnden Interviewbereitschaft anderer Bayer-Verantwortlicher – auf einigen Artikeln aus den Zeitschriften Aussenspiegel, manager magazin, Sales Profi, sowie der Betriebsvereinbarung bei Bayer.

stehen“ soll (Rüßmann 1994: 154). Diese Maßnahme war vor allem für die Führungskräfte mit Prestige- und Statusverlusten verbunden. So fanden sich einige ehemalige Produktgruppenleiter in der Rolle eines einfachen Teamitglieds wieder.

(2) Interne Marktbeziehungen: Diese neu gebildeten Teams sollten sich auf der Basis einer Profit bzw. Cost Center-Struktur weitestgehend selbst steuern. Marketing- und Serviceteams in der Zentrale stellten z.B. Angebote mit Arzneimittelinformationen und Argumentationshilfen für die Außendienstteams zusammen. Die Innendienst-Teams des Marketings konkurrierten dabei um die Gunst der Außendienstteams. Diese sollten als Profit Center in der Verwendung ihrer Budgets vollkommen frei sein. Die Autonomie der Teams sollte zunächst sogar soweit gehen, daß sie auch bayerfremde Produkte hätten anbieten können (vgl. Rüßmann 1994: 151). Falls ein Originalprodukt von Bayer beim Kunden nicht angekommen wäre, hätten die Außendienstmitarbeiter darauf drängen können, daß Lizenzprodukte bzw. Generika bereit gestellt worden wären.

Diese Maßnahmen wurden durch die Einführung eines neuen Prämiensystems flankiert: Mit den Teams wurden *Gesamt*umsatzziele jeweils für ein Kalenderjahr vereinbart. Dieses Gesamtumsatzziel ergab sich aus Einzelumsatzzielen für bestimmte Produkte. Für den über das Einzelziel hinausgehenden Mehrumsatz eines Produktes wurde ein festgelegter Prozentsatz - jeweils für ein Kalenderjahr festgeschrieben - als Prämie gezahlt. Ebenso wurden am Jahresende 5% der nicht verbrauchten Budgetmittel der Teamprämie zugerechnet.

Das Bayer-Konzept, das 1994 auch über die Fachpresse hinaus Schlagzeilen machte, hat sich jedoch nicht in der geplanten Form durchsetzen lassen. Bereits in der Planungsphase sind wesentliche Punkte zurückgenommen worden, so z.B. die Option, daß der Pharmareferent in besonderen Fällen Generika anderer Hersteller vertreiben darf. Auch hat sich der Betriebsrat in der Frage der Entlohnung durchgesetzt: Es werden zwar Teamprämien bei Erreichen eines Umsatzziels gezahlt, sie dürfen aber nicht - wie anfangs geplant - autonom innerhalb des Teams aufgeteilt werden, sondern werden statt dessen zu gleichen Teilen auf die Mitglieder des Teams verteilt.

Eine Veränderung des Verständnisses von Teamleitung und -steuerung (z.B. durch Moderation durch gewählte Teamsprecher) wurden de facto nicht durchgesetzt - ja nicht einmal im vorhinein reflektiert, so daß weiterreichende Chancen und Potentiale der Selbststeuerung und Effizienzsteigerung durch Autonomie vertan wurden. Der Leiter ist ein sog. Regionalmanager (Unternehmensleitung; „von oben“ nach wie vor), der als Ansprechpartner für die Teams fungiert und delegiert. Das zu erreichende Umsatzziel muß zu Anfang des Jahres seine Zustimmung finden. Das hier keine Zielvereinbarung durchgeführt wird, sondern vielmehr ein Zieldiktat von oben nach unten weiterhin durchgesetzt wird, darf bei der Bedeutung des Umsatzes für ein Unternehmen angenommen werden.

Die optimistische Aussage des damaligen Projektleiters, die schwierige Zeit sei überwunden, traf nicht zu. Vielmehr „halten die Mitarbeiter erst mal still“ und warten ab, „was denn da so Neues kommt“ (Betriebsrat). Konflikte werden erst mal nicht ausgetragen. Es brachen für die damalige Pharma Deutschland schwierige Zeiten an, da die Implementierung stark auf formale und zu wenig auf organisationspsychologische Aspekte gerichtet war. Maßnahmen zur konkreten Teamentwicklung kamen zu kurz.

Mittlerweile gilt das Bayerprojekt als gescheitert, die angekündigte „Vertriebs-Revolution im Leverkusen (o.A. 1994: 8) fand nicht statt. Die Orientierung an Kostenreduktion und dem optimistischen Vertrauen auf die Selbststeuerungsfähigkeit von Einzelkämpfern hat sich als trügerisch erwiesen. Branchenkenner vermuten, daß die negativen Auswirkungen der Teambildung die neuerliche Reorganisation und der Umbennung in Bayer Vital nötig machten. Auch wenn einige Teams sehr gut harmoniert haben und deren Mitglieder eine deutliche Verbesserung durch Teamarbeit konstatierten, in zu vielen Teams seien zu tiefe Gräben entstanden. Besonders die Prognose der Führungscrew, daß „eine gemeinsame Teamprämie vor Augen jedes Problem löst“, hat sich als Fehleinschätzung herausgestellt. Gerade die Teamprämienregelung sorgte für sehr viele Konflikte in den Teams, da sie ein sog. „Trittbrettfahren“ ermöglichte. Hatte ein Teammitglied deutlich weniger geleistet, bekam es doch den gleichen Anteil an der Prämie – für die anderen Mitglieder im Team ein demotivierender Umstand, zumal dieser durch Festschreibung der Prämienverteilung in der Betriebsvereinbarung nicht veränderbar war.

5. Betriebsratsarbeit als „Co-Management"?

5.1. Zentrale rechtliche Bestimmungen als „Handwerkszeug" zur Mitgestaltung von Reorganisationsprozessen[19]

Bei der Einführung von Gruppen- bzw. Teamarbeit, bei begleitenden Qualifizierungsmaßnahmen oder parallelen Personalentwicklungsprojekten, können von den Betriebsräten eine Reihe von Informations-, Beratungs- und Mitbestimmungsrechten genutzt werden. Im einzelnen sind hier folgende Paragraphen des Betriebsverfassungsgesetz betroffen:

§ 90 BetrVG: Änderung von Arbeitsverfahren
    § 90 Abs.1 Ziff. 3: Arbeitsverfahren und Arbeitsabläufe
    § 90 Abs.1 Ziff. 4: Arbeitsplätze

§ 92 BetrVG: Personalbedarfs-, Personaleinsatz- und Personalentwicklungsplanung

§ 95 BetrVG: Auswahlrichtlinien (z.B. Tests der „Teamfähigkeit")

§ 98 BetrVG: Qualifizierungsmaßnahmen (z.B. Moderatorentraining)

§ 99 BetrVG: Versetzung von Mitarbeitern (z.B. Herabstufung von leitenden Angestellten zu nichtleitenden Mitarbeitern)

§ 111 BetrVG: Informations- und Beratungsrechts des Betriebsrats
    § 111 Satz 2 Ziffer 4: „grundlegende Änderung der Betriebsorganisation"
    § 111 Satz 2 Ziffer 5: „Einführung grundlegend neuer Arbeitsmethoden"

Das es sich bei der Implementierung von Teamstrukturen um Änderungen der Betriebsorganisation und der Arbeitsmethoden i.S. des § 111 BetrVG handelt, ist unstrittig. Es stellt sich aber die Frage, ob die Einführung von Teamarbeit schon als eine „grundlegende Veränderung" zu betrachten ist.

---

[19] Zur Vertiefung der rechtlichen Aspekte sei verwiesen auf: W. Hunold, Arbeitsrecht im Außendienst, München, 1993 und vom gleichen Autor: Lean Production - Rechtsfragen bei der Einführung neuer Arbeitsformen und Techniken, München, 1993.

Indikatoren für das Vorliegen einer grundlegenden Änderung können etwa sein :

- lange Test- und Einführungsphasen (über 1 Jahr)
- hoher Schulungsaufwand
- Einbeziehung mehrerer Unternehmensbereiche in die Umstellung

Die Einschlägigkeit von § 111 BetrVG ist jedoch dann fraglich, wenn nur relativ wenige Mitarbeiter von entsprechenden Maßnahmen betroffen wurden (ca. unter 5% der Gesamtbelegschaft).

Oft ist auch strittig, wann das Planungsstadium erreicht wurde, in dem der Betriebsrat - bspw. nach § 92 BetrVG - rechtzeitig zu informieren ist. Das Landesarbeitsgericht Bremen hält z.B. eine monatliche Unterrichtung über den Stellenplan und den Stellenbesetzungsplan für erforderlich (Urteil vom 18.3.1992, vgl. Hunold 1993: 19).

Ein Kernproblem nach der Einführung von Teamstrukturen kommt in der Frage zum Ausdruck, ob die von der Gruppe selbst beschlossenen Maßnahmen konkrete Informations- und Beratungsrechte des Betriebsrats begründen. Hierzu konstatiert Hunold (1993: 20): „Die jeweilige autonome Verteilung der Arbeitsaufgaben innerhalb der Gruppe ist keine Arbeitgebermaßnahme und kann daher auch keine Informations- und Beratungspflichten des Betriebsrats begründen: Was die Gruppe selbst regelt, ist der Zuständigkeit des Betriebsrates entzogen. Vorausgesetzt ist dabei, daß - abgesehen von Notfalleingriffen [...] - der Vorgesetzte sich jeglicher Einmischung in die Abläufe innerhalb der Gruppe enthält."

Schließlich ist die arbeitsrechtliche Seite der evtl. zu erwartenden zunehmenden Zahl von Kündigungen wegen mangelnder Gruppenfähigkeit oder aus ähnlichen Gründen bislang völlig ungeklärt. Bisher galt zumeist die fehlende fachliche Qualifikation als Hauptindikator für mangelnde Eignung. Nunmehr könnten die sog. „subjektiven Eignungsmängel" auf der sozialen Seite an Bedeutung gewinnen (Hunold 1993: 96). Bei der Beurteilung solcher Mängel werden einerseits - ähnlich wie bei vorliegender Alkoholabhängigkeit - in der Rechtsprechung künftig vermutlich die Rückfallprognose und die „Therapiebereitschaft" eine Rolle spielen. Andererseits wird der Arbeitgeber vermutlich gehalten sein, ähnlich wie bei arbeitsplatzbedingten Krankheiten, den Arbeitnehmer auf einen anderen Arbeitsplatz umzusetzen, der seinen gesundheitlichen Einschränkungen entspricht. Die Rechtsprechung ist jedoch bisher sehr skeptisch bei der Konstatierung von Eignungsmängeln im zwischenmenschlichen Bereich, so daß hier mit einer raschen Veränderung der Praxis nicht zu rechnen ist.

Ähnlich den Regelungen zur Teamarbeit ist auch in Fällen eines Hierarchieabbaus der § 111 BetrVG grundlegend, zumindest wenn mehr als 5% der Mitarbeiter betroffen sind. Nach der allgemeinen Definition von Betriebsorganisation ist im Sinne des § 111 BetrVG der statische Aufbau der Organisation gemeint. Die Einführung flacherer Hierarchien ist demzufolge ohne Zweifel eine Änderung der Betriebsorganisation.

Das zentrale mitbestimmungsrechtliche Problem der Reduzierung der Hierarchieebenen besteht darin, daß häufig Mitarbeiter, insbesondere Führungskräfte, von Versetzung und Herabstufung betroffen sind. Nach § 99 BetrVG unterliegt die Herabstufung eines leitenden Angestellten zum nichtleitenden Angestellten der Zustimmung des Betriebsrats. Da der Arbeitgeber aber frei in der Entscheidung ist, wer in seinem Unternehmen leitende Aufgaben übernehmen soll, kann sich der Betriebsrat nicht auf generelle gesetzliche Vorschriften (§ 99 Abs. 2 Ziff. 1 BetrVG) berufen, auch eine Benachteiligung des betroffenen Arbeitnehmers (§ 99 Abs. 2 Ziff. 4 BetrVG) kann daher nicht grundsätzlich geltend gemacht werden.

Der Betriebsrat kann jedoch seine Zustimmung verweigern, wenn durch die Zuweisung eines neuen konkreten Arbeitsplatzes Nachteile für die Belegschaft entstehen. Ebenso kann der Betriebsrat anführen, daß es sich bei der Herabstufung einer Führungskraft um eine sachlich nicht gerechtfertigte persönliche Benachteiligung handelt und nicht um eine bloße Herabstufung. Auch in diesem Fall kann der Betriebsrat seine Zustimmung verweigern.

Werden CAS-Systeme im Unternehmen implementiert, greift auch hier - abhängig von der Zahl der Betroffenen - evtl. § 90 BetrVG, so daß an einer Informations- und Beratungspflicht für den Arbeitgeber eigentlich kein Zweifel bestehen kann. Aus der am 1.1.1989 in Kraft getretenen Änderung des § 90 BetrVG ergibt sich zusätzlich, daß

- der Arbeitgeber von sich aus dem Betriebsrat alle Unterlagen, die zu seiner Planung erforderlich sind, vorlegt;

- sich der Arbeitgeber mit dem Betriebsrat über alle Konsequenzen für die Arbeitnehmer berät, die aus der EDV-Einführung entstehen, also auch Auswirkungen personeller, sozialer oder wirtschaftlicher Art;

- die Information des Betriebsrates so zeitig erfolgen muß, daß dieser noch während der Planungsphase Vorschläge machen und Bedenken äußern kann.

Mitbestimmungsrechte ergeben sich für den Betriebsrat im Falle einer technischen Kontrolle des Mitarbeiterverhaltens § 87 Abs. 1 Ziff. 6 BetrVG. Nach dem Wortlaut des Gesetzes geht es um technische Einrichtungen, die dazu bestimmt sind, das Verhalten oder die Leistung der Arbeitnehmer zu „überwachen". Wie schon in Kapitel 4.1.3. dargestellt, ist bei CAS-Systemen die Grenze zwischen Unterstützungsfunktionen und Kontrollaspekten nur schwer zu ziehen. Da aber nicht nur in diesem Fall die Vorschrift auslegungsbedürftig ist, hat das Bundesarbeitsgericht entschieden, daß es sich dann um eine technische Einrichtung i.S. des § 87 Abs. 1 Ziff. 6 BetrVG handelt, wenn die Einrichtung objektiv und unmittelbar geeignet ist, das Verhalten oder die Leistung der Mitarbeiter zu überwachen. Die bloße Speicherung von Pro-Kopf-Umsätzen reicht dafür nicht aus. Wohl aber kann der Betriebsrat durch eine Betriebsvereinbarung dafür Sorge tragen, daß personenbezogene Daten (wie z.B. Pro-Kopf-Umsätze oder -prämien) nicht an Dritte weitergeleitet werden (d.h. bspw. über den unmittelbaren Dienstvorgesetzten hinaus gelangen), und zwar unter Hinweis auf das Bundesdatenschutzgesetz. Bei einer technischen Datenerhebung, die auf Verhalten und Leistung eines Teams abzielt, hat im übrigen das BAG entschieden, daß § 87 Abs. 1 Ziff. 6 BetrVG dann einschlägig ist, wenn der Überwachungsdruck auf die Gruppe auch auf den einzelnen Arbeitnehmer durchschlägt.

In Fragen der Entlohnung ist zunächst generell die Frage mitbestimmungspflichtig, ob ein angestellter Außendienstmitarbeiter ein reines Festgehalt, nur Provision oder ein Festgehalt und Provision erhalten soll. Nach § 87 Ziff. 10 BetrVG hat der Betriebsrat ebenfalls ein Mitbestimmungsrecht bei der Ausgestaltung von Prämien- und Provisionssystemen. Dabei hat der Betriebsrat bei der Festlegung des Verhältnisses von Festgehalt zu den variablen Einkommensbestandteilen sowie bei der Bestimmung des Verhältnisses der variablen Einkommensbestandteile untereinander mitzubestimmen.

Allerdings endet das Mitbestimmungsrecht gemäß § 87 Ziff. 10 BetrVG, wenn es um die Festlegung und Bestimmung der Gesamthöhe des individuellen Entgelts geht. Diese bleibt frei von Mitbestimmungsaspekten, solange aus allgemein gültigen Rechtsgrundsätzen abgeleitete Regeln beachtet werden. Hier gilt besonders der Grundsatz, daß die Prämien- und Provisionsregelungen nicht auf eine so starke Senkung des Fixums und eine so hohe Steigerung des variablen Anteils hinauslaufen darf, daß die Betroffenen trotz aller Anstrengungen nicht zu einer angemessenen Gesamtvergütung kommen (vgl. Mayer 1996: 40ff.)

Ein weiterer wichtiger Aspekt von Lohnanreizsystemen ist die Höhe der Leistungsvorgaben seitens des Unternehmens. Wenn eine Prämie bspw. an einen bestimmten Umsatzerfolg geknüpft ist und durch einen Außendienstmitarbeiter (bzw. ein Außendienstteam) nicht erreicht wurde, ist ein Vorenthalten der Prämie nur dann rechtens, wenn die Vorgabe realisierbar war. Gleiches gilt auch bei verhaltensbedingter Abmahnung und Kündigung. Anzumerken ist aber, daß es bei der Vorgabe von Umsatzzielen noch keine einheitliche Rechtssprechung gibt. So heißt es in dem Leitsatz eines Urteils des LAG Düsseldorf: „Die Vereinbarung von Umsatzvorgaben ist nach § 134 BGB unwirksam, weil dies gegen § 1 Abs. 2 KSchG verstößt" (ebenda). Weiter heißt es in diesem Urteil, daß Umsatzvorgaben als Druckmittel auf Außendienstmitarbeiter benutzt werden könnten, solche erfolgsorientierten Leistungsverpflichtungen seien aber dem Arbeitsverhältnis fremd und könnten nur mit selbständigen Außendienstmitarbeitern angesteuert werden.

5.2. Konsequenzen für die betrieblichen Interessenvertreter

Innerhalb der Gewerkschaften besteht z.Zt. Konsens bezüglich der Diagnose des drohenden Verlustes gewerkschaftlicher Handlungsfähigkeit: Um ihren Vertretungsanspruch auch in einer Zeit steigender Austritte zu legitimieren, wird von Gewerkschaften und Betriebsräten zunehmend die Notwendigkeit gesehen, aktiv an der Gestaltung der Rahmenbedingungen von neuen Organisationskonzepten mitzuwirken (vgl. Poy/Weißbach 1995).

Bei der Mitgestaltung von Reorganisationsmaßnahmen und bei der Entwicklung von eigenen organisatorischen Konzepten laufen die Betriebsräte jedoch nicht selten Gefahr, in ein Dilemma zu geraten: Entweder verteidigen sie die erkämpften Rechte der Arbeitnehmer und schließen damit konservative Allianzen zur Bewahrung traditioneller Strukturen, oder sie gestalten die innovativen Prozesse mit, stellen damit aber Errungenschaften zur Disposition, die mit den Zielen der neuen Unternehmenskonzepte in Konflikt geraten (vgl. ebenda).

Trotz der in diesem Konflikt begründeten Gefahren ist auf der Seite der Betriebsräte ein Umdenken zu spüren: Es setzt sich zunehmend der Wille durch, die Innovationsprozesse nicht zu boykottieren, sondern von Anfang an zu unterstützen und mitzugestalten. Die betriebliche Einbindung von Beschäftigten in Mitwirkungsstrategien führt schließlich auch dazu, daß die Betriebsräte ihr bisheriges Selbstverständnis als Schutz- und Regulierungsinstanz „in Richtung einer 'Öffnung der Betriebspolitik' im Sinne einer beteiligungsorientierten Gestaltung von Neuerungen zu überdenken" (Becke 1994: 447). Die klassische Betriebsratsfunktion wird sich also z.B. durch die Umsetzung von Lean Management-Elementen wandeln: Der Betriebsrat wird sich nicht mehr wie früher nur auf seine Machtposition berufen können. Aushandlungskompetenz, Partizipation aller Betroffenen (nicht nur der Betriebsräte) und kommunikative Fähigkeiten werden bei der Umsetzung von organisatorischen Innovationen wichtiger. Darüber hinaus wird eine neu strukturierte und streng arbeitsteilige Organisation von Betriebsratsarbeit im Sinne einer Spezialisierung nötig sein (vgl. Schölzel 1994: 103), um im Zeichen der neuen Herausforderungen effektiv handeln zu können.

Schließlich ist nicht zuletzt auch der Betriebsrat selbst von der Intensivierung der Arbeit durch Lean Selling betroffen, die Folge des steigenden Drucks in den Unternehmen sind auch für ihn: hoher Zeitdruck, Rekrutierungsprobleme und ein ständig steigender Qualfizierungsbedarf, um bei den anstehenden Themen kompetent mitreden zu können und die geplanten Maßnahmen in ihrer komplexen Wirkungsweise entsprechend tiefgehend analysieren zu können.

Paradoxerweise wird gerade durch zentrale Elemente der Umstrukturierungsmaßnahmen, z.B. durch die Auflösung der angestammten Hierarchien und die Einführung von Teamarbeit, die Arbeit der Betriebsräte erschwert: Waren früher die Führungskräfte die Anlaufstelle für den Betriebsrat, treten jetzt nicht selten Kooperationsprobleme mit gewählten Teamsprechern auf. Auch die Delegation von Personalverantwortlichkeiten aus der zentralen Personalabteilung in die Teams muß mit entsprechenden Kooperationspflichten korrespondieren, wenn der Betriebsrat zur Erfüllung seiner gesetzlichen Aufgaben kompetente aktionsfähige Gesprächspartner vorfinden will. Dieses Problem könnte zwar „durch eine entsprechende Auslegung des geltenden Rechts gelöst werden, wenn zu Lasten des Unternehmens die jeweils real Personalverantwortlichen als Ansprechpartner wie gesetzliche Vertreter des Unternehmens gegenüber dem Betriebsrat behandelt würden. Aber hier muß wohl der Gesetzgeber entscheiden" (Dilcher/Kittner 1995: 47).

Letztlich kann eine konstruktive und erfolgreiche Betriebsratsarbeit dazu führen - auch oder gerade wenn sie auf Kooperation bei der Umgestaltung gerichtet ist - das Interesse am Betriebsrat bei den Mitarbeitern zu erhöhen. Dies gilt um so mehr für den Bereich des Außendienstes. War dieser lange Zeit wenig an Betriebsratsarbeit interessiert und wurden die Belange des Außendienstes im Gegenzug vom Betriebsrat nicht entsprechend gewürdigt, so ist jetzt im Zuge der Lean Selling-Entwicklung ein Aufeinanderzugehen zu beobachten. Im Rahmen eines Workshops des DGB wurden die o.a. neuen Anforderungen an betriebliche Interessenvertretung mit Betriebsräten der pharmazeutischen Industrie diskutiert und ein vierstufiges Umsetzungskonzept unter Berücksichtigung der besonderen Situation und Interessen von Außendienstmitarbeitern entwickelt, daß nun dargestellt wird (vgl. Abb. 10).

In einem ersten Schritt ist das Selbstverständnis gegenüber dem Außendienst zu überprüfen, besonders in Unternehmen, die keine reinen Vertriebsorganisationen sind, sondern auch Produktion oder Forschung betreiben. Die zentrale Fragestellung lautet hier: „Inwieweit ist der Betriebsrat noch die klassische zentrale Anlaufstelle für den einzelnen Mitabeiter und wie ausgeprägt ist das Selbstverständnis als Co-Management?" Gerade hier sind selbstkritisch die eigenen Kompetenzen zu Fragen der Unternehmensgestaltung zu analysieren. Auch die Kapazitäten des Betriebsrats dürfen nicht außer Acht gelassen werden, schon die Bewältigung der klassischen Aufgaben bereitet den zumeist nach eigenen Angaben unterbesetzten Betriebsräte erhebliche Schwierigkeiten.

Erst wenn diese Fragen angesprochen wurden und sich der Betriebsrat ggf. selbst „reorganisiert" hat, können im zweiten Schritt die Herausforderungen, die geplante Managementprojekte mit sich bringen, analysiert werden. Am Beispiel des CAS sei dies pars pro toto verdeutlicht: Betriebsratsarbeit wird sich künftig – und das war Konsens aller anwesenden Teilnehmer – nicht mehr nur auf die Überwachung der datenschutzrechtlichen Aspekte bei Einführung neuer Technologien beschränken können. Vielmehr wird es auch nötig sein, z.B. die zwischenmenschlichen Auswirkungen der mit dem CAS-System technisierten Kommunikation zwischen den Mitarbeitern zu erkennen und zu beachten.

Das kritische Überprüfen der geplanten Maßnahmen führt im nächsten Schritt zu dem Entwurf einer eigenen Strategie, bezogen den vom Management angesprochenen Themenkreis und den in dem vorgestellten Kontept erkannten Mängeln. Zwingend erforderlich – und dies gilt gerade für den Bereich des Außendienstes – ist der Aufbau der eigenen Sachkompetenz. Außendienstmitarbeiter sind nur allzu oft kaum im Betriebsrat vertreten, darüber hinaus werden in pharmazeutischen Unternehmen mit eigener Produktion oder Forschung Außendienstthemen nur peripher behandelt (s.o.). Daher sollte der gesamte Betriebsrat für Fragestellungen, die den Außendienst betreffen, gewonnen und begeistert werden. Hierbei hilft ein Verweis auf die „Strahlungseffekte", die ein unzufriedener Außendienst verursacht und u.U. über den Innendienst in das ganze Unternehmen hineintragen kann. Um diese Zusammenhänge zu erkennen, muß zuvor das Selbstbild als Co-Management verinnerlicht und die dafür erforderliche Kompetenz aufgebaut sein.

Letztlich kann nur so eine aktive Mitgestaltung, ein Brechen traditioneller innerbetrieblicher Grenzen und das Überwinden von klassischen Vorurteilen und alten Denkmustern funktionieren – und zwar auf beiden Seiten.

Abb. 10: Handlungsplan für Betriebsräte

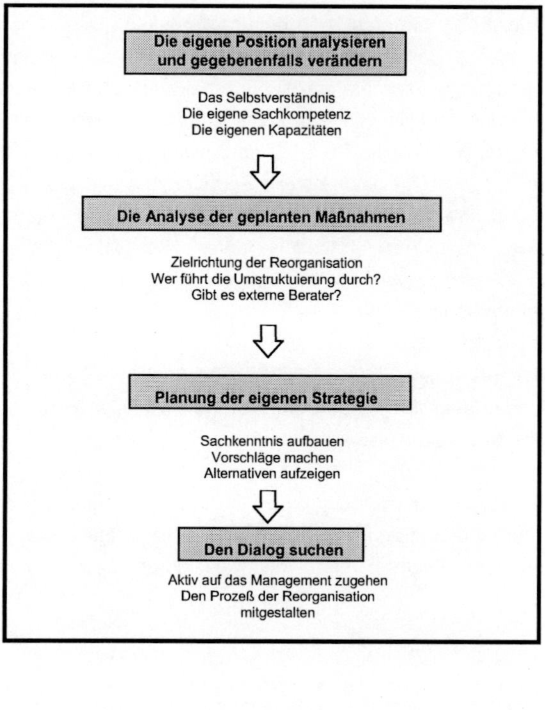

Empirischer Teil

6. Methodik der Untersuchung

6.1. Konzeption der Erhebung

Auch wenn sich Rohrbacher (1988) bei seiner Untersuchung auf die Beziehung von Pharmaberater und Arzt konzentrierte, so trifft doch seine Einschätzung zu, daß der „Schleier" um die Pharmaberatung auf die absichtliche Abschottung dieses sensiblen Bereichs vor der – auch wissenschaftlichen – Öffentlichkeit zurückzuführen ist. Die Umfragen, die die Unternehmen im eigenen Außendienst häufig durchführen, werden als Geheimsache deklariert und dienen nur zur internen Verwendung[20].

Die Gespräche mit Brancheninsidern, die der Gewinnung eines ersten Überblicks zur Situation der Pharmareferenten in der Praxis dienten, ließen den Schluß zu, daß die Meinungen zu den zentralen Gesichtspunkten des Pharmaaußendienstes stark divergierten. So wurden die einzelnen Aspekte der Außendiensttätigkeit wie z.B. die Vor- und Nachteile von Prämienregelungen in höchstem Maße unterschiedlich bewertet (vgl. Kapitel 7.5.1.). Auch Antworten zu anderen Schwerpunkten wiesen im Vergleich zueinander weite Spannbreiten auf: Während ein Personalleiter seinen „älteren" Mitarbeitern größere Schwierigkeiten mit dem Technikeinsatz attestierte und hierfür Verständnis zeigte, äußerten Betriebsräte Zweifel an dem Zusammenhang zwischen Alter auf der einen und Schwierigkeiten mit Computern auf der anderen Seite.

Insgesamt war der Eindruck zu gewinnen, daß die Äußerungen zu diesen Kernproblematiken eher auf Mythen und Vorurteilen basierten als auf fundierten wissenschaftlichen Erkenntnissen.

So wurde der mit diesen initialisierenden Gesprächen begonnenen qualitativen Erhebungsmethode eine quantitative Komponente hinzugefügt, um mit Hilfe einer Auswertung der erhobenen Daten, die sich durch einen hohen Grad an

20 Aufgrund dieses sensiblen Umgangs mit internen Daten waren andere als die in der Arbeit genannten Quellen für den Autor nicht zugänglich. Trotz der Erhebungsprobleme, die keine Repräsentativität zulassen, handelt es sich bei den Umfrageergebnissen um Daten mit hoher Aussagekraft.

Objektivität auszeichnen (vgl. Neuberger 1974: 76), den in der Regel beharrlichen Meinungen und Denkmustern begegnen zu können.

Im Anschluß an diese erste Phase der Vorbereitung wurde ein hochstrukturierter Fragebogen erstellt, der in Zusammenarbeit mit einer Expertenrunde, die sich aus Betriebsräten und Vertriebsleitern verschiedener Unternehmen zusammensetzte, nochmals in Hinblick auf die aktuelle und virulente Situation im Pharmaaußendienst redigiert wurde. Zudem wurde darauf geachtet, daß der Fragebogen unternehmensunabhängig Verwendung finden konnte. Als Erhebungsmethode kam durch die dezentralen Strukturen im Außendienst nur eine postalische Versendung in Betracht, zumal nur so eine möglichst große Zahl von Personen erreicht werden konnte. Der Fragebogen ist im Anhang beigefügt.

Berücksichtigung fand schon bei der Konzeption des Fragebogens und der Planung des weiteren Vorgehens ein den Unternehmen unterstelltes Mißtrauen gegenüber einer unabhängigen Erhebung, die möglicherweise einen tieferen Einblick in das Unternehmen bzw. Rückschlüsse auf die Situation der Beschäftigten im eigenen Vertrieb ermöglichen könnte. Auch der Zielgruppe, den Pharmareferenten, wurde eine gewisse Skepsis z.B. gegenüber der Unabhängigkeit und Objektivität des Autors und somit der späteren Auswertung der Ergebnisse unterstellt, da negative Erfahrungswerte durch interne Erhebungen, die auf Effizienz abgestellen und Repressalien nach sich ziehen können, vorliegen könnten.

So wurde im Fragebogen deutlich darauf hingewiesen, daß keine handschriftlichen Eintragungen zu machen sind und die Angaben vertraulich und anonym behandelt werden. Auch die sensible Thematik der monatlichen Entlohnungshöhe wurde dahingehend „entschärft", daß nach der Eingruppierung und dem prozentualen Anteil variabler Vergütung am Gesamteinkommen gefragt wurde.

In dem Anschreiben an die Personalleitungen der jeweiligen Unternehmen wurde den Gestaltungshinweisen von Richter (1970) gefolgt, um vor dem Hintergrund eines erwartet niedrigen Interesses eine möglichst hohe Unternehmensbeteiligung zu erzielen. Neben dem Thema und dem wissenschaftlichen Erkenntnisinteresse der Erhebung wurde den Unternehmen in diesem „Einführungsbrief" (Neuberger 1974: 79) auch Anonymität im Falle von Veröffentlichungen und ein anonymes Benchmarking, d.h. ein Vergleich ihres Außendienstes zu den Ergebnissen der Branche, zugesagt.

Ebenfalls wurde schon im Anschreiben darauf hingewiesen, daß es die Intention der Studie ist, die Wirklichkeit möglichst genau zu erfassen, nur so sei ein reales und glaubhaftes Benchmarking möglich. Daher müssen bei einer Teilnahme an der Erhebung alle Pharmareferenten einen Fragebogen erhalten, der direkt von den Befragten an den Verfasser zurückzusenden ist. Zudem ist dieses rigide Vorgehen der beste Schutz vor „Verfälschung" der Ergebnisse durch z.B. Einflußnahme von Vorgesetzten (vgl. Kapitel 6.3).

Mit diesem Anschreiben ging der Fragebogen an 50 Unternehmen, die nach der Roten Liste (1996) des BPI, die eine abschließende Aufzählung aller pharmazeutischer Unternehmen enthält, ermittelt wurden. Auswahlkriterium war die nach der dort angeführten Produktanzahl zu vermutende Außendienststärke, um von vornherein ein größtmögliches Maß an Vergleichbarkeit zu gewährleisten.

Erfreulicherweise erklärte sich zudem die Redaktion des Bundesarbeitskreises Außendienst der IG CPK bereit, den Fragebogen in der Zeitschrift „Aussenspiegel" zu veröffentlichen. Dieser Umstand ermöglichte es, die Ergebnisse der vertriebsweiten Unternehmensbefragung daraufhin zu überprüfen, ob Ergebnisse eher branchentypisch sind oder in Spezifika des jeweiligen Unternehmens zu begründen sind. Um Doppelausfüllungen zu vermeiden, wurde darum gebeten, daß die befragten Außendienstmitarbeiter sich nicht an der Aktion beteiligen sollen, wenn sie bereits an einer betrieblichen Erhebung teilgenommen haben.

6.2. Reaktion der Unternehmen auf die geplante Befragung

Die Befürchtung, Resonanz der Unternehmen könne sehr zurückhaltend sein, bestätigte sich zunächst. Von den 50 angeschriebenen Firmen haben lediglich 12 Unternehmen schriftlich und 7 telefonisch abgesagt, zumeist mit dem Hinweis auf eine gerade erst abgeschlossene Umstruktuierung, unvertretbarem organisatorischen Aufwand oder kürzlich selbst durchgeführte Befragungen. Ein Personalleiter machte die hohen Kosten durch ein den Pharmarefrenten unterstelltes strategisches Verhalten für die Nicht-Teilnahme geltend:

> *„Die [Pharmaberater] wissen doch, daß die Beantwortung des Fragebogens Arbeitszeit ist, erst recht, wenn sie den Fragebogen von der Personalabteilung bekommen. Am nächsten Tag machen sie dann zwei Besuche weniger und Sie wissen doch, was ein Besuch kostet."*

Drei Unternehmen gaben keine Gründe an, die Personalabteilung der Merckle GmbH schickte sogar *„eine Absage auf Ihre Bewerbung, leider sei keine dem beruflichen Werdegang entsprechende Stelle frei"* – eine befremdende Antwort auf ein Anschreiben mit beigefügtem Fragebogen.

Bei den 31 Unternehmen, die nicht reagiert hatten, wurde wiederholt telefonisch nachgefragt und es stellte sich heraus, daß neun Firmen ein prinzipielles Interesse an einer Beteiligung hatten, die Verantwortlichen der Teamarbeit praktizierenden Unternehmen lehnten allerdings eine Teilnahme besonders regide ab, keiner war bereit, eine Erklärung für die Absage zu nennen. Der zusätzliche Fragebogen zu Teamarbeit im Außendienst, der diesen Unternehmen mit überreicht wurde, fand zwar von der inhaltlichen Seite her Anklang, die potentiellen Ergebnisse schienen aber von den Verantwortlichen eher befürchtet als begrüßt zu werden.

In der Folgezeit stellte sich in fünf dieser neun Unternehmen heraus, daß neben den schon o.a. Gründen der innerbetriebliche Entscheidungsaufwand zu groß war. Hier wurde insbesondere die Mitbestimmungspflicht für Umfragen dieser Art ins Feld geführt, die Mitarbeiter in den Personalabteilungen schienen den nicht unbedingt notwendigen Kontakt zum Betriebsrat vermeiden zu wollen (vgl. Kapitel 5.2.).

> *„Interesse haben wir schon, aber unser Betriebsrat lehnt so etwas immer ab. Ich werde nochmal nachfragen, ob es einen Weg gibt, die Umfrage ohne den Betriebsrat durchzuführen. Den brauchen wir gar nicht erst zu fragen."* (Personalleiterin bei einer telefonischen Nachfrage)

Von allen angeschriebenen 50 Unternehmen blieben letztlich vier übrig, in denen eine Umfrage gestartet wurde.

6.3. Durchführung der Befragung

In zwei Firmen (hier: Unternehmen A und B) wurde die Umfrage reibungslos durchgeführt. In dem Unternehmen C zog die Geschäftsleitung nach der Zustimmung durch den Betriebsrat ihre Zusage hinsichtlich ihrer Teilnahme zurück. Allerdings waren zwei Betriebsräte in der Firma davon überzeugt, daß die Umfrage wichtige Informationen für die zukünftige Entwicklung des Unternehmens und die anstehende Betriebsratsarbeit liefern würde und führten die Außendienstbefragung im Unternehmen durch.

Einen Sonderfall stellt in diesem Kontext das vierte Unternehmen dar: Nach der Mitteilung durch einen Personalreferenten, daß die Umfrage beginnen könne, schickte dieser nach einigen Wochen 30 beantwortete Fragebögen zurück. Es stellte sich nach Rückfrage heraus, daß die Fragebögen an vier „ausgewählte" Regionen gingen, zudem wurden die Fragebögen durch die jeweiligen Regionalleiter verteilt und auch wieder eingesammelt.

Da über die Zeitschriftenumfrage 27 Fragebögen des gleichen Unternehmens eingegangen waren, bot sich ein Vergleich an, auch um die recht restriktiven Anforderungen an die Modalitäten der Erhebung zu überprüfen. Der Mittelwert auf die „Frage 48: Wie fühlen Sie sich durch Ihren Vorgesetzten betreut?" betrug bei den 30 eingesammelten Fragebögen 5,03; bei den direkt an den Umfragenden geschickten 27 Fragebögen erbrachte die gleiche Auswertung einen Mittelwert von 3,03. Die eingesammelten Fragebögen wurden aufgrund der offensichtlich fehlenden Objektivität und Aussagekraft aussortiert und das Unternehmen im Rahmen der Fallstudienerstellung nicht weiter berücksichtigt.

Um die empirischen Ergebnisse in einen betrieblichen Gesamtzusammenhang stellen und bewerten zu können, wurden in einer Nacherhebungsphase in den verbleibenden drei Unternehmen mittels eines halbstandardisierten Leitfadens eine hierarchieübergreifende Befragung (Personalleiter, Betriebsräte, Geschäftsführung) durchgeführt. Ausnahme bildete hier das Unternehmen C, Personalleitung und Geschäftsführung standen für Interviews nicht zu Verfügung, es wurden lediglich einige Kommentare zu den auf einer Betriebsversammlung vorgestellten Ergebnissen abgegeben und eine Gegendarstellung angekündigt.

Alle Interviews wurden im persönlichen Gespräch „vor Ort", d.h. im jeweiligen Unternehmen geführt. Dies gilt auch für die Diskussionen mit den Innendienstmitarbeitern der Unternehmen sowie für die Interviews mit den sog. Brancheninsidern, d.h. Unternehmensberatern oder Gewerkschaftsvertretern.

Im Anschluß an die Erhebung innerhalb der Betriebe wurde dem Fragebogen für die Veröffentlichung in der Zeitschrift „Aussenspiegel" die zusätzliche Frage *„In welchem Unternehmen sind Sie tätig?"* beigefügt, d.h. eine Abweichung von dem bis dahin hochstandardisierten Schemata; die Beantwortung der Frage wurde freigestellt.

6.4. Resonanz auf die Umfrage

Alle drei Unternehmen wiesen mit Rücklaufquoten zwischen 45% und 66% für den Typus der postalischen Fragebogenaktion sehr hohe Werte auf. Neben diesem Umstand ermöglichen auch die nur relativ geringen Unterschiede in der Stärke der jeweiligen Außendienstmannschaft aussagekräftige Unternehmensvergleiche zu den einzelnen Themenschwerpunkten.

Im Rahmen der bundesweiten Streuung durch die Aussenspiegel-Umfrage antworteten 324 Pharmareferenten, von denen 226 die Firma, für die sie tätig sind, angaben. Insgesamt arbeiten diese 226 Außendienstmitarbeiter für 63 verschiedene pharmazeutische Unternehmen. Die Ermittlung einer Rücklaufquote konnte nicht erfolgen, da die Anzahl der Pharmareferenten, die einen Fragebogen erhielten, nicht bekannt ist.

In den Fallstudien werden überwiegend Gruppierungen der Daten vorgenommen, d.h. es werden bspw. die Fragen zur Motivation nach dem Alter der Pharmareferenten im jeweiligen Betrieb zusammengefaßt. Eine standardisierte Auswertung der Erhebungsergebnisse ist dem Anhang beigefügt.

7. Das Unternehmen A

7.1. Zum Unternehmen

Das Unternehmen A ist eine 100% Tochter einer Aktiengesellschaft, die wiederum den Vertriebsteil eines deutschen Großkonzerns darstellt. Sie ist eine reine Vertriebsorganisation, es ist keine Produktion oder Forschung bei Unternehmen A angesiedelt.

Gegründet wurde Unternehmen A, indem 1995 die inländischen Vertriebsaktivitäten von drei Gesellschaften zusammengefaßt wurden.

Es gibt unter dem Dach der Muttergesellschaft nur noch drei Vertriebsunternehmen, die sich mit dem Vertrieb pharmazeutischer Produkte in Deutschland beschäftigen:

- generische Produkte werden durch eine eigene Tochter vertrieben, daher gehören Generica nicht zum Produktsortiment des Unternehmens A,
- durch Aufkauf eines englischen Unternehmens ist dessen deutsche Vertriebstochter in den Unternehmensverbund hinzugekommen. Ihr Schwerpunkt liegt im Vertrieb von Phytopharmaka.
- Unternehmen A vertreibt Arzneimittel aus dem ethischen und OTC-Bereich. Diese Produkte umfassen die Indikationsbereiche Atemwege, Herz-Kreislauf, zentrales und peripheres Nervensystem, Gastroenterologie und Mineralstoffwechsel, Wundheilung sowie Selbstmedikation.

Gemessen am Umsatz von ca. 360 Mio. DM in 1997 ist Unternehmen A nach den USA die zweitstärkste Vertriebsorganisation der Pharmasparte des deutschen Großkonzerns.

7.1.1. Die Personalsituation

Im Außendienst arbeiten ca. 350 fest angestellte Mitarbeiter, davon ca. 75% Männer und 25% Frauen. Der berufliche Background der Außendienstmannschaft des Unternehmen A besteht hauptsächlich aus Ärzten, Tierärzten, Chemikern und

Biologen. Die geringe Anzahl von Kaufleuten müssen neben einem akademischem Abschluß eine deutliche Affinität zur Pharmazie haben und eine pharmazeutische Vorbildung mitbringen.

Ca. 90% der Außendienstmitarbeiter sind geprüfte Pharmareferenten. Dazu kommen noch 15 befristete Mitarbeiter auf Dienstvertragsbasis sowie drei Mitarbeiter auf Leasingbasis; diese Außendienstmitarbeiter sind die zuletzt eingestellten Pharmareferenten.

Der Grund für diese Einstellungspolitik liegt nach Angaben der Gesprächspartner in der wirtschaftlich nicht genau absehbaren Situation. Es bestehen noch Unsicherheiten, wie die Marktchancen der Produktpalette einzuschätzen sind. Insofern will die Personalabteilung ganz bewußt keine festen Verträge abschließen und sich mehr Flexibilität erhalten.

Der Außendienstmitarbeiter kann bezüglich seines Fahrzeugs zwischen zwei Optionen wählen. Entweder er erhält einen Dienstwagen auf Leasingbasis, den er 10.000 km im Jahr privat nutzen kann, oder er setzt ein eigenes Fahrzeug ein und bekommt die gefahrenen Kilometer pauschal mit 0,52 Pfennig pro Kilometer erstattet.

Überwiegend wird von relativ neuen Mitarbeiter die Dienstwagenregelung in Anspruch genommen. Je höher die Dienstjahreszahl ist, desto häufiger wird dann ein eigenes Fahrzeug benutzt.

7.1.2. Die Organisationsstruktur

Die Außendienstorganisation ist nach Regionen strukturiert. In den vier Regionen Nord, Süd, West und Ost gibt es jeweils ein Regionalbüro mit drei Mitarbeitern, die Ansprechpartner für den Außendienst sind. Diese Innendienstmitarbeiter übernehmen die Organisation, das Controlling und Sekretariatsaufgaben. In der jeweiligen Region gibt es nochmal vier Gebietsleiter, wobei jeder Gebietsleiter für alle Produktgruppen zuständig ist.[21]

---

[21] Es werden drei Produktlinien unterschieden: Eine sog. W1-Linie, in der hauptsächlich Herz-Kreislaufprodukte vertrieben werden. In der W2-Linie werden Gastro- und Neuroprodukte beworben. In Kooperation mit einer anderen Firma, der sog. W5-Linie, werden Produkte des Bereichs Wundversorgung angeboten. Die Pharmareferenten betreuen den niedergelassenen und den klinischen Bereich; einen reinen Klinikaußendienst gibt es nicht. Es existiert darüber hinaus noch ein sog. kaufmännischer Außendienst, der sich mit OTC-Produkten ausschließlich an Apotheker wendet.

Ebenso ist er zuständig für die Belange des kaufmännischen Außendienstes. Jeder Gebietsleiter hat ca. 20-25 Außendienstmitarbeiter zu betreuen, woraus sich eine Mitarbeiterzahl von ca. 90 Außendienstmitarbeitern pro Region ergibt.

In jeder Region existiert zusätzlich noch eine Einheit Gesundheitspolitik mit zwei Mitarbeitern, die sich insbesondere mit Krankenkassen auseinandersetzen, aber auch mit dem Großhandel *„das ein oder andere Gespräch führen"*.

7.2. Umgesetzte Elemente des Lean Managements

7.2.1. Personalabbau

Insgesamt waren im Jahr 1992/93 ca. 800 Mitarbeiter bei Unternehmen A beschäftigt, derzeit sind es ca. 560. Die Reduzierung des Personalbestands fand im Rahmen eines Sozialplans und zusätzlicher Kompensationsleistungen statt. Im Jahre 1996 konnte die Mitarbeiterzahl relativ konstant gehalten werden, es sind nur noch über den Sozialplan einige Mitarbeiter ausgeschieden.

Die jetzige Anzahl der Mitarbeiter resultiert daraus, daß ab 1994 zwei vorher selbständige Unternehmen zusammengefaßt worden sind und die Vertriebsaufgaben der Muttergesellschaft noch hinzukamen (s.o.). Dadurch hat eine gewisse Konzentration [unter dem Dach des Unternehmens A] im Bereich der ethischen und der OTC-Produkte stattgefunden. Damit ergab sich automatisch eine Verringerung der Belegschaft. Andererseits war die Reduzierung aber auch klar durch Umsatz- und Marktveränderungen bedingt.

Obwohl die Personalstärke im Außendienst höher war, wurde zwischen Innen- und Außendienst ungefähr im gleichen Maße reduziert. Dies erklärt sich durch die bei der Zusammenlegung der Unternehmen und der Reduktion der Außendienste entstanden Synergieeffekte, d.h. im Bereich der Verwaltung konnte im Verhältnis zum vorherigen Personalbestand etwas stärker reduziert werden.

7.2.2. Hierarchieabbau

Bis vor wenigen Jahren war den sog. Regionalleitern ein Indikationsbereichsleiter vorangestellt, dem sie Bericht erstatteten. Der Wegfall der Ebene der Indikationsbereichsleiter führte zu einer Trennung zwischen der klassischen Innendienstfunktion Produktmanagement (Indikationsbereich) und dem Außendienst. Es gibt keine direkte Weisungsbefugnis mehr zwischen diesen Bereichen.

Darüber hinaus wurden die anderen Hierarchieebenen drastisch ausgedünnt, speziell Positionen des mittleren Managements waren von den Kürzungen betroffen. Nach der erheblichen Reduzierung der Anzahl der Gebietsleiter berichten die Regionalleiter nunmehr direkt an die Geschäftsleitung. Es gibt nur noch einen Veranwortlichen im jeweiligen Sachbereich, der riesige Mittelbau existiert nicht mehr. Insbesondere hat der Geschäftsführer jetzt nun extrem viele Berichtslinien direkt zu sich laufen.

7.2.3. Key-Accounts und Kundenbewertung

Auch Unternehmen A hat die wachsende Bedeutung neuer Adressatenkreise wie z.B. Meinungsbildner, Krankenkassen oder Selbsthilfegruppen erkannt.

Um diesen neuen Kundengruppen einen adäquaten Gesprächspartner bieten zu können, sind einige Mitarbeiter aus dem vorhandenen Kreis der Außendienstmitarbeiter ausgewählt worden, denen die Personalleitung die Erfüllung dieser neuen Aufgaben zutraute. Aus der Sicht der Personalleitung sind diese Mitarbeiter sicherlich noch nicht optimal ausgebildet. Allerdings sei im Außendienst die Begeisterung für Neues ohnehin nicht sehr ausgeprägt - und diese Aufgabe, sog. Schlüsselkunden zu besuchen, ist im Unternehmen relativ neu.

Schon bei dem Abbau der Außendienstkapazitäten wurde der Markt analysiert und die zentralen Zielgruppen sehr genau definiert, seitdem richtet sich das Hauptaugenmerk auf die Ärzte im niedergelassenen Bereich. Auf diese Zielgruppe aufbauend wurde eine optimale Außendienststärke gebildet. Bei diesem Prozeß ist man stark umsatzorientiert vorgegangen, als primäres Ziel der Reorganisation standen klar Kosteneinsparungsaspekte im Vordergrund.

Dieses Verfahren wurde dann auch auf Apotheken ausgedehnt. Es findet in Zusammenarbeit mit der internen Marketingforschung im eigenen Hause und externen Instituten eine ständige Aktualisierung dieser Bewertung statt.

Da die bisherige Beurteilung der Kunden unter Produkt- und Umsatzgesichtspunkten stand, kommt erschwerend der Umstand hinzu, daß im Unternehmen noch nicht ausreichend definiert ist, wer denn Schlüsselkunden überhaupt sind?

> *„Zukünftig werden weitere Fragestellungen hinzukommen: Was können die Kunden bewegen und wie groß ist Ihr Einfluß? Was können wir als Unternehmen für diese Kunden noch tun? Die Vorgaben an den Außendienstmitarbeiter werden dann zwar restriktiver, aber natürlich kann er dann auch noch etwas dazu, wenn die Vorgaben aus seiner Sicht überhaupt nicht passen."* (Vertriebsleiter)

Derzeit ist man im Unternehmen bemüht, auch im Innendienst noch eine Oranisationseinheit zu schaffen, die sich vornehmlich mit der Aufgabe „Key Accounts" auseinandersetzten wird. Diesbezüglich wird noch einmal zu überlegen sein, ob der Außendienst optimal besetzt ist oder ob man da vielleicht auch andere Zuordnungen treffen muß. Das Zielgruppenmanagement soll immer konsequenter durchgeführt werden.

7.2.4. Outsourcing

Es ist kein systematisches Outsourcingkonzept für den Außendienst entwickelt oder umgesetzt worden, sondern es ist auf experimenteller Basis für einige wenige Funktionen, teilweise auch aus Werbeaktionen heraus, implementiert worden.

Drei Außendienstmitarbeiter wurden mit Dienstvertrag eingestellt. Dies wird im Unternehmen als eine Art Unterform von Outsourcing angesehen, gerade unter rechtlichen Gesichtspunkten. Dieses Konzept benötigt daher einen eigenen sog. Supervisor, der nicht zu Unternehmen A gehört, sondern eben von einem externen Leasinganbieter bestellt werden muß. Die Mitarbeiter berichten an diesen Supervisor und dieser „Vorarbeiter" bekommt von Unternehmen A nur pauschal die Aufträge übermittelt.

7.2.5. Technikeinsatz

Alle Außendienstmitarbeiter verfügen über ein Notebook, es gibt aber noch einige Schwierigkeiten auf Grund der noch nicht völlig ausgereiften Software, so daß die technischen Ressourcen des Systems schon seit mehreren Monaten nicht nutzbar sind. Auch ein Punkt, der zu weiterem Unfrieden zwischen Innen- und Außendienst geführt hat und immer noch führt.

Es gibt für den Außendienstmitarbeiter klare Vorgaben, welche Aufgaben er mit dem Laptop zu erledigen hat, vorallem sind es das Berichtswesen und die Spesenabrechnung, zudem kann er den Laptop als Schreibmaschine nutzen. Außerdem ist es ihm „empfohlen“, abendlich den elektronischen Kontakt mit dem Unternehmen aufzunehmen und seine Berichte zu übersenden. Nur ist man durch die Mängel in der Software z.Z. nicht in der Lage, die Erfüllung dieser Vorgaben abzufordern[22].

Weitere Potentiale für Technikeinsatz, bspw. im Gespräch vor Ort, werden in der Personalabteilung des Unternehmens kritisch gesehen, da die Muttergesellschaft schon Versuche in diese Richtung unternommen hat, die Reaktionen der Ärzte aber eher zurückhaltend waren.

Allerdings wäre ein denkbarer Einsatzbereich z.B. das Dienstleistungsmanagement. Über die eigentliche Besprechung der Produkte hinaus wird seitens des Unternehmens dem Arzt dabei geholfen, seine Praxisorganisation elektronisch abzuwickeln. So werde nach Ansicht der Unternehmensleitung auch mittelbar das Interesse für die Produkte des Unternehmens geweckt.

7.3. Die Situation des Außendienstmitarbeiters

7.3.1. Aufgabenprofil

Das Unternehmen hat sich zum Ziel gesetzt, wissenschaftlich zu informieren, also dem Arzt einen adäquaten Gesprächspartner zu bieten. Um dieses Ziel zu erreichen, ist ein Außendienst nicht nur unverzichtbar, er erfährt auch einen hohen Stellenwert innerhalb des Unternehmens. Dieser Anspruch stößt aber nach Angaben der Verantwortlichen zunehmend auf taubere Ohren, da die Ärzte, die immer weniger Zeit für die Pharmareferenten haben auch immer weniger an wissenschaftlichen Informationen interessiert sind. So wird die Erfüllung der primären

[22] Dies erklärt auch das signifikant geringe Bewertungsniveau von Unternehmen A auf die Frage 62: „Sind Sie zufrieden mit Ihrer Unterstützung bzw. Schulung in technischen Gebieten?“

Arbeitsaufgabe, der *wissenschaftlichen Beratung*, immer schwieriger für den Mitarbeiter.

Es werden zukünftig andere Mittel und Wege gefunden werden müssen, den Kontakt zum Arzt herzustellen. Die Entwicklung „vor Ort" rechtfertigt aber keinen Abbau von Außendienstkapazitäten, so das Unternehmen. Auch die Möglichkeiten von Faxaktionen, Mailings, oder telefonischer Betreuung gehören weiterhin nach der Firmenphilosphie zu den Aufgabeninhalten bei der Bewerbung pharmazeutischer Produkte, ein Ausbau solcher Aktionen kann nach Aussage der Personalleitung den persönlichen Kontakt, die Beziehung zum Arzt, aber nicht ersetzen.

Unter der Prämisse des persönlichen Kontakts und der Vermittlung wissenschaftlicher Informationen werden sich die Aufgabeninhalte als Reaktion auf die Marktveränderung ändern.

> *„Schwerpunkt wird sicherlich weiterhin der Arztbesuch in der Praxis oder Klinik sein, aber ich sehe durchaus in verstärktem Maße Informationen, die am Abend oder am Wochenende stattfinden können, also nicht in der normalen Geschäftszeit ablaufen müssen: gezielte Fachvorträge oder Diskussionsrunden. Aber auch die Gesprächsinhalte werden sich verändern, bspw. werden mehr Beratungen zu Fragen der Praxisorganisation stattfinden."* (Personalleiter)

Tendenziell ist aber in der Geschäftsführung zunehmende Akzeptanz der durch die Marktveränderungen resultierenden Paradigmenwechsel zu erkennen. Die Aufgabe des wissenschaftlichen Informierens weicht zunehmend der des *Verkaufens*.

> *„Es geht mehr hin, zu verkaufen und weniger zum Berater im wissenschaftlichen Blickfeld. Es werden andere, veränderte Qualifikationen nötig sein. Aber dies bedeutet nicht unbedingt ein Mehr an Qualifikation."* (Personalleiter)

Ein weiterer Aufgabeninhalt kann als *Marktforschung* beschrieben werden, es wird auf Informationen aus dem Außendienst großen Wert gelegt, bspw. über Verhaltensänderung von Ärzten in einer Region.

7.3.2. Innendienst vs. Außendienst

Neben der Bestellung der vom Außendienst benötigten Artikel ist die Marketingforschung ist ein weiterer wichtiger Punkt, der die Aufgabenverteilung zwischen Innen- und Außendienst betrifft. Wie entwickelt sich der Markt, wo sind Besonderheiten bei den kassenärzlichen Vereiningungen zu beachten, wo sind die Ärzte besonders restriktiv, wo wird man vielleicht gar nicht mehr in die Praxis hinein gelassen? Dann kommt die Gegenfrage: Wie können wir denn darauf reagieren? Das sind also Informationen, die aus dem Außendienst kommen und auf die Antworten vom Innendienst erwartet werden.

Das Verhältnis und die Zusammenarbeit von Innen- und Außendienst ist allerdings als *„äußerst gespannt"*[23] zu bezeichnen. Insbesondere durch die Zusammenschlüsse der verschiedenen Vertriebseinheiten und die Bildung einer komplett neuen Struktur waren die Anpassungsprozesse in der Anfangsphase nicht optimal. Durch die anfänglichen Konflikte hat sich im Laufe der Zeit eine eher noch größere Reibungsfläche gebildet, so daß jeder Fehler, der vom Außendienst gemacht wird, vom Innendienst hochgespielt wird und umgekehrt.

Bei Schwierigkeiten soll sich der Außendienstmitarbeiter an seinen Gebietsleiter wenden, teilweise nimmt er aber auch Kontakt zu seinem Regionalleiter auf. Diese besprechen dann das vorliegende Problem mit dem zuständigem Einheitsleiter im Innendienst. Häufig kommt es vor, daß ein Außendienstmitarbeiter echauffiert sein Pendant im Innendienst anruft und dann *„wilde Beschuldigungen los wird"*. Diese Konfliktsituationen wirken sich erschwerend auf die formale Zusammenarbeit zwischen Innen- und Außendienst aus.

7.3.3. Die Produkte

Diese Einschätzung rührt nicht zuletzt auch daher, daß der Innovationsgrad der Produkte nicht sehr hoch ist. Es gibt einen starken Zusammenhang zwischen dem Unternehmenserfolg und dem Erfolg des einzelnen Außendienstmitarbeiters auf der einen Seite und der Innovationstätigkeit des Unternehmens auf der anderen Seite.

---

23 Betriebsrat und Geschäftsleitung bestätigten diesen Eindruck, auch die meisten befragten Außendienstmitarbeiter hatten Beschwerden bzgl. des Innendienstes vorzubringen.

„Umso innovativer die Produkte, desto motivierter der Mitarbeiter: Er wird ja auch auf neue Produkte vom Arzt angesprochen, d.h. dort ist eine ganz andere Bereitschaft von Seiten des Arztes ein Gespräch zu führen, etwas Neues zu erfahren. Wenn ein Pharmareferent über 10 Jahre immer wieder mit den gleichen Produkten zum Arzt kommt, irgendwann haben Sie den Effekt, daß der Arzt sagt: ´Ja danke, das habe ich schon gehört. Lassen Sie mal´". (Vertriebsleiter)

Neben dem motivierenden Einfluß, den innovative Produkte auf den Außendienstmitarbeiter haben, zieht das Fehlen von Innovationen nicht nur Demotivation des Mitarbeiters, sondern auch weitere negative Effekte nach sich. Der Umstand werde als Rechtfertigung für die Skepsis gegenüber dem gesamten Innendienst und einem ausgeprägtem Mißtrauen gegenüber jeglichen Veränderungen herangezogen, so der Personalleiter. Und es kommt sofort die Frage auf:

„´Warum soll ich denn etwas nicht mehr tun, was ich schon seit 10 oder 20 Jahren gemacht habe?' Wobei aber kurz danach wieder ein Hilfeschrei kommt: ‚Wo sind neue Produkte? Ach, wir können ja gar nichts machen.'"

7.3.4. Entlohnung

Während der Einarbeitungs- und Schulungszeit wird auf der Basis E10, nach Abschluß der Ausbildung auf der Basis E11 entlohnt. Derzeit werden Außendienstmitarbeiter noch bis in den AT-Bereich hinein vergütet, künftig sollen aber die Tarifbereiche E13 und der AT sukzessive abgebaut werden, aber auf der Basis E12 zzgl. Zulagen soll nach Angaben der Geschäftsleitung *„Schluß sein"*. Vor dem Hintergrund, daß 42,59% der derzeitigen Pharmareferenten über der für die Zukunft geplanten „Höchstentlohnung" liegen, würde ein sukzessiver Abbau der oberen Tarifbereiche eine deutliche Verringerung des allgemeinen Vergütungsniveaus von Unternehmen A bedeuten.

Abb. 11: Gehaltsstruktur von Unternehmen A im Vergleich zur Gesamterhebung

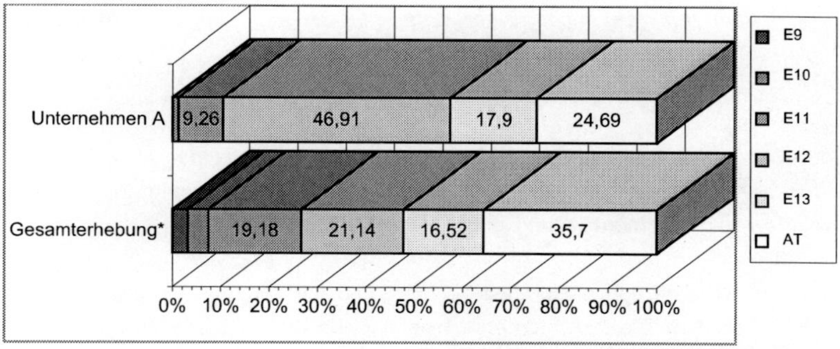

* Nur eingruppierte Außendienstmitarbeiter; Fragebögen von Unternehmen A nicht berücksichtigt (n=563)

Weiterhin gibt es derzeit ein aktionsbezogenes Prämiensystem, d.h. abgehoben auf einige Produkte und befristet auf ein Jahr. Dieser Versuch einer ersten Implementierung eines Prämiensystems geht in Richtung eines Incentives, es handelt sich dabei um einen Geldwert, den es zu erreichen gilt. Ein eigentliches bzw. dauerhaftes Prämiensystem gibt es aber nicht.

Wie dieser erste Pilotversuch schon zeigt, ist es eines der derzeitigen Hauptanliegen der Geschäftsführung, ein Entlohnungsmodell mit einem leistungsbezogenem Gehaltsanteil zu etablieren.

Laut den Interviewpartnern soll der leistungswillige und -fähige Mitarbeiter einen stärkeren Anreiz bekommen, eine gewisse Leistung zu erbringen. Nach Ansicht der Personalleitung bedeuten Prämien außerdem auch eine Selbstbestätigung für den Mitarbeiter, haben somit auch positive und motivierende Aspekte für den Mitarbeiter.

Auf die Frage nach Risiken einer Umstellung auf leistungsabhängige Entlohnung wurde eingeräumt, daß durchaus Neid entstehen könne:

> *„Aber warum entsteht Neid? Wenn jemand die gleiche Leistung erbringt wie sein Kollege, dann ist die Wahrscheinlichkeit relativ groß, daß er auch das gleiches Entgelt erzielen kann, wenn wir ein Prämiensystem haben. Wenn sich derjenige, der eben nicht bereit ist diese Leistung ist zu bringen, ver-*

gleicht mit jemand der die Leistung erbringt, dann dürfte eigentlich kein Neid entstehen, sondern ein Erkennen. Also wenn ich mich ebenfalls engagiere, dann bin ich auch in der Lage ein höheres Gehalt zu bekommen." (Personalleiter)

Das es zur Bildung einer *„informellen Hierarchie unter den Außendienstmitarbeitern"* kommen könne, einem *„Klima des aus Neid entstehenden Mißtrauens"* und des *„strategischen Zurückhaltens"* (Betriebsrat) von relevanten Informationen, wurde von der Personalleitung jedoch kategorisch verneint.

Es wird lediglich von dieser Seite eingeräumt, daß die Auseinandersetzung mit den Mitarbeitern für die Unternehmensleitung, für die Vorgesetzten aber auch für den Betriebsrat ungleich größer ist, wenn die Vergütung in fixe und variable Bestandteile aufgesplittet wird. Außerdem habe ein Prämiensystem noch den negativen Effekt, daß dieses (leistungsabhängigen) Entgeld nicht für die Altersversorgung herangezogen wird. Es werde aber auch niemand daran gehindert, auf freiwilliger Basis einen Teil dieses Entgelts, das er zusätzlich erwirtschaften kann, für die private Vorsorge einzusetzten.

7.4. Die Betriebsratsarbeit

Die Beziehung zwischen Betriebsrat und Geschäftsleitung kann als sehr unterkühlt bezeichnet werden, es haben sich harte Fronten aufgebaut, so daß selbst über zentrale Themen, die die künftige Entwicklung des Unternehmens betreffen, kaum oder kein kommunikativer Austausch besteht. Am Beispiel der leistungsabhängigen Entlohnung kann dies paradigmatisch aufgezeigt werden. Der Betriebsrat schätzt die Folgen von variabler Vergütung wie folgt ein:

> *„Es hat sich über die Jahre bei uns ein für die Außendienstmitarbeiter sehr komfortables Fixvergütungssystem herausgebildet*[24]*. Vergleicht man die Innendienstmitarbeiter mit den Außendienstlern, so sind die genauso am Geschäftserfolg oder -mißerfolg beteiligt und werden auch ‚nur' fix vergütet."* (Betriebsrat)

---

[24] Diese Aussage wurde in den Befragungen der Mitarbeiter ausnahmslos bestätigt. Auch der Abb. 13 ist zu entnehmen, daß die oberen Gehaltsgruppen überproportional stark vertreten sind.

Durch dieses Argument werde, so die Personalleitung, jede Diskussion vom Betriebsrat von vornherein abgeriegelt, obwohl sehr wohl die Möglichkeit bestünde, auch den Innendienst an einem Prämiensystem oder einer erfolgsorientierten Bezahlung zu beteiligen.

> *„Die Geschäftsführung hat zu diesem Thema noch keine konkreten Angaben gemacht, wie sie ein solches System etablieren möchte, d.h. wie hoch z.B die Prämie gemessen am Gesamteinkommen wäre. Für uns ist nur klar, daß sie schon jetzt den Bereich der Mitarbeiter mit hohen Fixvergütungen ausdünnen will. Durch Prämien werden doch die Festgehälter noch weiter gesenkt, schließlich müssen später die [Prämien-] Töpfe gefüllt werden. Das die ausschließlich aufsatteln glaubt bei uns keiner."* (Betriebsrat)

Das es sich bei der geplanten Umstellung nicht um ein On-Top-System handeln kann, wurde im Interview von der Personalleitung auch nicht bestritten. Lediglich die Haltung und die Praktiken des Betriebsrats wurden bedauert:

> *„Es wäre denkbar, daß u.U. mit Garantieprämien in den Anfangsjahren, eine Aufspaltung des bisherigen Gesamtgehaltes in einen fixen und variablen Vergütungsbestandteil angestrebt werden könnte. Ob es nun aber 5% oder 10% sind, die vom Gesamten abgeknapst werden und dann zur Disposition oder in Risiko des Mitarbeiters stehen, können wir ja nicht mal diskutieren."* (Personalreferent)

> *„Die Themen wurden durchaus schon mal auf Regional- bzw. Außendiensttagungen diskutiert, also auch in Anwesenheit des Betriebsrates. Und Mitarbeiter, die es gewagt hatten, so etwas [Prämiensystem] zu fordern, wurden von dem Betriebsratsvorsitzenden höchstpersönlich so angesprochen, daß hinterher der Außendienstmitarbeiter keinen Pieps mehr gesagt hat."* (Personalleiter)

Nach Angaben des Betriebsrates kommt an diesem Punkt eine generelle Problematik in diesem eher konservativ geführten Unternehmen zutage:

> *„Es gibt klare Hierarchien und es herrscht der Glaube, ein Betriebsrat ist lediglich zu informieren, hat aber kein Mitspracherecht. Dabei gehört es ja gerade zu den Aufgaben eines Betriebsrats, die Mitarbeiter auch über die Risiken zu informieren. Und schaut man über den Tellerrand, sieht man die*

Probleme sehr wohl, die z.B. andere Unternehmen mit einem Prämiensystem haben. Ich denke da nur an die endlosen Verhandlungen über Umsatzvorgaben oder Prämienhöhe. Außerdem wären bei uns ca. 20-25% AT'ler direkt von Kürzungen im hohen Fixumsbereich betroffen. Wenn sie noch nicht gegen Prämien waren, sind die meistens schnell dagegen, und da reichen sachliche Argumente. Allerdings ist es hier recht schwer, überhaupt mal an die Mitarbeiter zu gelangen, die Technik funktioniert ja nicht einmal richtig. Und ein paar organisatorische Defizite in dieser Hinsicht müssen wir da auch einräumen." (Betriebsrat)

7.5. Ausgewählte Umfrageergebnisse

Es antworteten 172 Außendienstmitarbeiter im Rahmen der Umfrage, dies bedeutet bei 368 Außendienstmitarbeitern eine Rücklaufquote von 46,7%.

7.5.1. Die Einführung variabler Entlohnung

Ein wesentlicher Aspekt zukünftiger Vertriebssteuerung in Unternehmen A, der zugleich den zentralen Streitpunkt zwischen Geschäftsleitung und Betriebsrat darstellt, soll ein dauerhaftes Prämiensystem sein. Daher bildet diese Problematik den Kernpunkt dieses Kapitels.

Durch den hohen Verbreitungsgrad variabler Entgeltsysteme in der pharmazeutischen Industrie (vgl. Kapitel 3.5.3.2.) und durch die zu erwartenden Schwierigkeiten bei der Implementierung eines neuen Entgeltsystems - und in diesem Unternehmen auch aufgetretenen Probleme - ist diese Fallstudie eine seltene Gelegenheit, den vielen Phantasien und Vorurteilen zu diesem Thema analytisch zu begegnen.

Daher wurde der Fragebogen auf Wunsch der Geschäftsleitung, die die Umfrage im Vertrieb durchführte, um eine zusätzliche Frage („*Frage 42*") erweitert. Weder die Aufnahme dieser Frage in den Fragebogen noch die späteren Auswertungsgesichtspunkte waren für die Befragten erkennbar.

Abb. 12: Auswertung der *„Frage 42“*

Wenn Sie keine erfolgsorientierte Vergütung erhalten, würden Sie die Einführung einer solchen begrüßen?

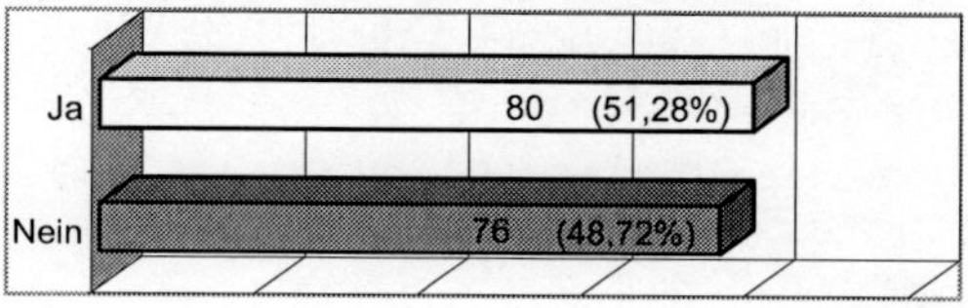

(n=156)

Die geteilte Meinung der beiden genannten Parteien über diesen Punkt setzt sich offenbar auch bei den eigentlich Betroffenen fort. Stichproben in Gesprächen mit den Mitarbeitern brachten ein breites Argumentationsspektrum hervor: So war ein Hauptargument der Gegner eines Prämiensystems die Bestandssicherung auf der Basis eines relativ hohen Fixums, das man nicht gefährden möchte. Auch haben diese Mitarbeiter die schon von der Geschäftsleitung gemachte Andeutung antizipiert bzw. deutlich genannt, nämlich daß *„die Prämientöpfe doch wohl immer zu einem großen Teil durch Einsparungen am Grundgehalt gefüllt würden“*. Prämienbefürworter folgten weitestgehend der Argumentation der Geschäftsleitung, erwarten aber unter dem Strich ein höheres Gesamteinkommen.

Es stellt sich die Frage, ob - und wenn ja, worin - sich Prämienbefürworter (Typ A) und –gegner (Typ B) unterscheiden. Die folgende Tab. 6 gibt Aufschluß über die quantitativ meßbaren Durchschnittswerte bzgl. der Problemstellung:

Tab. 6: Quantitative Unterscheidung von Prämienbefürwortern und –gegnern

Wenn Sie *keine* erfolgsorientierte Vergütung erhalten, würden Sie die Einführung einer solchen begrüßen?		Typ A	Typ B
Alter		42,7 Jahre	45,0 Jahre
Dauer der Außendiensttätigkeit		11,6 Jahre	12,7 Jahre
Betriebszugehörigkeit		10,4 Jahre	11,0 Jahre
Höhe des Festgehaltes		5071 DM	5074 DM
Höhe des Jahresumsatz		875.000 DM	870.000 DM
Anzahl der zu vertretenden Produkte		8,152	7,78
Arbeitszeit		51,47 Std.	50,20 Std.

Wie der Tab. 6 zu entnehmen ist, gibt es keine signifikanten Unterschiede hinsichtlich der quantitativ meßbaren Merkmale zwischen den Mitarbeitern des Typs A und B im Außendienst. Dieses Ergebnis ist um so erstaunlicher, berücksichtigt man die z. T. stark divergierenden Meinungen zu diesem Thema:

> *„Sie glauben ja nicht, wie viele Pharmareferenten mit ihrem Prämiensystem zufrieden sind oder gerne ein solches hätten. Insbesondere die Mitarbeiter mit langjähriger Berufserfahrung sind der Meinung, daß ihre Leistung und ihr Umsatz höher sind und über ein Prämiensystem sich dies für sie bezahlt macht.“* (mit Außendienstfragen betrauter Mitarbeiter der IG CPK)

> *„Bei uns wollen besonders die jüngeren Mitarbeiter mehr Geld, da die Anfangsgehälter sehr niedrig sind. Die ‚alten Hasen‘ lehnen unser Prämiensystem eher ab.“* (Vertriebsleiter in einem mittelständischen pharmazeutischen Unternehmen mit 55 Außendienstmitarbeitern)

Trotzdem kann aus der quantitativen Unterscheidung nicht der Rückschluß gezogen werden, daß der Betriebsrat des Unternehmens A sich in seiner ablehnenden Haltung zum Thema Prämien bestätigt sehen könnte, da sich offensichtlich die genannten Vorurteile nicht bestätigen lassen. Erst eine Analyse der subjektiven Einschätzungen und Wahrnehmungen kann Aufschluß über die Effizienz einer möglichen Einführung eines Prämiensystems geben.

Abb. 13: Qualitative Unterscheidung von Prämienbefürwortern und –gegnern

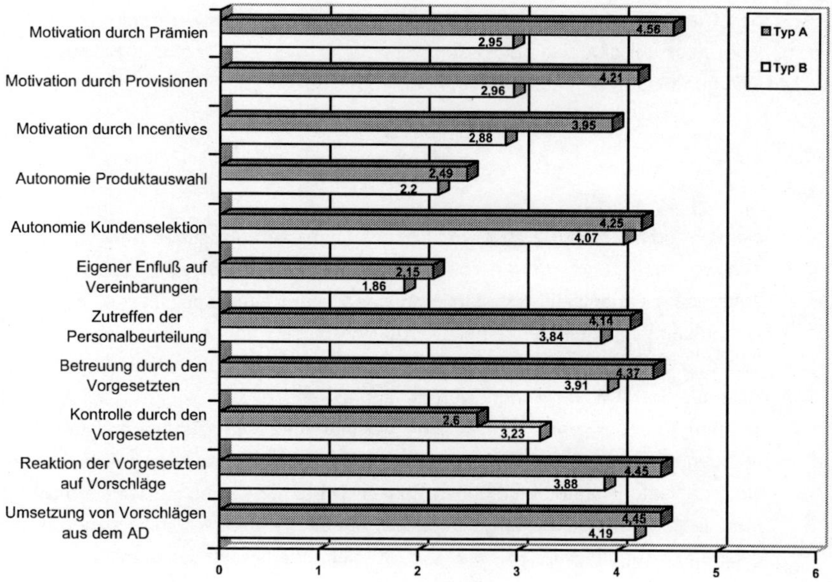

Aus der Abb. 13 kann eine eindeutige Klassifizierung in Hinblick auf Unterschiede bzgl. der Selbsteinschätzung bzw. des Menschenbilds von Außendienstmitarbeitern des Typs A zu B gezogen werden:

- Typ A sieht sich selbst durch Geldanreize stärker motiviert als Typ B;

- Typ A hat ein positiveres Bild seines Vorgesetzten bzw. er schätzt seine Position ihm gegenüber stärker ein, er fühlt sich durch ihn weniger kontrolliert, er sieht sich durch ihn eher ernstgenommen, zutreffender beurteilt und besser betreut;

- Typ A schätzt seinen Autonomiegrad im Vergleich zu Typ B höher ein, er entspricht also eher dem klassischen Bild des „Einzelkämpfers".

Im Ergebnis kann dementsprechend festgehalten werden, daß es bei Unternehmen A in Bezug auf den Wunsch nach Prämien keine relevanten Unterschiede in den *„hard facts"* wie z.B. Alter, Berufserfahrung, Einkommen oder Umsatz gibt, wohl aber auf das sich selbst zugeschriebene Standing bzw. das Selbstbewußtsein gegenüber der eigenen Firma und dem direkten Vorgesetzten (*„soft facts"*).

7.5.2. Der qualifizierte Generalist

Der sehr hohe Anteil (62,79%) von sowohl den niedergelassenen Bereich als auch Kliniken besuchende Pharmareferenten erklärt sich durch eine produktorientiert aufgebaute Organisationsstruktur und das Fehlen einer speziellen Kliniklinie. In Gesprächen mit Klinikreferenten wurde von diesen immer wieder unterstrichen, daß das Bewerben von Produkten in Kliniken nicht mit der Arbeit im niedergelassenen Bereich verglichen werden könne, es sei ein eigenes Geschäft, mit eigenen Gesetzen und einer eigenen Veränderungsdynamik. Die meisten Unternehmen würden daher den zusätzlichen Anforderungen des Klinikgeschäfts durch ein organisatorisch herbeigeführtes Spezialistentum begegnen. Deswegen würden auch Organisationseinheiten geschaffen, die ausschließlich Kliniken oder ähnlich gelagerte Kundengruppen wie z.B. Großkunden und Gemeinschaftspraxen besuchen, wobei in diesen Linien die Mitarbeiter eine intensivere Weiterbildung erhielten als im reinen niedergelassenen Bereich.

Da der Außendienstmitarbeiter in Unternehmen A überwiegend beide großen Kundengruppen betreut und somit über das spezielle Know-How beider Bereiche betreffend verfügen muß, kann bei ihm durchaus von einem qualifizierten Generalisten gesprochen werden. Hinzu kommt der Umstand, daß er eine sehr breite Palette von Produkten vertritt: Von den befragten Mitarbeitern gaben 80,59% an, mehr als sechs Produkte zu bewerben. Vor dem Hintergrund des niedrigen

Innovationgrads der Produkte sehen sich die Mitarbeiter gezwungen, häufig die Produkte zu wechseln, die sie beim jeweilgen Ansprechpartner bewerben.

Sie bekommen allerdings auch eine entsprechend hohe Autonomie eingeräumt, die Entscheidungen bzgl. der Produkt- und Kundenselektion eigenverantwortlich zu treffen. Zudem kann das Unternehmen die Produktauswahl nicht über entsprechende Gewichtung der Produkte im Rahmen eines Prämiensystems beeinflußen.

7.6. Fazit

Insgesamt kann von einem sehr hohen Anforderungsprofil an den Außendienstmitarbeiter des Unternehmens A gesprochen werden:

- Er bewirbt eine hohe Anzahl von Produkten und hat dadurch einen höheren Vorbereitungsaufwand zu bewältigen,
- er ist zu einem überwiegenden Teil im niedergelassenen Bereich und im Klinikgeschäft tätig,
- er hat Aufgaben der Marktforschung zu erfüllen
- und zudem in einem hohen Maße eigenständige Entscheidungen zu fällen.

Organisatorisch wurde eine Hierachieebene gestrichen, weitere mittlere wurden erheblich ausgedünnt. Die Berichtswege wurden dadurch deutlich kürzer und straffer.

Fehlende Innovation der Produkte und damit u.U. zuammenhängend die Einführung eines Prämiensystems determinieren sowohl das Verhältnis zwischen Betriebsrat und Geschäftsleitung als auch einen Großteil der Führungsaufgaben des Managements.

8. Das Unternehmen B

8.1. Zum Unternehmen

Der international operierende Konzern entstand 1989 durch die Fusion eines amerikanischen mit einem britischen Unternehmen, diese so entstandene Gesellschaft beschäftigt ca. 57.000 Mitarbeiter. Als ein auf Innovationen setzendes Unternehmen wurde 1997 ein Umsatz von über sieben Milliarden Pfund Sterling weltweit erwirtschaftet, die Ausgaben für Forschung und Entwicklung stiegen um 16 % auf ca. 820 Millionen Pfund Sterling.

In Deutschland wurde die Fusion in den Jahren 1991/92 vollzogen, indem die jeweiligen deutschen Töchter der genannten Firmen zu Unternehmen B, einer 100% deutschen Tochtergesellschaft des entstandenen Konzerns, fusionierten. Unternehmen B ist eine reine Vertriebsorganisation, deren Hauptprodukte Impfstoffe, aber auch verschreibungspflichtige Arzneimittel gegen Infektionserkrankungen, Erkrankungen des Zentralnervensystems, Krebserkrankungen und Herz-Kreislauf-Erkrankungen sind. Mit seinen Produkten erwirtschaftete Unternehmen B in Deutschland einen Umsatz von ca. 400 Mio. DM in 1997, was einer Steigerung von ca. 40 bis 45% entspricht. Mit einer höheren Wachstumsrate wird für 1998 aufgrund des hohen Innovationsgrads der Produktpalette gerechnet.

8.2. Die Hauptfusion - Quelle der immanenten Veränderung

Augenfällig war bei dieser Fusion, daß zunächst kein einziger Mitarbeiter entlassen wurde, es aber durchaus zu großen Veränderungen für das Personal kam. Da beide Unternehmen einen jeweils ungefähr gleich großen Klinikaußendienst von ca. 50 Pharmareferenten hatten, bedeutete dies eine Verdoppelung der Kapazität im Klinikaußendienst, während die Produkte im niedergelassenen Bereich so unterschiedlich waren, daß es dort zu keinen direkten internen Konkurrenzsituationen kam. Nach Aussage der Befragten, die schon seinerzeit für eines der beiden Unternehmen tätig waren, wurde die Atmosphäre bei dem Zusammenschluß der Unternehmen nicht zuletzt durch die neu zu treffende Gebietsaufteilung und die damit verbundenen Prämien- und Provisionsregelungen stark belastet.[25]

---

25 Vgl. Kapitel 8.6.3.1. zu den sozialen und zwischenmenschlichen Auswirkungen der Fusion.

Da die Tagestherapiekosten für das Hauptpräparat des einen vormals selbständigen Unternehmens, das aus dem Bereich der Antibiotika stammte, zwischen 40 DM und 50 DM lagen, daß Hauptpräparat des anderen hingegen nur zwei bis drei DM an vergleichbaren Kosten verursachte, kam es nach der Fusion beim Vergleich der Mitarbeiter nach reinen Umsatzkriterien zu verzerrten Leistungsbildern. Nach diesen Leistungsbeurteilungen wurden die Gebiete und die Kliniken (z.B. nach dem Kriterium der Bettenzahl) auf die nun einhundert Mitarbeiter in Klinikaußendienst neu verteilt und so kam es, daß insbesondere die Mitarbeiter des ehemaligen Unternehmens mit den geringen Tagestherapiekosten im internen Umsatzranking abfielen und im Rahmen des entstandenen gemeinsamen Prämiensystems *„auf keinen grünen Zweig mehr kamen“* (Betriebsrat).

8.3. Die Personalsituation im Außendienst

8.3.1. Das historisch gewachsene Chaos und die Folgen

Auch wenn die Fusion keine direkten Entlassungen nach sich zog, so ist jedoch der massive Personalabbau im Jahre 1994 ursächlich auf die Zusammenlegung der vormals selbständigen Unternehmen zurückzuführen.

> *„Es war von vornherein die Überlegung da, ob wir sofort einen Schnitt machen oder erst später. Es wurde dann gesagt, jetzt warten wir erst mal, sonst wissen wir nicht, wen wir rausschmeißen und wen wir behalten sollen. Jeder hätte auch seine eigenen Leute behalten wollen, deshalb haben wir es erst einmal laufen lassen. Durch den wunderbaren Herrn Seehofer hatte man dann auch schließlich einen wirtschaftlichen Grund, letztlich fast die Hälfte des gesamten Außendienstes abzubauen.“* (Betriebsratsvorsitzender)

Ursprünglich sollte der Außendienst noch stärker ausgedünnt werden, doch erkannten die Verantwortlichen, daß in diesem Fall zu viel Know-how verlorengehen würde. Der Abbau an sich ging nach Angaben von Personalleitung und Betriebsrat auf außerordentlich soziale Art und Weise vonstatten. Die Mitarbeiter wurden nach sozialen Kriterien gemäß der Tabelle des Bundesarbeitsgerichts ausgewählt. In Gesprächen mit verbliebenen Mitarbeitern aus dieser Zeit zeigte sich jedoch ein anderes Bild. So wurde immer wieder die Ungerechtigkeit des Verfahrens angesprochen, da Aspekte wie z.B. Schwangerschaften oder Schwerbehinderungen eine Rolle bei der Selektion spielten, die maßgeblichen Richtlinien des Bundesarbeitsgerichts aber keine leistungsbezogenen Aspekte beinhalten.

8.3.1.1. Personalleasing als Unterform des Outsourcing

Erschwerend kam hinzu, daß zur gleichen Zeit, in der ca. 220 Mitarbeiter entlassen wurden, eine Zusammenarbeit mit einem Leasingaußendienstanbieter angestrebt und umgesetzt wurde. Die Geschäftsführung begründete diese Maßnahme mit dem Umstand, daß die Produktsituation hinsichtlich der Zulassung neuer Substanzen unsicher war. So kam es zu der Übergangsregelung, die Mitarbeiter abzubauen und einen Leasingaußendienst zu beauftragen, obwohl den Verantwortlichen bewußt war, daß der Aufbau eines neuen Außendienstes Zeit und Geld kostet, wenn sich die Produktsituation künftig wieder positiver entwickeln sollte. Gegen dieses Outsourcing erhob der Betriebsrat Klage, so daß der Leasingaußendienst nur ca. neun Monate in Kooperation mit Unternehmen B arbeitete.

Noch paradoxer wurde die Situation durch den Umstand, daß sich die älteren Mitarbeiter, die überaus großzügig[26] über einen Sozialplan in den Vorruhestand geschickt werden sollten, auf Wiedereinstellung klagten und gewannen. Da zuvor jüngere Mitarbeiter, die z. T. mehrere Kinder hatten, gehen mußten, entstand innerhalb des Unternehmens ein gruppendynamischer Prozeß, dem die meisten älteren Mitarbeiter, die sich wieder eingeklagt hatten, nicht lange stand hielten und letztendlich doch freiwillig gingen.

---

[26] Der Sozialplan beinhaltete eine fast doppelt so hohe Entschädigung wie der Durchschnitt der seinerzeit abgeschlossenen Sozialpläne und lag damit weit über den gesetzlichen Vorschriften. Zudem gab es, machte ein betroffener Mitarbeiter außergewöhnliche Belastungen geltend, Einmalzahlungen von bis zu 20.000 DM.

Abb. 14: Anzahl der Pharmareferenten im Zeitablauf

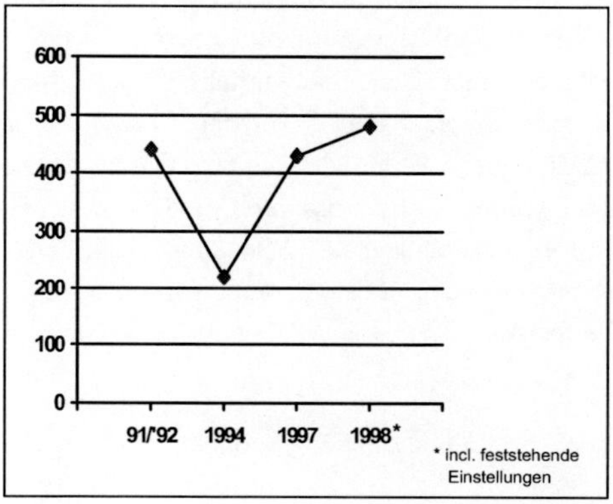

8.3.1.2. Zwischenfazit der bisherigen Personalpolitik

Schon an dieser Stelle scheint ein Zwischenfazit angebracht, ohne daß schon hier die Ergebnisse der empirischen Untersuchung herangezogen werden müssen. Die Personalpolitik von Unternehmen B in der Zeit von 1992 bis 1995 ist aus Sicht der Außendienstmitarbeiter als *„leidvoll"* zu bezeichnen, da sie durch Unsicherheit, radikale Eingriffe und Intransparenz geprägt war. Es ist auch aus heutiger Sicht kein stringentes Personalkonzept erkennbar:

- Zunächst wurde auf Entlassungen verzichtet, später massiv abgebaut,
- ältere Mitarbeiter mußten gehen, jüngere kamen,
- die gekündigten Außendienstmitarbeiter kamen zurück, die neu eingestellten mußten wieder gehen,
- parallel zum Personalabbaus wurde eine Kooperation mit einem Leasinganbieter praktiziert, der ca. einhundert Pharmareferenten stellte,
- nach ca. neun Monaten mußte durch die frühzeitig absehbare Intervention des Betriebsrats die Umsetzung des Outsourcingkonzept wieder abgebrochen werden,
- die durch die Fusion entstandene interne Konkurrenzsituation demotivierte die Mitarbeiter und verzerrte das variable Entlohnungsniveau.

Zwischen Geschäftsführung und Mitarbeitern ist die auch heute noch vorhandene Diskrepanz in der Einschätzung der Auswirkungen von der beschriebenen Situation des Personals evident. Selbst der Betriebsrat, der die Wirkung von überaus großzügigen Abfindungen überschätzte, hat bis heute die Tragweite einer so kurzfristig orientierten Personalplanung verkannt. Nach nur wenigen Monaten hatten die Pharmareferenten, die in Gebieten tätig waren, die zuvor vom Leasingaußendienst betreut wurden, viel *„verbrannte Erde“*[27] aufzuarbeiten. So bestätigte sich die frühe und in das damalige Entscheidungskalkül mit einbezogene Einschätzung der Geschäftsleitung, daß der Aufbau eines neuen bzw. die Erweiterung eines verringerten Außendienstes viel Zeit und Geld kosten würde.

8.3.2. Die derzeitige Entwicklung oder: Die Produkte machen es!

War die Unsicherheit über die künftige Entwicklung der Produktpalette zuvor nach Angaben der Geschäftsleitung der Hauptgrund für den Personalabbau, so ermöglicht bzw. verlangt jetzt die Zulassung neuer, innovativer Produkte nach einer permanenten Erweiterung des Außendienstes. Die Besonderheit bei der Einstellungspolitik ist, daß im Bereich der Neueinstellungen mit zwei Leasingunternehmen zusammengearbeitet wird.

Obwohl Unternehmen B bei den Einstellungen nach Angaben der Personalleitung *„den Daumen drauf“* hat, arbeiten die neu eingestellten Mitarbeiter zunächst für das Leasingunternehmen. Dieses Vorgehen hat zunächst Konsequenzen in punkto Probezeit, die sich um sechs Monate verlängert. Es wird bei der Übernahme in das eigene Haus noch einmal genau untersucht, inwieweit die so auf Herz und Nieren geprüfte Person in das Unternehmen und in welche Linie paßt. Es werden somit in den nächsten Monaten ca. 50 Einstellungen, d.h. Übernahmen aus den Leasingunternehmen, anstehen.

Derzeit arbeiten 420 Mitarbeiter in dem noch weiter stark expandierenden Außendienst, d.h. die Anzahl der Pharmareferenten hat sich in den letzten zwei Jahren annähernd verdoppelt. Der Anteil von Männern und Frauen ist ungefähr ausgeglichen, es werden nur nach dem Heilmittelgesetz für die Beratung zugelassene Personen eingestellt, die Ausbildung zum Pharmareferenten wird intern nicht durchgeführt. Allerdings hat Unternehmen B vor Jahren selbst zum geprüften

[27] Alle befragten Mitarbeiter waren zu dieser Zeit schon in Unternehmen B beschäftigt und bestätigten diese Einschätzung. Die „geleasten“ Mitarbeiter seien oft zu wichtigen Ärzten gar nicht, bei anderen zu selten gewesen, außerdem hätten sie in den Gesprächen tiefergehende Produktkenntnisse vermissen lassen.

Pharmareferenten ausgebildet und es werden ernsthafte Überlegungen angestellt, vor dem Hintergrund weiteren Personalbedarfs wieder selbst „bis hin zur IHK-Prüfung“ auszubilden (vgl. Kapitel 3.1.).

8.4. Die Organisationsstruktur

8.4.1. Hierarchieab- und aufbau

Im Zuge der Veränderungen wurde im Bereich des mittleren Managements eine Hierarchieebene gestrichen. Die 26 Regionalleiter, die an einen Außendienstleiter berichteten, wurden alle entlassen. Die Ebenen der Regional- und Außendienstleiter wurden zur sog. Vertriebsleiterebene zusammengefaßt, die nun 11 Personen umfaßte. Dieser Zustand war nicht haltbar, da zuvor nur ein Außendienstleiter an den Geschäftsführer direkt berichtete, nach erfolgtem Hierarchieabbau waren aber nun 11 Vertriebsleiter direkt dem Geschäftsführer unterstellt, was für diesen eine nicht zu bewältigende organisatorische Belastung war. Daher mußte schon kurze Zeit später zwischen Vertriebsleiterebene und Geschäftsführer die sog. Verkaufsleiterebene eingeführt werden.

8.4.2. Die aktuelle Struktur

Insgesamt ist Deutschland in acht Regionen aufgeteilt, die wiederum nach den allgemeinen RPM's unterteilt sind. Die Gebiete der einzelnen Pharmareferenten sind zwar durch regionale Bedingungen unterschiedlich groß, die Anzahl der zu besuchenden Kunden ist aber bei allen vom Aufgabenprofil vergleichbaren Außendienstmitarbeiter annährend identisch. Es gibt keine Sparten- oder Produktlinien, da es nach allgemeiner Auffassung im Unternehmen zu viele Überschneidungen hinsichtlich der Produkte gibt. Allerdings gibt es innerhalb der Linien eine klare Trennung zwischen dem niedergelassenen und dem klinischem Bereich. Die Ausnahme bildet nur der spezielle Bereich der Allergieprodukte, hier bewerben derzeit alle 25 Pharmareferenten sowohl im niedergelassenen Bereich als auch in Kliniken. Die gegenwärtige Organisationsstruktur mit den derzeitigen Berichtslinien ist in der Abb. 15 dargestellt:

Abb. 15: Organigramm des Vertriebs

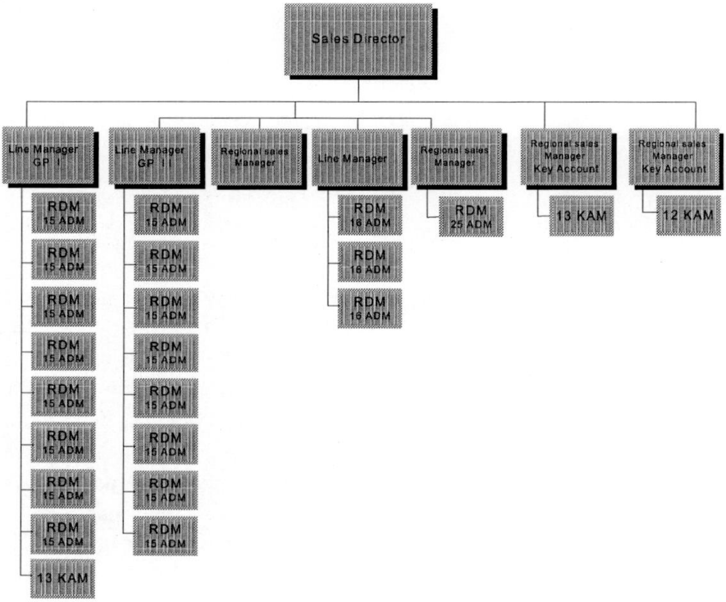

Derzeit befindet sich eine weitere Linie, die sog. GP3, im Aufbau. Die schon o.a. neu eingestellten Personen werden hauptsächlich in dieser Linie angesiedelt, in der sie nur wenige Produkte zu bewerben haben. Hauptsächlich soll durch die Gründung dieser Linie ein neues, innovatives und somit vielversprechendes Produkt erfolgreich in den Markt eingeführt werden.

8.5. Das Umfeld der Außendiensttätigkeit

8.5.1. Entlohnung

8.5.1.1. Fixum

Unternehmen B praktiziert ein auf dem Bundesentgelttarifvertrag basierendes Entlohnungssystem, zu dem noch ein Prämiensystem und die Auslobung von Incentives hinzukommen. Augenfällig hierbei ist, daß im Branchenvergleich auf einem sehr hohen Niveau eingruppiert wird (vgl. Abb. 16). Wenn man die große Anzahl junger Mitarbeiter mit geringer Berufserfahrung berücksichtigt, ist diese Aussage nochmals zu unterstreichen.

Abb. 16: Gehaltsstruktur von Unternehmen B im Vergleich zur Gesamterhebung

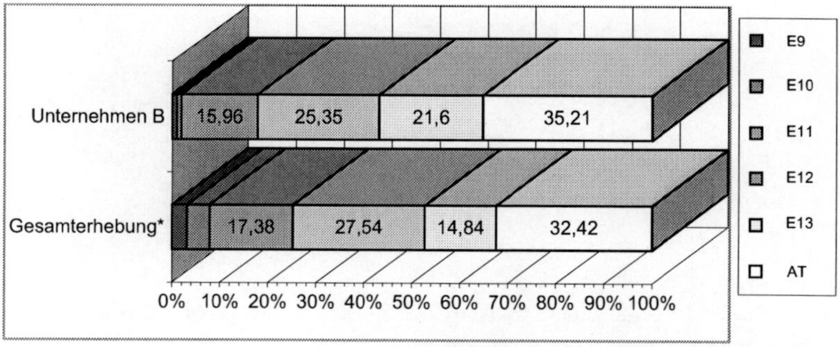

* Nur eingruppierte Außendienstmitarbeiter; Fragebögen von Unternehmen B nicht berücksichtigt (n=512)

8.5.1.2. Prämiensystem und Incentives

Das Prämiensystem ist grundsätzlich so angelegt, daß 1% vom Jahresumsatzes des Unternehmens über das Prämiensystem an die Mitarbeiter zurück fließen soll. Um diesem Grundsatz gerecht zu werden, wird im Unternehmen eine Anpassung an die besonderen Umstände in den einzelnen Linien vorgenommen, so z.B. bei einer überproportionalen Bewerbung eines Nischenprodukts innerhalb einer einzelnen Linie.

Die leistungsbezogene Staffelung wird durch einen prozentualen Faktor am Prämientopf erreicht. Am Beispiel der Klinikaußendienstlinie wird dieses Verfahren in Tab. 7 verdeutlicht:

Tab. 7: Prämienstaffelung im Klinikaußendienst

Umsatzhöhe	Umsatzfaktor
bis 700 TDM	0
700-800 TDM	0,6%
800 – 900 TDM	0,7%
900 - 1 Mio DM	0,8%
. . .	. . .
ab 1,7 Mio DM	1,3%

Alle relevanten Daten zur Ermittlung der individuellen Prämienhöhe werden den Mitarbeitern im voraus bekanntgegeben, daher kann sich der einzelne jederzeit die Höhe seiner bereits erreichten Prämie ausrechnen. Die maximal zu erreichende Prämie beträgt 44.000 DM jährlich, bei einer durchschnittlichen Leistung ist es Ziel des Unternehmens, daß die variable Vergütungshöhe bei ca. 17.000 DM liegt.

Dieses eher klassische System variabler Entlohnung steht derzeit auf dem Prüfstand. Durch Überschneidungen innerhalb des eigenen Außendienstes wie auch durch Veränderungen der allgemeinen Distributionswege (z.B. durch den Großhandelsvertrieb im Impfsoffsektor) wird die Zurechenbarkeit von Umsätzen zu den einzelnen Mitarbeitern zunehmend schwieriger und ungenauer. Geschäftsleitung und Betriebsrat sind sich einig, daß neue Wege gefunden werden müssen (vgl. Kapitel 8.7.).

8.5.1.3. Incentives

Incentives wurden auf nationaler Ebene abgeschafft, durch den Einfluß der ausländischen Unternehmenskultur wird aber noch an einem internationales Incentivesystem teilgenommen, an dem maximal 25 Mitarbeiter partizipieren und das die *„überwiegende Mehrheit"* der Außendienstmitarbeiter nach übereinstimmenden Angaben *„kaum registrieren"*.

8.5.2. Dienstwagenregelung

Mit Ausnahme einiger langjähriger Mitarbeiter fahren alle Außendienstmitarbeiter einen Dienstwagen, der unbegrenzt privat genutzt werden darf. Das Referenzmodell ist ein Mittelklassewagen in Vollausstattung, bei Zuzahlung kann aber auch jedes andere Auto gewählt werden. Die Privatwagenfahrer erhalten 0,46 DM pro Kilometer.

8.5.3. Arbeitszeit

Die offizielle Arbeitszeit beträgt 37,5 Stunden wöchentlich, es werden aber 40 Stunden in der Woche gearbeitet bei einem Ausgleich von 9 Brückentagen im Jahr. Ein Aufwand von 5-6 Stunden für Bürotätigkeiten wöchentlich wird allgemeinhin akzeptiert.

Vorgaben für die Anzahl der innerhalb der Arbeitszeit zu absolvierenden Besuche gibt es nicht, allerdings wird von Seiten des Unternehmens in der Linie GP II versucht, über den Umweg der genaueren Beobachtung der Arbeitszeit Besuchsvorgaben wieder einzuführen. Da aber der Betriebsrat das Thema Arbeitszeit im Außendienst *„sehr ernst nimmt"*, finden zu den inoffiziellen Besuchsvorgaben gerade Gespräche mit der Geschäftsleitung statt.

8.5.4. Technikeinsatz

Jeder Außendienstmitarbeiter ist mit einem leistungsstarken Laptop ausgestattet, mit dem er sein gesamtes Berichtswesen zu absolvieren hat. Er ist angehalten, via EDV einmal am Tag mit dem Unternehmen zu kommunizieren. Es herrschen jedoch unterschiedliche Meinungen, was unter dem Begriff kommunizieren zu verstehen ist. Während vor allem die Vertriebsleiter unter Kommunikation die tägliche Übersendung von Besuchsberichten verstehen, hält der Betriebsrat eher das Abrufen der neusten Informationen für ausreichend.

8.6. Lean Management

Neben dem schon in Kapitel 8.3. beschriebenen Personalabbau und dem in Kapitel 8.4.1. angesprochenen Hierarchieabbau sind auch im Zuge des GSG weitere

Maßnahmen der Lean-Philosophie angewandt worden, die bis heute relevante Auswirkungen nach sich ziehen.

8.6.1. Key Account Management

Im niedergelassenen Bereich werden den Pharmareferenten lediglich die aus Unternehmenssicht wichtigen Ärzte mitgeteilt, die sie regelmäßig zu besuchen haben. Sie sind aber auch anhand der ihnen vom Unternehmen zur Verfügung gestellten Informationen in der Lage, für ihre Regionen eigene Statistiken aufzustellen.

Die Betreuung von Key Accounts des operativen Geschäfts, das heißt insbesondere wichtige Meinungsbildner, Ärzte und Klinikapotheker, werden im Rahmen der Kliniklinien mitbetreut.

Andere Meinungsbildner und Institutionen (z.B. Politiker, Selbsthilfegruppen oder auch Verbände) werden durch eine eigenständige Firma betreut, die sich aus dem Unternehmen B heraus entwickelt hat. Der damalige Gesundheitsbeauftragte hat sich mit fünf Mitarbeitern verselbständigt, was ein weiteres kleines Outsourcing zu dem schon im Kapitel 8.3.1.1. beschriebenen, darstellt.

8.6.2. Personalbeurteilung

Unter Zustimmung und Mitarbeit des Betriebsrats wurde ein Personalbeurteilungssystem implementiert, das eine jährliche Beurteilung durch den direkten Vorgesetzten vorsieht. Das Verfahren beinhaltet, daß der Vorgesetzte nach einem persönlichen Gespräch mit dem Mitarbeiter eine standardisierte Beurteilung abgibt. Es ist dem Beurteilenden aber durchaus möglich, weitere qualitative bzw. subjektiver Aspekte in die Beurteilung mit einfließen zu lassen.

Da die Geschäftsleitung aus jeder einzelnen Bewertung einen Punktwert ermittelt, der für die Höhe einer Auszahlung an den Außendienstmitarbeiter aus einem sog. Zulagentopf - der festgeschrieben ist, also nicht erhöht werden kann - maßgeblich ist, entstand die jetzige paradoxe Situation: Die Vorgesetzten wollten ihren Mitarbeitern *„etwas Gutes tun“* (Vertriebsleiter) und gaben zunehmend positivere Bewertungen ab. Da sich dieses Vorgehen über fast alle Vorgesetzten erstreckte, bekamen die wirklich guten Mitarbeiter, die sich deutlich verbessert hatten im

Vergleich zum Vorjahr, letztlich weniger aus dem Zulagentopf als zuvor. Als die Personalleitung anmahnte, daß aus der stetig steigenden Bewertungskurve eine Gauss'sche-Verteilungskurve entstehen sollte, mußten Vorgesetzte ihre Mitarbeiter schlechter bewerten als diese es eigentlich verdient hätten - ein von allen Beteiligten als ungerecht empfundenes Verfahren. Im Zuge der Einführung eines neuen Prämiensystems wird nach Angaben der Geschäftsleitung die Verknüpfung des Personalbeurteilungssystems mit einer pekuniären Entlohnung aufgegeben.

8.6.3. Personal- und Organisationsentwicklung

8.6.3.1. Die Fusion als Startschuß

Nach Angabe aller Befragten gab es durch den Zusammenschluß auch im Bereich der Personal- und Organisationsentwicklung neue Anforderungen, die zu bewältigen waren. Während in dem durch die amerikanische Muttergesellschaft geprägten Unternehmen schon 1989 die sog. Rennlisten abgeschafft wurden und auch allgemein ein lockerer Umgang zwischen den Mitarbeitern herrschte, zeichneten sich die Außendienstmitarbeiter des britisch geführten Tochterunternehmens durch ein starkes Hierarchie- und Klassendenken aus.

So entstanden durch das plötzliche aufeinandertreffen dieser verschiedenen Unternehmensphilosophien und -kulturen tiefe Gräben zwischen den Außendienstmitarbeitern, die durch Gruppenbildung und „klassenkämpferische" Mentalitäten geprägt waren, die in ihrem Ausmaß zerstörerisch auf die noch junge neue Organisation hätten wirken können. Konflikte und Kommunikationsstörungen zwischen den Außendienstmitarbeitern gehörten in der ersten Zeit nach der Fusion zur Tagesordnung.

> *„Da haben Außendienstler angerufen und haben sich am Telefon gemeldet: Mein Name ist so und so, Verkäufer Nummer 1 in Deutschland. So etwas hatte man bei uns nicht mehr gekannt. Auch auf der Fusionsfeier war diese Haltung zu erkennen, die saßen nach der Reihenfolge ihrer Rennliste sortiert an den Tischen und Verkäufer Nummer 1 sprach nur mit den Verkäufern 1 bis 15. Das erste Jahr war schlimm!"* (Betriebsratsvorsitzender)[28]

---

28 Der heutige Betriebsratsvorsitzende war seinerzeit in der deutschen Tochterunternehmung des amerikanischen Konzerns beschäftigt.

Da in dem amerikanisch geprägten Unternehmen der Betriebsrat schon seinerzeit eine starke Position (vgl. Kapitel 8.7.) innehatte und bei dieser Entscheidung seinen Einfluß geltend machte, kam es zu dieser mitarbeiterfreundlichen generellen Ausrichtung im Unternehmen. Denkbar wären auch Schritte in Richtung einer Forcierung von Druck und Konkurrenz – z.B. durch Beibehaltung der Rennlisten – gewesen.

Nach Angabe aller Befragten im Unternehmen wird Klassendenken und Konkurrenzkampf durch nichts so stark hervorgerufen wie durch Rennlisten. Zu dem zentralen Punkt der Personalentwicklung im Bereich des pharmazeutischen Aussendienstes, dem Abschaffen von Rankings, kamen flankierende Maßnahmen (z.B. zahlreichere Tagungen oder ein erweitertes Angebot an internen Qualifikationsveranstaltungen), die den Prozeß des Zusammenfindens weiter unterstützen sollten und auch haben.

> *„Auf einer Außendiensttagung, so ca. 6 bis 8 Monate nach der Fusion, hatten wir einen Raum mit einem Klavierspieler, es waren nur unsere Leute [des amerikanisch geprägten Unternehmens] drin, und es wurde ein bißchen lustig und laut. Dann sind da die Leute [des englisch geprägten Unternehmens] hereingekommen, wo wir gedacht haben: ‚Wo sind die denn plötzlich hergekommen?' und haben gesagt: ‚Mein Gott, uns hätte nichts besseres passieren können, wie dieser Zusammenschluß. Jetzt merken wir erst einmal, wie man Tagungen machen kann und was für Leute da sind'."* (Außendienstmitarbeiter, Klinik)

> *„Die Mitarbeiter, die damals auf dem hohen Roß saßen, sind heute unwahrscheinlich integriert in diese Strukturen. Die haben sich entweder am stärksten wandeln müssen oder es fällt bei ihnen am meisten auf. Für diese Mitarbeiter gibt es heute fast nur noch - alles zusammen machen. ‚Umsatz und so weiter interessiert sie fast überhaupt nicht mehr'."* (Vertriebsleiter)

8.6.3.2. Innen- und Außendienst oder: Auch der klassische Konflikt ist lösbar!

Auch in diesem Unternehmen ist der klassische Konflikt zwischen Innen- und Außendienst nicht unbekannt. Neben den schon bekannten Faktoren, die Neid und Mißverständnisse hervorrufen, belasteten die Auswirkungen der Rennlisten auch die Kommunikation zwischen Innendienstmitarbeitern und Außendienst. Da dem Innendienst die Rennlisten nicht verborgen blieben, nahmen die Innendienstmitarbeiter bewußt und unbewußt Wertungen vor, wenn ein Außendienstmitarbeiter anrief und beispielsweise eine schwierige Dienstleistung vom Innendienst einforderte oder er sich beschweren wollte:

> *„Es ist ja auch so, seit es keine Rennlisten mehr gibt bei uns, ist auch im Innendienst das Verhältnis zum Außendienst ganz anders, denn diese Ranglisten kursieren logischerweise ja auch im Innendienst. Und wenn dann jemand anruft bei jemandem und beschwert sich über irgend etwas oder will was, dann heißt es, was will denn eigentlich diese Lusche, der ist doch Nr. 60, und was bildet der sich ein. Und ein anderer, der anruft und ist die Nr. 1, der wird bedient von vorne bis hinten. Von uns denkt sich dann so mancher: ‚Mit dem legst Du Dich besser nicht an!'"* (Innendienstangestellter)

Somit strahlte die Abschaffung der Rennlisten auch positive Effekte auf die Beziehung zwischen Innendienst und Außendienst aus. Es wurde von Seiten des Unternehmens versucht, dem Prinzip des persönlichen Kontakts Rechnung zu tragen, in dem die Sachbearbeiter vom Innendienst verstärkt auch auf Außendiensttagungen eingeladen wurden. Zudem finden viele Veranstaltungen für den Außendienst verstärkt in den Gebäuden der Zentrale statt, nach Auffassung der Unternehmensleitung ist der persönliche Kontakt der Grundbaustein der Personalentwicklung.

> *„D. h., die Leute lernen sich kennen und - das weiß jeder -, es ist viel einfacher, wenn Du jemanden nicht kennst, am Telefon mit demjenigen Krach anzufangen. Wenn Du aber denjenigen persönlich kennst, kannst Du ihm nur sehr viel schwieriger in einer unflätigen Art und Weise etwas mitteilen. Vorurteile fallen einfacher weg, was bei uns in den letzten Jahren auch geschehen ist."* (Innendienstangestellter)

Derzeit wird als weitere Maßnahme der Personalentwicklung die Einführung einer Erfolgsprämie für Innendienstmitarbeiter diskutiert, um sie am Unternehmenserfolg partizipieren zu lassen. So wird ein weiterer Grund für Disharmonie bekämpft, da sich der Innendienstmitarbeiter dem prämienbeziehenden Außendienstmitarbeiter gleichgestellter fühlt. Auch diese Strategie soll zur weiteren Verbesserung der Beziehung zwischen Innen- und Außendienst beitragen, die nach Angaben der Befragten als weitestgehend offen und positiv bezeichnet wird. Besonders die

Mitarbeiter, die langjährig im Unternehmen tätig sind, unterstreichen diese Aussage mit dem Hinweis darauf, daß sie andere Zeiten erlebt hätten.

8.7. Die Betriebsratsarbeit

Die Stellung des Betriebsrates innerhalb des Unternehmens wurde von allen Befragten als einzigartig und vorbildhaft bezeichnet.

> *„Nachdem wir zehn Jahre fast alle Entscheidungen des Unternehmens unter Anwesenheit eines Richters getroffen haben, haben Geschäftsleitung und Betriebsrat irgendwann festgestellt, daß der Weg über die Gerichte nicht weiter tragbar war. So haben sich beide Seiten aufeinander zu bewegt und auch irgendwie zusammengerauft."* (Vertriebsleiter, zuvor langjähriger Betriebsratsvorsitzender im Unternehmen)

Der Betriebsrat wird früh in Entscheidungsprozesse einbezogen, da die Geschäftsleitung den Betriebsrat als sehr kompetent ansieht, dieser wiederum sieht sich selbst in der Rolle eines Co-Managements. Nach dem langjährigen Lernprozeß ist nun eine Situation entstanden, durch die sehr viele potentielle Konfliktsituationen gar nicht erst aufgebaut werden.

> *„Eigentlich haben wir mehr die Situation, daß die Geschäftsleitung auf den Betriebsrat eingeht, als das der Betriebsrat auf die Geschäftsleitung eingeht."* (Betriebsratsvorsitzender)

Der sich selbst als stark und kompetent einschätzende Betriebsrat sieht durch seine Stellung auch Vorteile für die Konfliktbewältigung im Alltag. Bei Problemen zwischen Vorgesetzten und Mitarbeitern bzw. Streitigkeiten unter Mitarbeitern wird der Betriebsrat häufig von den Mitarbeitern als *„moderierende Vermittlungszentrale"* gesucht, da diese sich der starken Stellung und der Kompetenz des Betriebsrats gewiß sind. *„So sind viele Probleme vom Tisch, bevor sie eskalieren. Es gibt auch kaum noch Entlassungen wegen solcher Dinge. Und die Anzahl von Coachings, Outdoortrainings und ähnlichen Dingen zur Konfliktbeseitigung ist auch über die Jahre gesunken."* (Betriebsrat)

In diesem Unternehmen wird die Stellung des Betriebsrats anhand der Prämienproblematik paradigmatisch deutlich. Da dem Unternehmen durch die Marktentwicklung die Fortführung ihres Prämiensystems unmöglich wird, wurde ein sog. Prämienausschuß gegründet, der zum Ziel hat, ein neues Prämiensystem zu entwerfen, ohne daß externe Berater bemüht werden. Die erste Sitzung dieses Ausschusses endete damit, daß nach einem Brainstorming der Betriebsrat vom Geschäftsführer aufgefordert wurde, bis zur nächsten Sitzung einen Entwurf zu erarbeiten und vorzustellen.

> *„Natürlich würden auch wir gerne die Prämien abschaffen, aber das ist nicht realistisch, da die Geschäftsleitung immer noch der Meinung ist, Prämie sei ein Steuerungsinstrument. Wir vom Betriebsrat können eigentlich nur unseren Einfluß geltend machen und ich denke mal, wir werden auch in den sauren Apfel beißen müssen, daß wenn es mal nicht läuft auch nichts zu den Mitarbeitern kommt. Wichtig ist uns auch, daß bei dem neu entstehenden System der Innendienst beteiligt ist. Es wird wohl in die Richtung einer Mischung aus Bonus- und Prämiensystem gehen."* (Betriebsratsvorsitzender)

Ein weiteres Indiz für die starke Stellung des Betriebsrats und das kooperative Miteinander zwischen Betriebsrat und Geschäftsleitung ist die Durchführung der Befragung, da es sich bei Unternehmen B um das einzige Unternehmen handelte, bei dem die schriftliche Befragung der Mitarbeiter von der Personalleitung und dem Betriebsrat gemeinsam unterstützt und durchgeführt wurde.

8.8. Ausgewählte Umfrageergebnisse

An alle 420 Außendienstmitarbeiter ging ein Fragebogen, der Rücklauf betrug 277 Fragebögen, was eine Rücklaufquote von 66% bedeutet. Diese sowohl für schriftliche Befragungen im Allgemeinen als für auch Umfragen im Außendienst besonders hohe Quote ist auf die bereits o.a. gemeinsame Unterstützung der Untersuchung von Geschäftsleitung und Betriebsrat zurückzuführen.

8.8.1. Auswirkungen innovativer Produkte

Unternehmen B zeichnet sich durch ein hohes Umsatzwachstum und den hohen Innovationgrad der Produkte aus. Der Zusammenhang zwischen Attraktivität bzw. Innovationsgrad der Produkte auf der einen Seite und dem Verhalten der Gesprächspartner - als aggregierter subjektiver Eindruck der befragten Pharmareferenten - ist der Abb. 17 zu entnehmen.

Abb. 17: Die Situation des Pharmareferenten „vor Ort"

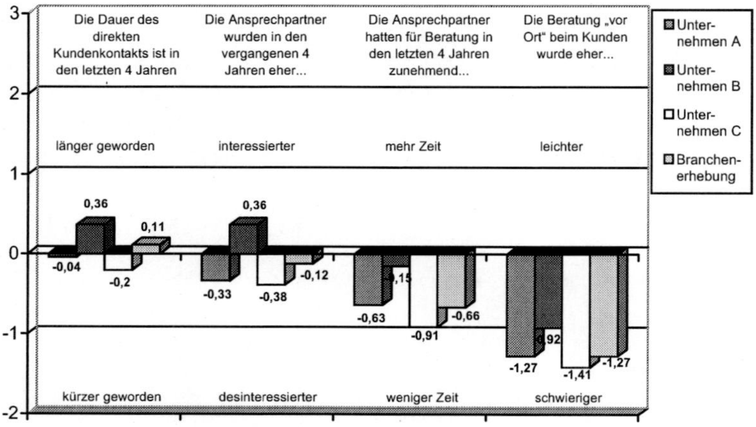

Der Umstand, daß die Ansprechpartner des Unternehmens B in den zurückliegenden Jahren zunehmend interessierter reagierten, ist evident, da nur dieses Unternehmen ein positives Vorzeichen auf die Frage nach der Entwicklung des Kundeninteresses vorweisen kann. Auch wenn die Pharmareferenten konstatieren, daß durch die Veränderungen für die Klientel der Pharmareferenten in Zusammenhang mit dem GSG und weiteren gesetzgeberischen Maßnahmen die zur Verfügung stehende Zeit geringer geworden ist (mit einer deutlich geringeren Ausprägung dieses Werts für Unternehmen B) und die Beratung über die gesamte Erhebung gesehen als deutlich schwieriger eingeschätzt wird, ist die für Pharmareferenten des Unternehmens B eingeräumte Gesprächszeit gestiegen.

In den - nach der Umfrage - nochmals geführten Gesprächen wurde der Zusammenhang zwischen der Situation beim Kunden „vor Ort" und dem Innovationsgrad der Produkte verifiziert, auch hier wurde von allen Befragten die *„enorm hohe Korrelation"* dieser Beziehung unterstrichen. Besonders gilt dies vor dem Hintergrund, daß die Rahmenbedingungen der Situation beim Kunden nur marginal beeinflußbar sind (Zeitrahmen usw.) und selbst der motivierteste Pharmareferent, der mit einem alten Produkt und branchenüblichen Bewerbungsmaterial zum Kunden kommt, im Gegensatz zu früheren Jahren kaum noch Gesprächszeit eingeräumt bekommt.

Im Umkehrschluß können aber überwiegend positive Erfahrungen in den Kundenkontakten Mitarbeiter motivieren und die Einstellung zum Beruf oder die Einschätzung der eigenen Position bzw. des Außendienstes in der Firma positiv beeinflußen.

8.8.2. Die Zufriedenheit im Außendienst

Insgesamt sind die Werte bzgl. der Zufriedenheit mit der eigenen Situation im Unternehmen recht hoch, einige ausgewählte Aspekte sind der Abb. 18 zu entnehmen. Die Gründe für diese Werte gehen deutlich auf die als positiv zu bewertenden Maßnahmen zurück und es zeigt sich, daß Maßnahmen der Personal- und Organisationsentwicklung bis hin zu unteren Hierarchieebenen durchschlagen und dort auch zur Kenntnis genommen werden. Eine in der alltäglichen Praxis gelebte Führungsphilosophie, die u.a. in dem als höchst kooperativen und relativ selten anzutreffenden Miteinander zwischen Geschäftsleitung und Betriebsrat zum Ausdruck kommt, wird vom Mitarbeiter erkannt und honoriert – ein nicht zu unterschätzendes Ergebnis, bedenkt man die in der Branche vorherrschenden Meinung über die angeblich hohe Renitenz der im Außendienst beschäftigten Personen gegenüber Maßnahmen der Personal- und Organisationsentwicklung.

Auch die relativ hohen Einschätzungen zum eigenen Integrationsgrad und zum Bild des Außendienstes im Unternehmen reflektieren partiell auf die genannten Faktoren wie Produktinnovation und Erfolgserlebnisse beim Kunden. Es kommt aber auch der Umstand hinzu, daß Unternehmen B eine reine Vertriebsorganisation ohne in Deutschland ansässige Produktion oder Forschung ist.

Abb. 18: Der Stellenwert des Außendienstes im eigenen Unternehmen

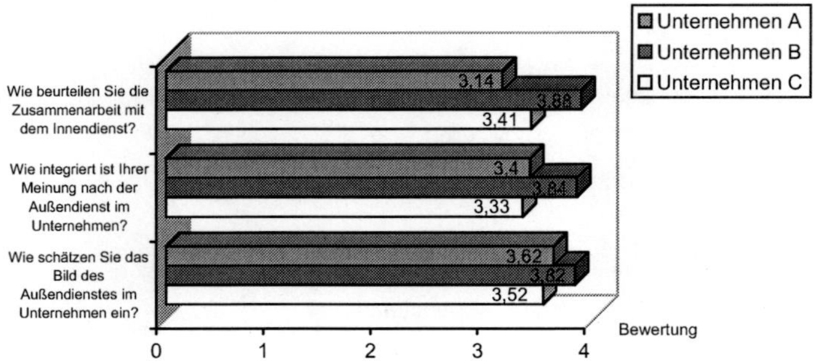

8.8.3. Führung und Betriebsratsarbeit

Bei der Analyse des Ergebnisses der Betriebsratsbewertung ist zu berücksichtigen, daß sich durch das Fehlen von z.B. produktions- oder forschungsspezifischen Aspekten die Betriebsratsarbeit in einer Vertriebsorganisation spezialisieren bzw. auf innen- und außendienstspezifische Problematiken fokussieren kann (vgl. Abb. 19). Trotzdem beinhaltet der Wert auch eine Honorierung der in Kapitel 8.7. beschriebenen Vertretung der Außendienstinteressen durch den Betriebsrat.

Bei dem schon mit positiven Kriterien geschilderten Führungsstil kommt nun aber durchaus „Wasser in den Wein". Während den Vorgesetzten noch ein offenes Wort bzw. ein hoher Wert an partizipativem Interesse zugeschrieben wird, ist das Ergebnis der Frage 51 des Fragebogens als ein sehr deutlicher Ausreißer nach unten zu bezeichnen (vgl. Abb. 19).

Abb. 19: Interessenvertretung und Partizipationsgrad

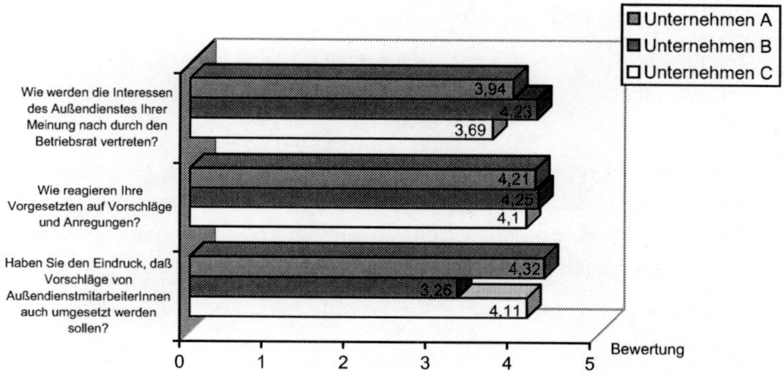

Zur Interpretation dieses Einbruchs wurden nochmals Gespräche mit Mitarbeitern und Betriebsrat geführt. Diese Gespräche ergaben, daß diese Werte nicht durch eine spezielle Haltung gegenüber dem Außendienst erklärbar sind, eben frei nach dem Motto: „Wir hören aufmerksam und interessiert zu, nehmen es aber nicht ernst.“

Vielmehr ist dieser geringe Wert auf eine allgemeine Führungsschwäche bzw. fehlende strategische Planung von Management- bzw. Marketingmethoden zurückzuführen. Dies wurde auch schon 1992 für Unternehmen B auf der Basis von Arztbefragungen festgestellt. Siese Analyse ergab ein gutes sog. Globalimage der Firma und hohe Einschätzungswerte bzgl. der Grundlagenforschung und der Qualitätsstandards der Produkte. Hinsichtlich des Auftretens des Unternehmens und seiner Marketing-Methoden wurden jedoch gravierende Schwächen konstatiert. Auch die Qualifikation des Außendienstes und insbesonders des Managements wurde eher gering eingeschätzt, so daß der Autor zum Ergebnis kam, daß die Firma mehr von ihren Innovationen zu leben scheint als von den Anstrengungen auf dem Markt (vgl. Friesewinkel 1992).

Das diese Analyse auch im Verlauf der letzten Jahre und bis in die Gegenwart noch ihre Gültigkeit hat, zeigt sich anhand folgender Auflistung von angedachten und z.T. umgesetzten Management- bzw. Marketingstrategien:

- Die Inanspruchnahme externer Outsourcinganbieter wurde ca. neun Monate praktiziert, obwohl ein Scheitern dieses Projekts durch die frühe kategorische Ablehnung des Betriebrats abzusehen war;
- Planung einer Einführung von Teamstrukturen im Außendienst, keine Umsetzungsversuche;
- Flexibles und rasches Wechseln der zu bewerbenden Produkte im Rahmen einer vielversprechenden Neueinführung eines Produkts (sog. „switchen"): Dieses Projekt wurde aufgegeben und es wurde auf klassische Art und Weise verfahren, indem eine neue Linie mit neuen Mitarbeitern eingerichtet wurde, die vornehmlich dieses neue Produkt besprechen soll;
- Reaktives und unstrukturiertes Vorgehen in der mittel- und langfristigen Personalplanung.

So kommt der Betriebsratsvorsitzende das Management betreffend zu dem schlichten aber prägnanten Fazit: *„Sie [die Unternehmensleitung] reagieren, sie agieren nicht."*

8.8.4. Personalpolitik und die Folgen

Die Folgen der aufgrund der Fusion, des GSG und der allgemeinen Führungsproblematik intransparenten und chaotischen Personalpolitik in den letzten Jahren wird nun näher untersucht. Werden die Fragen den direkten Vorgesetzten bzw. das Management sowie die Interessensvertretung betreffend nach Betriebszugehörigkeit gruppiert, ergeben sich die in Abb. 20 dargestellten Verteilungskurven.[29]

---

[29] Auch bei Verwendung des Kriteriums „Alter" ist eine identische Verteilung festzustellen, allerdings würde durch ältere Mitarbeiter, die erst seit relativ kurzer Zeit bei Unternehmen B beschäftigt sind, die Eindeutigkeit der Ergebnisse verzerrt.

Abb. 20: Elemente der Personalpolitik nach Betriebszugehörigkeit gruppiert

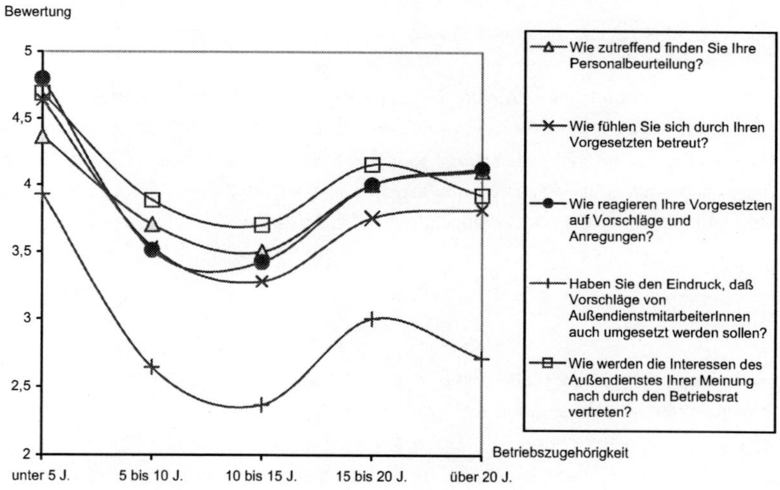

Die Mitarbeiter, die unter 5 Jahren im Unternehmen B beschäftigt sind, bewerten alle Fragen mit Abstand am besten. Zum einen hat diese Generation von Außendienstmitarbeitern die Fusion nicht persönlich miterlebt, zum anderen erklären aber auch allgemeine Faktoren wie Zufriedenheit über den Arbeitsplatz, veränderte Bedingungen auf dem Arbeitsmarkt oder fehlende Vergleichsmöglichkeiten bzw. wenig Berufserfahrung diese hohen Werte.

Bei allen Fragen ist der Einbruch der Bewertung zwischen den Kategorien „unter 5 Jahre“ und „5 bis 10 Jahre“ im Unternehmen am stärksten. Dies ist z.T. auf ein generelles Verfliegen der Anfangseuphorie zurückzuführen, aber der Einbruch ist deutlich stärker ausgeprägt als bei der Branchenerhebung. Durch die zahlreichen bereits erwähnten positiven Aspekte des Unternehmens B ist der Rückschluß zulässig, daß ein Teil dieser negativen Steigung durchaus mit den Erfahrungen der Außendienstmitarbeiter in Bezug auf die zurückliegende Fusion und deren Folgen zu erklären ist.

Bestätigung findet diese Einschätzung nochmal durch die evidente Verteilung aller Tiefpunkte, die deutlich in dem Bereich der 5 bis 15 Jahre im Betrieb Beschäftigten liegen. Eine Personengruppe, die die Fusion nicht nur mitgemacht, sondern auch am bedrohlichsten empfunden haben dürften, da sie 1992 die geringste Berufserfahrung und Betriebszugehörigkeit hatte. Zudem war sie in der Vergangenheit über die längste Zeit den Unsicherheiten bzgl. der Auswirkungen der in Kapitel 8.3.1.2. beschrieben Personalsituation ausgesetzt.

Die wieder höheren Benotungen der Mitarbeiter mit über 15jähriger Betriebszugehörigkeit erklären sich vornehmlich durch den Umstand, daß diese Mitarbeiter vorwiegend in als subjektiv wahrgenommen „wichtigeren" Positionen wie z.B. in einer Klinik- oder Key Account-Linie arbeiten und sich damit ein höheres Standing bzw. ein höheres Maß an „Unverzichtbarkeit" zuschreiben.

8.9. Fazit

Hohe Entlohnung, eine starke Interessenvertretung durch den Betriebsrat und das Bewerben innovativer Produkte prägen den positiven Teil der Außendiensttätigkeit bei Unternehmen B. Negativ schlagen dagegen die Auswirkungen der Fusion und die über Jahre konzeptlose bzw. unter an einer Verwertungsabsicht der zur Verfügung stehenden Human Resources orientierten Personalpolitik zu Buche. Aus diesem Spannungsfeld heraus erklärt sich auch der z.T rapide Abfall der Motivationswerte bei den „jungen" Mitarbeitern.

Ein kurz nach der Erhebung beschlossenes neues Prämiensystem, das durch die fehlende Zurechenbarkeit von Umsätzen insbesondere im Impfstoffbereich nötig wurde und an dessen Konzeption der Betriebsrat maßgeblich beteiligt war, sieht eine hohe Bonusregelung für Innen- und Außendienstangestellte vor. Alle Mitarbeiter partizipieren so an dem Unternehmenserfolg - ein weiterer positiver Schritt des Unternehmens bei der Bewältigung des klassischen Konflikts zwischen Innen- und Außendienst.

Zudem konnte der Zusammenhang zwischen dem Innovationsgrad der Produkte und der Reaktion der Kunden, die zugleich auch ein motivierendes Feedback für den Pharmareferenten darstellen kann, veranschaulicht werden.

9. Das Unternehmen C

Das Unternehmen C ist eine 100% Tochtergesellschaft eines deutschen Großkonzerns, der das Geschäftsjahr 1997 mit einem weltweiten Gesamtumsatz von mehr als 2,5 Milliarden DM abschließen konnte. Innerhalb der Pharmasparte steht einem weltweitem Umsatzwachstum von 9% ein inländischer Rückgang des Umsatzes vom 7% gegenüber. Unternehmen C selbst konnte im gleichen Zeitraum einen Umsatz von ca. 700 Millionen DM verzeichnen.

Als ein innovativ forschendes Unternehmen hat man entschieden, sich auf bestimmte Gebiete bzw. spezifische Produktgruppen zu beschränken (Therapeutika, Diagnostika, Selbstmedikationspräparate). Auf andere Bereiche wie z.B. das ZNS-Segment hat man aus Kostengründen verzichtet. Der Mutterkonzern ist derzeit bemüht, aufgrund der hohen (Forschungs-)Kosten auf nationaler und internationaler Ebene Kooperationpartner zu finden, da der Innovationsgrad der Produkte nicht sehr hoch ist. Es werden nur ethische Produkte vertrieben, Generika gehören nicht zur Produktpalette.

Nach der Eingliederung einer 100% Tochter hat Unternehmen C noch zwei nach Anwendungsgebieten getrennte 100% Töchter (Diagnostika; Selbstmedikamention) und eine Vertriebsgesellschaft (Therapeutika).

Bundesweit beschäftigte Unternehmen C zum Jahresende 1996 ca. 4700 Mitarbeiter, davon entfielen auf die inländischen Töchtergesellschaften ca. 2900 und auf C selbst ca. 1800 Mitarbeiter.

9.1. Die Mitarbeiter im Außendienst

Zur Zeit arbeiten ca. 340 Mitarbeiter im Außendienst von Unternehmen C. Der Anteil der Frauen beträgt ca. 40% und ist damit leicht zurückgegangen, da in den vergangenen Monaten überwiegend Männer eingestellt wurden. Insgesamt wurde 1991 im Therapeutikabereich der Außendienst auf 156 Mitarbeiter verdoppelt, seitdem ist die Zahl der Pharmareferenten relativ konstant geblieben. Durch die Eingliederung der bisher selbständigen Tochter kamen allerdings nochmal ca. 40 Pharmareferenten hinzu.

Es ist durchaus legitim, wenn man bei den Außendienstmitarbeitern von Pharmareferenten spricht, da Unternehmen C bis 1997 die neu eingestellten Personen im Rahmen einer viereinhalbmonatigen Ausbildung im eigenen Haus zum geprüften Pharmareferenten hin ausgebildet hat (incl. IHK-Prüfung). Erst seit 1997 hat sich die Einstellungspolitik dahingehend gewandelt, daß zum größten Teil Akademiker eingestellt werden, die diese Prüfung nicht ablegen müssen. Die relativ lange Basisausbildung erfährt weiterhin jeder neue Mitarbeiter - unabhängig von seiner Qualifikation oder Berufserfahrung.

9.2. Rahmenbedingungen der Außendiensttätigkeit

9.2.1. Dienstwagen

Nach Angaben der befragten Mitarbeiter hat Unternehmen C eine gute und allgemein akzeptierte Dienstwagenregelung. Es können annährend alle Typenklassen geleast werden, die Privatfahrten werden mit einer geringen Pauschale von monatlich 50 DM abgegolten. Privatwagenfahrer bekommen 0,42 DM pro Km, es wird aber deutlich darauf hingewiesen, daß der Mitarbeiter die Leasingregelung in Anspruch nehmen soll.

9.2.2. Budgetierung

Jeder Außendienstmitarbeiter hat ein bestimmtes Budget zur Verfügung, er wird aber hinsichtlich der Verwendung kontrolliert. Hat er bspw. nach Ansicht seines Vogesetzten zu wenig Veranstaltungskosten innerhalb seiner Budgetabrechnung, wird er angewiesen mehr Veranstaltungen durchzuführen.

> *„Über die Verwendung seines Budgets wird bei uns der Mitarbeiter kontrolliert und gesteuert."* (Betriebsrat)

9.2.3. Besuchsvorgaben

Der Außendienst hat sich 1993 freiwillig dazu bereit erklärt, 10 Besuche pro Tag zu absolvieren. Derzeit gilt im Außendienst offiziell ein Jahresbesuchssoll von 1620 Besuchen, dies entspricht einer Vorgabe von 9 Besuchen täglich. Das auch die Geschäftsleitung nicht an die Umsetzung dieser Vorgaben in der Praxis glaubt, zeigt die neueste Vorgabe der Geschäftsleitung: Sieben Besuche sind zu wenig, acht müssen sein.

> *„Diese Vorgaben stehen nicht nur im Raum, sie werden bei Bedarf auch gegen den Mitarbeiter benutzt. Und dementsprechend wird schon nachgeguckt, obwohl man sagt, man schaue nicht."* (Betriebsrat)

9.2.4. Innen- und Außendienstkommunikation

Bisher gibt es keine direkte Kommunikation zwischen Innen- und Außendienst, eine Ausnahme bildet lediglich eine eingerichtete Hotline für Schwierigkeiten mit der EDV. Ansonsten führt der Weg für den Außendienstmitarbeiter - auch bei klassischen Aufgaben für Außen- und Innendienstkommunikation wie z.B. der Anforderung und Bereitstellung von Werbemitteln - immer über die Außendienstleitung.

Derzeit wird ein Projekt gestartet, bei dem ein Call-Center eingerichtet werden soll, das zum einen Servicefunktion für Kunden, zum anderen aber auch Ansprechpartner für den Außendienst sein soll. Arztwünsche, ob direkt mitgeteilt oder über den Außendienst übermittelt, sollen dann schneller und qualitativ besser bearbeitet werden können.

9.3. Die Organisation des Vertriebs

9.3.1. Der formale Aufbau

Unternehmen C hat eine auf den ersten Blick klar strukturierte Organisation, wie der Abb. 21 zu entnehmen ist. Ein Regionsleiter betreut ca. 10 bis 12 Außendienstmitarbeiter. Die einzelnen Linien sind nach Produktgruppen und weitestgehend auch nach Art der Ansprechpartner unterteilt.

Abb. 21: Organigramm des Vertriebs

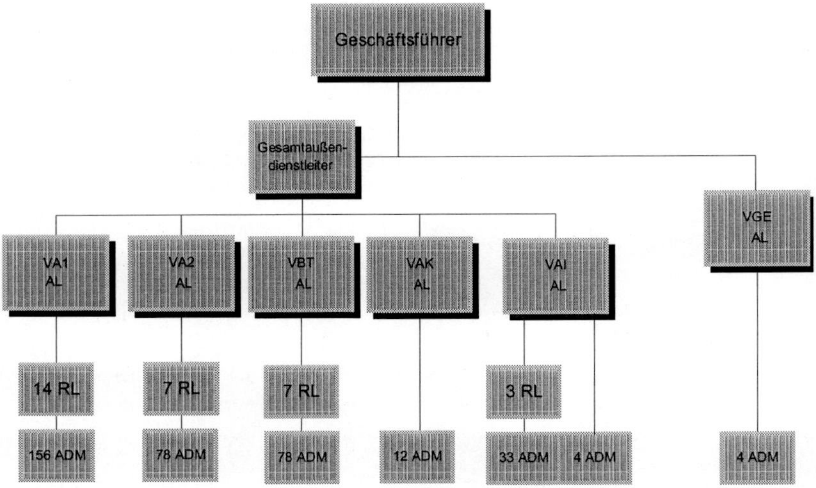

VA1 u. VA2 - Therapeutika, niedergelassener Bereich
VBT - ehemalige Tochter, Therapeutika, niedergelassener Bereich
VAK - Key-Account-Linie, Therapeutika, Krankenhaus
VAI - Diagnostika (Kontrastmittel)
VGE - Mitarbeiter für die Betreuung von Meinungsbildnern
AL - Außendienstleiter
RL - Regionsleiter

9.3.2. Analyse der Interdependenzen zwischen den Linien

Es gibt zwischen den Linien so grundlegende Überschneidungen, die z.T. gravierende Auswirkungen auf den Gesamtvertrieb und die Mitarbeiter – insbesondere auf die Apekte der variablen Vergütung (vgl. Kapitel 9.4.2.) – haben, so daß die Linien und ihre Überlappungen im folgenden detaillierter dargestellt werden.

9.3.2.1. Therapeutika

Die Linien VA1, VA2 und VBT bewerben Therapeutika im niedergelassenen Bereich. Deutschland ist ausschließlich im Bereich der genannten Linien in 78 Gebiete aufgeteilt, eine weitere Differenzierung in Segmente wird nach den Vorgaben der RPM-Berechnung gemacht (z.B. hat das Ruhrgebiet 5 bis 10 Segmente pro Gebiet). Als Regel gilt, daß ein Außendienstmitarbeiter für eines dieser 78 Gebiete zuständig ist.

Im Endeffekt sind so vier parallele Linien mit sog. 78-Struktur entstanden, die Therapeutika im niedergelassenen Bereich bewerben.

> *„Je nach Produkt schmeißen sie dann zwei Linien zusammen auf ein Produkt. Apart für Prämiengeschichten."* (Betriebsrat)

Zur Einführung eines neuen Präparats hat man bspw. die Linie VA1 mit ihren 156 Mitarbeitern in zwei Linien mit jeweils 78-Struktur geteilt, dazu bewirbt die VBT-Linie dieses Produkt mit einer 70% Besprechungskapazität, wie schon an der Anzahl der Außendienstmitarbeiter zu sehen ist (vgl. Abb. 21), hat auch die VBT-Linie eine 78-Struktur.

Wenn dann drei neu formierte Linien ein Produkt besprechen, gibt es einen oder mehrere Pharmareferenten pro Gebiet, es kommt zu Überschneidungen bei Veranstaltungen, es entstehen Doppelbesuche und große Probleme bei den Berechnungen der Mitarbeiteretats und Prämien.

9.3.2.2. Diagnostika

Innerhalb der Diagnostika-Linie wurde 1997 ein eigener Key-Account Bereich (vier Außendienstmitarbeiter) etabliert, der für die „besonders wichtigen" Kunden zuständig ist. Die anderen 33 Pharmareferenten bewerben Kontrastmittel in Krankenhäusern, Großapotheken und in großen Praxen, die einen Kontrastmittelbedarf haben (z.B. Radiologen, Urologen). Im Rahmen dieser Tätigkeit promoten sie aber auch z.B. bei Urologen ein Therapeutikum, daß hauptsächlich durch eine Therapeutika-Linie besprochen wird. Hier wird die durch das Organigramm suggerierte Trennung nicht nur innerhalb einer Produktgruppe, sondern linien-, produkt- und kundenübergreifend, durchbrochen. So entstehen weitere Doppelbesuche und zusätzliche Schwierigkeiten bei der Zuordnung von Umsätzen.

9.3.2.3. Key Account-Linien

Innerhalb der Diagnostika-Linie wurde 1997 ein eigener Key-Account Bereich (vier Außendienstmitarbeiter) etabliert, der für die „besonders wichtigen" Kunden zuständig ist. Die anderen 33 Pharmareferenten bewerben Kontrastmittel in Krankenhäusern, Großapotheken und in großen Praxen, die einen Kontrastmittelbedarf haben (z.B. Radiologen, Urologen). Im Rahmen dieser Tätigkeit promoten sie aber auch z.B. bei Urologen ein Therapeutikum, daß hauptsächlich durch eine

Therapeutika-Linie besprochen wird. Hier wird die durch das Organigramm suggerierte Trennung nicht nur innerhalb einer Produktgruppe, sondern linien-, produkt- und kundenübergreifend, durchbrochen. So entstehen weitere Doppelbesuche und zusätzliche Schwierigkeiten bei der Zuordnung von Umsätzen.

9.4. Entlohnung

9.4.1. Fixum

Es wird von E9 bis E13 Bundesentgelttarifvertrag eingruppiert, langjährige Mitarbeiter erhalten auch noch AT-Gehälter, da Unternehmen C früher eine AT-Struktur hatte. Ebenfalls echte AT-Gehälter erhalten die Regionsleiter. Die Kriterien für die Eingruppierung sind die Linienzugehörigkeit und das Dienstalter.

Abb. 22: Gehaltsstruktur von Unternehmen C im Vergleich zur Gesamterhebung

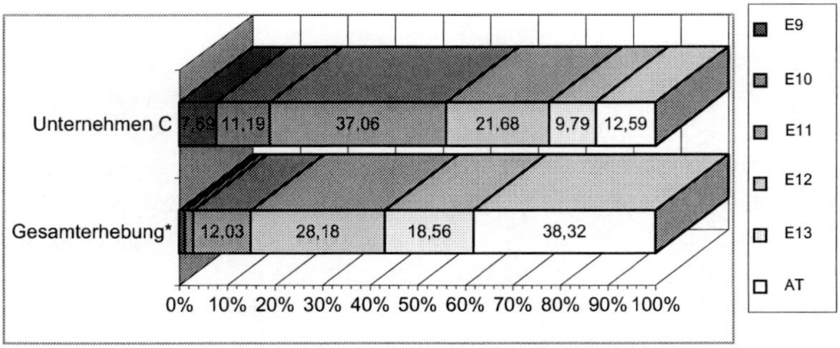

* Nur eingruppierte Außendienstmitarbeiter;
Fragebögen von Unternehmen C nicht berücksichtigt

Wie aus der Abb. 22 zu ersehen ist, kann die fixe Vergütung insgesamt als sehr niedrig angesehen werden, wenn man die Gehaltsstruktur des Unternehmens C mit dem Entlohnungsniveau der Branche vergleicht. Ursachen könnten zum einen die vorhandene Regelabsprache sein, nach der alle zwei Jahre nach Leistung umgruppiert werden soll, in der allerdings Leistungskriterien nicht definiert sind, zum anderen beginnen die Einstellungsgehälter nur bei Entgeltgruppe E9. Außerdem ist auffällig, daß von 18 Mitarbeitern, die im Rahmen der Befragung eine Fixvergütung von E9 angegeben haben, 11 (incl. drei promovierter Mitarbeiter) bei Unternehmen C beschäftigt sind.

9.4.2. Variable Vergütungssysteme

Durch den neuen Gesamtaußendienstleiter, der 1991 seine Tätigkeit aufnahm, wurden laut Aussage des Betriebsrats alle sog. *„Nasenfaktoren“*, die es zuvor noch gab, vollständig eliminiert. Allerdings läßt er sich *„in den Modellen permanent etwas neues einfallen, er spielt mit allem was da möglich ist.“*

So gesehen ist es nicht weiter verwunderlich, daß im Vertrieb des Unternehmens C verschiedenste Systeme variabler Vergütung parallel zueinander existieren. Allerdings ist dieser Zustand auch auf die organisatorischen Überschneidungen (vgl. Kapitel 9.3.2.), die unterschiedlichen Produkte und nicht zuletzt die stark divergierenden Umsätze[30] zurückzuführen.

Im Jahr 1997 gingen pro Außendienstmitarbeiter 11.200 DM in den Prämientopf, nach einer Regelungsabsprache sollen mindestens 50% der Pharmareferenten prämienberechtigt sein. Da es keine Obergrenze gibt, kommt es durchaus vor, daß in der Kontrastmittellinie Prämien von ca. 85.000 DM keine Seltenheit sind. Auch kann (vorwiegend in dieser Linie) ein Mitarbeiter eine Prämie in Höhe eines gesamten Jahresgehaltes (ca. 120.000 DM) erreichen. Gerade dieser Umstand wird von der Geschäftsführung ins Feld geführt, spricht man sie auf die niedrige fixe Entlohnung an:

> *„Die hohen Prämien sind der Ausgleich für niedrige Gehälter, wenn es die bei uns wirklich geben sollte. Und der Meinung bin ich nicht. Wir haben ein überdurchschnittliches und nicht limitiertes Prämiensystem, da lohnt sich Leistung.“* (Gesamtaußendienstleiter auf der Betriebsversammlung)

Der Betriebsrat hält dagegen, daß *„allerdings auch 50% der Außendienstler keine oder nur sehr geringe Prämien beziehen bzw. erhalten können. Der Anteil der Bezieher sehr geringer Prämien ist sehr hoch.“* Diese Aussage bestätigt auch die

30 Die Kontrastmittel machen ca. die Hälfte des Umsatzes von Unternehmen C aus, somit erwirtschaften 37 Mitarbeiter in der VAI-Linie das gleiche Umsatzvolumen wie die restlichen 323 Außendienstmitarbeiter.

Umfrage, da Unternehmen C mit einem durchschnittlichen Anteil von 12,8% variabler Vergütung am Gesamteinkommen nur unwesentlich *unter* dem Durchschnitt der Gesamterhebung liegt.

9.4.2.1. Die erfolgsabhängige Entlohnung in der VAI-Linie

Da die Pharmareferenten in dieser Linie nebenbei auch Therapeutika bewerben, wird dieser so erzielte Umsatz im Rahmen eines eigenen Prämiensystems geregelt. Darüberhinaus gibt es in der VAI-Linie nach unternehmensinterner Auffassung eine Provision, da beim direkten Verkauf in Kliniken, Großapotheken und Ärzte (z.B. Radiologen) der Umsatz direkt meßbar sei.[31]

Die Provisionsvorgaben werden zwischen dem Außendienstleiter und den Regionsleitern verhandelt und danach an die Mitarbeitern weitergegeben.

> *„Die Gespräche zwischen Regionsleiter und Pharmareferent sind eigentlich nicht als Mitarbeitergepräch zu bezeichnen, den Außendienstlern werden einfach nur die Zielvorgaben mitgeteilt."* (Betriebsrat, sinngemäß auch mehrere Mitarbeiter)

Ein Teil dieser individuellen Provision ist an das Erreichen des Regionsziels gebunden, daß ebenfalls zwischen dem Außendienstleiter und dem jeweils zuständigen Regionsleiter ausgehandelt wird.

> *„Also eine bestimmte Hürde zur Erreichung der Individualprovision ist eingebaut worden, aber nicht der gesamte Anteil hängt davon ab. Aber die Details sind eben sehr kompliziert, auch für uns vom Betriebsrat."*

Zu diesen individuellen Entlohnungen gibt es darüber hinaus noch einen neuen sog. Teamprämienfaktor in der VAI-Linie. Ursprünglich sollte dieser Faktor direkt 50% der Provision ausmachen, die restlichen 50% sollten weiterhin individualorientiert sein. Der Betriebsrat erreichte eine Staffelung, so daß der Teamprämienfaktor von anfänglich 30% um jährlich 10% steigt, bis er 50% beträgt. Die Abschwächung dieses Teamprämienfaktors konnte erzielt werden, indem der Betriebsrat dahingehend argumentierte, daß keinerlei echte Teamarbeitsfaktoren - wie z.B. ein gemeinsamer Etat - geplant waren. Es wurden zwar seitens der

[31] Es handelt sich bei dieser intern genannten Provision um eine Prämienregelung (vgl. Kapitel 3.5.3.2.).

Geschäftsleitung begleitende Maßnahmen angekündigt, die zur einer echten Teamarbeit führen sollten, konkretisiert wurden diese Maßnahmen aber nicht.

> *„Man wollte vielleicht mit der Auslobung einer Teamprämie die Leute dazu bewegen, vakante Gebiete zu betreuen. Oder platt gesagt: Man will einen Gruppendruck daraus ziehen, ohne eine Teamarbeit, wie ich sie begreifen würde, anzustreben."* (Betriebsrat)

Diese unübersichtliche Entlohungsstruktur läßt sich wie folgt zusammenfassen:

- der Mitarbeiter hat ein Fixum,
- er hat Vorgaben, bei deren Erreichung er eine gestaffelte Provision bekommt, ein Teil dieser Provision ist aber an das Erlangen von Regionszielen gebunden,
- er hat die Möglichkeit, bei bestimmten Produkten eine Prämie zu bekommen,
- er hat mit mehreren Mitarbeitern zusammen ein Regionsziel zu erreichen, um dann eine Teamprämie zu erhalten.

9.4.2.2. Das Prämiensystem in den anderen Linien

Seit einem Jahr existiert ein neues System der Prämienberechnung: es wird ein sog. Mehrumsatz prämiert, für den eigens die interne RPM-Errechnung umprogrammiert wurde.

In den RPM wird das Potential eines Gebiets berücksichtigt, ähnlich wird bei der internen Ermittlung des Mehrumsatzindex verfahren. Alle Korrelationen (z.B. Konkurrenzsituation, Potential des Segments, Gesamtgruppe Deutschland) gehen in die eigenen Berechnungen ein. Dem Mitarbeiter wird dann bspw. gesagt, daß er bei seinem Umsatz x und unter Berücksichtigung aller dieser Faktoren einen Mehrumsatzindex von z.B. 105% hat. Und diese 105% berechtigen ihn dann wieder in einem bestimmten Umfang am Topf zu partizipieren.

> *„Wie nun der einzelne Mitarbeiter am Mehrumsatz bzw. am Topf partizipiert, ist höchst kompliziert. Es ist ein höchst intransparentes System, das schon für uns Betriebsräte sehr schwer zu durchschauen ist. Erst recht für den Mitarbeiter."*

Jeder Mitarbeiter bekommt über die EDV seine Entwicklung monatlich visualisiert. Den genauen pekunären Anreiz, d.h. wie hoch sein Anteil am Topf in DM ist, kann sich der Mitarbeiter nach einer komplizierten Formel in etwa errechnen.

> *„Ich bekomme schon recht schnell mit, wenn mit meinem Unsatz etwas nicht stimmt. Ich schulde zwar keinen Umsatz, aber wenn ich eine Standpauke wegen z.B. falschen Briefpapiers erhalte, dann weiß ich schon, warum ich die Standpauke eigentlich erhalte."* (Außendienstmitarbeiter)

9.4.2.3. Incentives und Ranking

Die Umsätze der Mitarbeiter werden monatlich gemessen, im gleichen Zeitraum erscheint eine jeweils aktualisierte Liste, die via EDV an alle Außendienstmitarbeiter geht. Dieses Ranking enthält allerdings nur die jeweils besten bzw. umsatzstärksten Mitarbeiter. Die vollständige Liste aber wird innerhalb der Regionen bei Mitarbeiterbesprechungen veröffentlicht und verwendet.

Zum Jahresende werden dann die insgesamt über das Jahr gesehen vier bis fünf besten Mitarbeiter ermittelt, sie erhalten als Incentive eine Wochenendreise mit Begleitung. Die pikanten Aspekte an diesem Incentive sind zum einen, daß dem Gewinner dieses Preises ein Urlaubstag angerechnet wird. Zum anderen wird er bei der Reise von der Außendienstleitung begleitet, auch fuhr noch 1996 der für den besten Mitarbeiter verantwortliche Regionsleiter mit.

Diese Regelung konnte durch Intervention des Betriebsrates dahingehend abgewandelt werden, daß der am Durchschnitt der Region gemessene beste Regionsleiter künftig mitfährt. Schon dieser kleine Teilerfolg des Betriebsrats wurde von der Außendienstleitung sehr negativ im Unternehmen dargestellt. Auch das Verwenden bzw. das Verfahren der Veröffentlichung der Rankinglisten wird seit langem vom Betriebsrat kritisiert, läßt sich aber nach eigener Aussage nicht mehr ändern.

9.5. Betriebsratsarbeit

Im Betriebsrat sind zwei Außendienstmitarbeiter vertreten, es wurde überdies mit viel *„Hängen und Würgen“* ein Außendienstausschuß durchgesetzt, auch gegen Widerstände im eigenen Betriebsrat, der sich über zu viele Außendienstthemen beschwert. Dieser Außendienstausschuß besteht aus drei Personen.

Die Geschäftsleitung hat nach Ansicht des Betriebsrats eine grundsätzlich negative Haltung gegenüber dem Betriebsrat, *„man spricht mit uns nur notgedrungen.“*

Die Führung des Vertriebs kann als überaus personifiziert bezeichnet werden, der Gesamtaußendienstleiter *„bekommt alles mit, ist informiert und integriert und benutzt seine Informationen auch. Er ist derjenige, der sagt und tut und macht. Übertrieben gesagt, der Regionsleiter ist eigentlich eine unselbständige Marionette. Die dürfen auch nichts entscheiden.“* (Betriebsrat)

Die Resonanz auf die Betriebsratsarbeit ist dementsprechend nicht überwältigend. Ein Grund hierfür sind u.a. auch die in der Öffentlichkeit gemachten Meinungsäußerungen des Gesamtaußendienstleiters, der keinen Hehl aus seiner Haltung gegenüber dem Betriebsrat macht, *„er schimpft immer, wieviel Zeit er mit uns Betriebsräten verbringen muß.“*

Das Feedback aus dem Außendienst ist aber auch schlecht, weil die Außendienstmitarbeiter *„wahnsinnig unter Druck gesetzt werden“.*

> *„Die Führung im Außendienst passiert eigentlich per Druck. Die Regionsleiter sind jetzt jeden Monat hier, werden konditioniert und geben das dann je nach Charakter und je nach Person entweder gefiltert oder ungefiltert weiter.“* (Betriebsrat)

> *„Die Gespräche mit meinem Vorgesetzten sind eigentlich nur Offenbarungen. Ich bekomme meine Vorgaben und Schluß. Und bei einigen meiner Kollegen, die ich ganz gut und lange kenne, ist es genauso. Haben die Herren Vorgesetzten mal was zu kritisieren, tun sie es deutlich.“* (Außendienstmitarbeiter)

Auch kleinere Teilerfolge können das Bild des Betriebsrats nicht wesentlich verbessern. So hat es dieser zumindest geschafft, daß es die sog. Zwangskopien[32] nicht mehr gibt. Bei der Ausgestaltung des aktuellen Prämiensystems konnte erreicht werden, daß der Prämientopf vollständig ausgeschüttet wird und bei der Ausgestaltung des Systems konnte eine etwas mitarbeiterfreundliche Staffelung der prozentualen Grenzen durchgesetzt werden.

Der Betriebsrat selbst ist nach eigener Einschätzung nicht an der skizzierten Situation schuldlos, wie die folgenden Zitate eindrucksvoll belegen:

> *„Wir haben allerdings nicht den Betriebsrat, der seine Forderungen auch mal durchsetzt."*
>
> *„Wir sind noch nie vor Gericht gegangen."*
>
> *„Unser Betriebsrat ist absolut harmlos."*

Die Hoffnungen sind auf einen neuen Personalleiter gerichtet, der Mitte 1997 gekommen ist und zuvor in einer anderen Branche tätig war.

> *„Wir haben durch den neuen Personalchef jetzt zum ersten mal die Gehaltslisten bekommen, und das war ein regelrechtes Tauziehen. Bevor wir Unterlagen bekommen, können wir uns tausendmal bei ihm melden. Aber es verbessert sich."* (Betriebsrat)

9.6. Lean Management

9.6.1. Personal- und Hierarchieabbau

Von einem Personalabbau kann bei Unternehmen C nicht gesprochen werden, eher hat man sich antizyklisch verhalten und den Personalbestand an Außendienstmitarbeitern erhöht. Es haben immer wieder Aktionen stattgefunden, bei denen man sich von bestimmten Leuten trennen wollte, *„es sind dann richtige Wellen die da ablaufen, daß ist schon allein an der Anzahl der Gespräche, die da stattfinden müssen, abzulesen."* (Betriebsrat).

[32] Bisher war die EDV so programmiert, daß von allem was der Mitarbeiter geschrieben hat, eine Zwangskopie an seinen nächst höheren Vorgesetzten und an den Gesamtaußendienstleiter gegangen ist. Auch ist von allen Mailings des Innendiensts an den Außendienst eine Zwangskopie an den Gesamtaußendienstleiter gegangen.

Ganz konkret gab es bspw. 1995 eine Aktion, bei der gezielt 12 bis 14 Mitarbeiter aus dem Außendienst *„entfernt werden sollten, die mit den Zielen des Unternehmens nicht mehr zu vereinbaren waren bzw. die für [Unternehmen C] nicht mehr die richtigen Leute waren"* (Betriebsrat). Es wurden dann je nach Alter der betreffenden Mitarbeiter Aufhebungsverträge oder Vorruhestandsregelungen angeboten. Auffällig ist nach Angaben des Betriebsrats, daß es sich nicht nur um leistungsschwache Mitarbeiter handelte, sondern eher um Mitarbeiter, die sich nicht so schnell aus der Ruhe bringen oder unter Druck setzen lassen.

Seit der neue Gesamtaußendienstleiter im Unternehmen ist, gab es zwar kleinere strukturelle Veränderungen in der Organisation, die Anzahl der Hierarchieebenen blieben aber in den letzten sieben Jahren konstant.

9.6.2. Personalentwicklung

Neben den üblichen Verkaufstrainings, EDV- und Produktschulungen hat Unternehmen C 1991 in Zusammenarbeit mit einer Unternehmensberatung einen kontinuierlichen Prozeß im Bereich der Personalentwicklung initiiert.

Dieses Personalentwicklungsprogramm ist allerdings als sehr umstritten zu bezeichnen. Im Mai 1997 wurde eine Bedarfsanalyse mittels eines Fragebogens durchgeführt, von dieser Befragung erfuhr der Betriebsrat erst drei Monate später. Dieses Vorgehen versuchte man zuvor bei der zu dieser Zeit noch rechtlich selbständigen Tochter, wurde aber durch eine einstweilige Verfügung abgewehrt. Diese Bedarfsanalyse enthielt Fragen, die eine vom Betriebsrat hinzugezogenen Expertin als „Vulgärpsychologie" bezeichnete.

Im September 1997 erreichte der Betriebsrat, daß die Fragebögen vernichtet werden mußten. Die Empfehlungen und Trends für geplante Individualmaßnahmen, die aus der Befragung abgeleitet wurden, sind aber der Außendienstleitung zur Verfügung gestellt worden.

Ein überwiegender Teil der Mitarbeiter kritisierte auf der Betriebsversammlung die aufgrund der Befragung stattfindenen Maßnahmen, die Pflichtveranstaltungen für die Mitarbeiter sind:

> *„Erst sollen wir uns einen Verhaltenskodex erarbeiten, den wir dann unterschreiben müssen. Ist er nicht wie gewünscht, wird ein vorgefertigtes Er-*

gebnis gebracht, das die Teilnehmer dann unterschreiben müssen. Wer nicht unterschreibt, oder überhaupt irgendwie renitent wirkt, wird gemeldet." (Außendienstmitarbeiter)

9.6.3. Outsourcing

Im Rahmen einer größer angelegten Marktstudie wurde 1994 festgestellt, daß Konkurrenzunternehmen, die z.T. die gleichen Produkte wie Unternehmen C vertrieben, kontinuierlich höhere Umsätze erzielten. Vakante Gebiete hat man mit Leihaußendienstmitarbeitern besetzt und Regionen, in denen ein nach der Marktanalyse vorhandenes hohes Potential von den Stelleninhabern nicht genügend ausgeschöpft wurde, neu segmentiert. Einige dieser neu enstandenen Segmente wurden dann mit „Leiharbeitern" besetzt.

Durch diese Maßnahme entstanden viele Konflikt in den Regionen, die bereits angesprochene Zuordnungsproblematik von Umsätzen verschärfte sich, es gab zudem eine Fülle von Koordinationsschwierigkeiten, so daß dieses Outsourcingprojekt bereits nach neun Monaten beendet und offiziell als Fehler der Vertriebsleitung deklariert wurde, der das Unternehmen *„ein horrendes Geld gekostet hat"*. Die damalige Aussage, daß so ein Vorhaben nicht wiederholt wird, steht noch immer und es werden auch keine Mitarbeiter auf Werks- oder Zeitvertragsbasis beschäftigt.

9.6.4. Technikeinsatz

Jeder Pharmareferent ist mit einem Laptop ausgestattet. Die im Vertrieb angewendete Software ist ein Außendienststeuerungssystem, das vor wenigen Wochen auf Windows 95 umgestellt wurde. Jeder Außendienstmitarbeiter kann jetzt online auf eine Vielzahl von Datenbanken zugreifen. Für den Außendienstmitarbeiter wird es sehr viel komplexer, denn er kann nun Marketinganalysen und -strategien im eigenen Segment machen. Er kann hierfür vorgefertigte Masken nutzen oder eigene erstellen. Ein befragter Mitarbeiter an der entsprechenden Hotline gab jedoch aus seiner Erfahrung zu bedenken, *„daß 60% des Außendienstes es nicht begreifen werden, nicht zuletzt, weil das System recht kompliziert angelegt ist"*.

Der Außendienstmitarbeiter ist angehalten, einmal täglich mit dem Unternehmen zu kommunizieren. Bemerkenswert ist es, daß dieser tägliche Kontakt (z.B. über EDV) auch bei Krankheit eines Mitarbeiters erwartet wird.

9.7. Ausgewählte Umfrageergebnisse

An jeden der 340 Außendienstmitarbeiter ging ein Fragebogen, davon wurden 153 ausgefüllt zurückgeschickt. Die Rücklaufquote betrug somit 45%.

Zunächst war die Geschäftsleitung von den Inhalten des Fragebogens sehr angetan, trotzdem wurde der Antrag auf Beteiligung an dem Forschungsprojekt, den der Betriebsrat bei der Geschäftsleitung stellte, ohne Begründung abgelehnt. Dennoch konnte der Betriebsrat mit Unterstützung der zuständigen Gewerkschaft die eigenständige Befragung der Außendienstmitarbeiter durchführen.

Auch als Interviewpartner stand kein Angehöriger der Geschäftsleitung zur Verfügung. Die Ergebnisse der Umfrage wurden auf der Betriebsversammlung heftig bestritten und eine Gegendarstellung angekündigt. Somit stützt sich diese Fallstudie nur auf Gespräche mit Mitarbeitern und Angehörigen des Betriebsrats[33]. Die Resonanz der Außendienstmitarbeiter war jedoch sehr positiv, wie hinter „vorgehaltener Hand“ dem Betriebsrat mitgeteilt wurde. Da besonders das niedrige Entlohnungsniveau seitens der Außendienstleitung stark bestritten wurde, bildet dieser Punkt in Zusammenhang mit Aspekten der Zufriedenheit „am Arbeitsplatz“ den Kern dieses Abschnitts.

9.7.1. Entlohnung

Wie Abb. 22 bereits deutlich gemacht hat, zeigt sich in diesem Unternehmen ein relativ geringes Entlohnungsniveau, das vor allem aus der niedrigen Eingruppierung (beginnend mit E9 Bundesentgelttarifvertrag) resultiert. Auch das zusätzliche Prämiensystem ermöglicht für die meisten Außendienstmitarbeiter nur durchschnittliche Gehaltszuwächse. Insbesonders gilt dies vor dem Hintergrund, daß im Rahmen der Beantwortung eines Fragebogens eher eine Tendenz zur „Erhöhung“ der Bezüge anzunehmen ist; Befragte werden ihre Einkünfte kaum niedriger angeben, als sie wirklich sind.

---

33 Allen Gesprächspartnern waren die Umfrageergebnisse zum Zeitpunkt des Interviews nicht bekannt.

Nach Ansicht der Geschäftsleitung auf der Betriebsversammlung wäre *„die überdurchschnittlich hohe variable Vergütung ein angemessenes Äquivalent, wären die Fixeinkommen wirklich niedrig."*

So ist aus der Tab. 8 zu entnehmen, daß der variable Anteil an der Gesamtvergütung, der sich wie bereits dargestellt aus verschiedensten Prämiensystemen zusammensetzt, als eher durchschnittlich im Vergleich zur Markterhebung zu bewerten ist.

Tab. 8: Anteil der variablen Vergütung am Gesamteinkommen

Wie hoch sind die variablen Anteile an ihrem Gesamteinkommen?	Unternehmen C	Gesamterhebung (ohne Unternehmen C)
bis ca. 10%	53 (44,54%)	210 (41,42%)
ca. 10%-20%	47 (39,50%)	184 (36,29%)
ca. 20%-30%	15 (12,61%)	69 (13,61%)
ca. 30%-50%	3 (2,52%)	24 (4,73%)
mehr als 50%	1 (0,84%)	20 (3,94%)
Summe	119 (100%)	507 (100%)
durchschnittlicher Anteil	ca. 12,8%	ca. 15,1%

Trotz der niedrigen Fixvergütung und der theoretisch zu erzielenden Spitzenprämien ist keine stärkere motivierende Wirkung von Prämien auf den Außendienstmitarbeiter vorhanden. Eine mögliche Erklärung für dieses Ergebnis kann das nach eigener subjektiver Wahrnehmung der Mitarbeiter sehr geringe Niveau an Partizipation bei der Gestaltung der individuellen Prämienvorgabe und –höhe sein (vgl. Abb. 23). Zudem ist der Terminus *„können"* in der Frage „Können Sie eine Prämie erreichen?" zweideutig: Theoretisch mag eine Prämie zwar durchaus erreichbar sein, in der Praxis können die Rahmenbedingungen jedoch derart restriktiv sein, daß eine (höhere) Prämie eher unwahrscheinlich ist. Vor dem Hintergrund der vielen Mitarbeiter, die keine bzw. eine kleine Prämie erhalten, kann auch von einem gewissen Maß an Resignation ausgegangen werden, nach eigener Einschätzung kann u.U. ein Mitarbeiter innerhalb dieses so praktizierten Prämiensystems keine variable Entlohnung erzielen, das System wird unattraktiv für ihn und wirkt somit nicht motivierend.

Diese angesprochene Korrelation zwischen Attraktivität eines „Extras“ und seiner motivierenden Wirkung wird nochmal durch das Incentivemodell unterstrichen, zumindest unter der Prämisse, daß ein Wochenende mit den Vorgesetzten unter Anrechnung eines Urlaubstages als nicht besonders attraktiv angesehen werden kann (vgl. Abb. 23).

Abb. 23: Motivationsaspekte variabler Vergütung im Vergleich

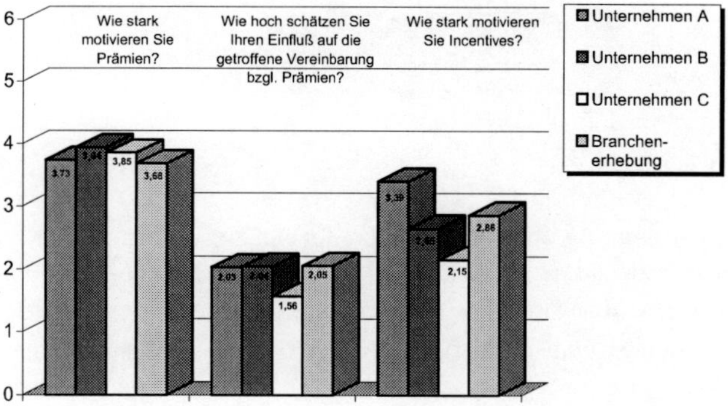

9.7.2. Qualifikation, Entscheidungskompetenz und Leistung

Unternehmen C verfügt zweifelsohne über einen hochqualifizierten Außendienst:

- viereinhalbmonatige Ausbildung aller neu eingestellter Mitarbeiter,
- ein Anteil von 96,08% an geprüften Pharmareferenten im Außendienst,
- 48,37% der Mitarbeiter sind diplomiert (höchster Wert der Umfrage),
- 22,22% der Mitarbeiter haben Lehre als Ausbildung angekreuzt (niedrigster Wert der Umfrage).

Erklärtes Ziel im Unternehmen ist es, den Pharmareferenten mittels EDV in die Lage zu versetzten, ein strategisches Marketing für sein Gebiet in Eigenregie durchführen zu können. Kritisch anzumerken ist, daß die bisherige EDV prinzipiell schon diese Möglichkeiten bot. Eine Erweiterung der Entscheidungsspielräume scheint aber geboten wie aus Abb. 24 hervorgeht.

Abb. 24: Entscheidungsautonomie der Mitarbeiter

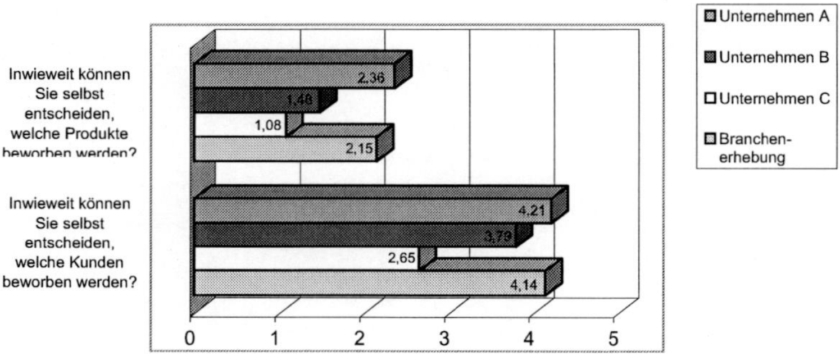

Wenn Aufgabenbereiche und Kompetenzen der Außendienstmitarbeiter erweitert werden sollen, bedeutet dies zugleich ein Verlust an Kontrolle auf Seiten der Führungskräfte. Wenn aber Kontrollfunktionen nicht aufgegeben und trotzdem Kompetenzen auf den Mitarbeiter übertragen werden - einige Indizien hierfür gehen aus der Fallstudie hervor (vgl. auch Abb. 25) -, erhöht sich die Intensität der Kontrolle, die Aufgaben für Regionsleiter nehmen zu, der Mitarbeiter bekommt nur Mehrarbeit ohne motivierendes Äquivalent wie z.B. einen höheren Autonomiegrad - die Unzufriedenheit steigt. Eine Verstärkung der Mitarbeiterkompetenzen bedingt u.a. auch eine Vertriebssteuerung, die stärker auf Vereinbarungen setzt als auf Vorgaben, Kontrolle und Druck. Auch hier wird ein Umdenken in Unternehmen C stattfinden müssen, sollen die neuen Möglichkeiten der EDV genutzt und Mitarbeiterpotentiale effizienter erschlossen werden. Diese Aspekte bei der Umstellung stark zu vertreten bzw. eine möglichst große Gewichtung von Interessen der Außendienstmannschaft durchzusetzen, ist eine große Chance für den Betriebsrat, durch die Wahrnehmung dieser wichtigen Betriebsratsfunktion dringend benötigtes Profil zu gewinnen.

Abb. 25: Führung und Interessenvertretung

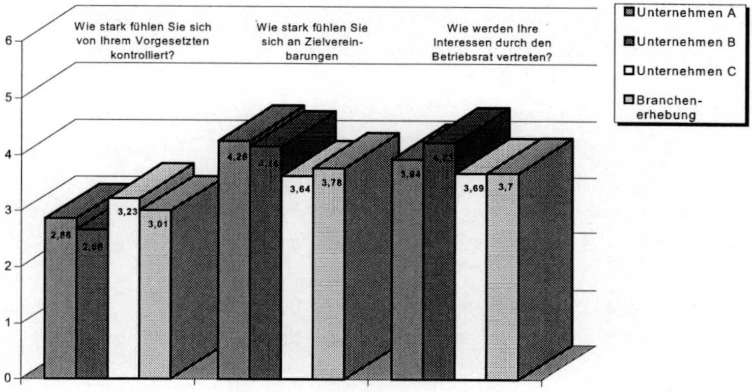

Insbesonders könnten sich durch eine partizipativere Vertriebsführung auch die Leistungsdaten verbessern, da der Pro-Kopf-Umsatz, trotz einer hohen Qualifikation der Mitarbeiter, die eine relativ hohe Arbeitszeit haben und ihre Kunden oft besuchen, der Pro-Kopf-Umsatz, niedrig ist. Auf der einen Seite sind diese geringen Umsätze sicherlich auf die geringe Anzahl der zu bewerbenden Produkte zurückzuführen (obwohl es kaum möglich ist, mehr als zwei Produkte innerhalb eines Kundenkontakts zu besprechen), auf der anderen Seite macht die Abb. 24 deutlich, daß in Unternehmen C in hohem Maße die Entscheidungen zentralistisch, d.h. im Innendienst getroffen werden. Die Außendienstmitarbeiter, die direkt im Markt agieren, können kaum aus eigener Erfahrung und Kompetenz heraus die vielversprechendsten Produkte, bei denen aus ihrer Sicht die aussichtsreichsten Chancen beim jeweiligen Kunden vorliegen, bewerben.

9.8. Fazit

Geringe Entscheidungsspielräume des Pharmareferenten, ein Höchstwert hinsichtlich eines subjektiven empfundenen Maßes an Kontrolle durch den Vorgesetzten, niedrige Werte bei dem Grad der Bindung an Zielvereinbarungen und für die Qualität der Interessenvertretung durch den Betriebsrat bestätigen den in den Interviews gewonnenen Eindruck, daß der Führungsstil im Unternehmen stark durch das hierarchische und autoritäre Auftreten des Gesamtaußendienstleiters geprägt ist. Der EDV-Einsatz mußte über Jahre von den Beschäftigten hinweg als ein Kontroll- und nicht als ein Kommunikations- und Hilfsinstrument bei der Bewältigung der Aufgaben angesehen werden - gingen doch von jeder Email Kopien an den Gesamtaußendienstleiter, der nicht zuletzt auch durch diesen Umstand eine Art „Omnipräsenz“ ausstrahlte.

Eine Neuorientierung der Führungsphilosophie wäre angezeigt – weniger Kontrolle und mehr Vertrauen in die Mitarbeiter. Nur so kann eine Kompetenz- und Entscheidungsverlagerung auf den Mitarbeiter „vor Ort“ möglich werden, was in Zeiten eines permanent dynamischer werdenden Pharmamarktes eine nicht zu unterschätzende Erfolgskomponente für das gesamte Unternehmen darstellt.

Die von allen im Rahmen dieser Studie Befragten recht hoch eingeschätzte Bedeutung des persönlichen Kontakts zum Kunden (Frage 31) stellt eine Kompetenz dar, die durch partizipativere Elemente in der Vertriebsleitung stärker genutzt werden sollte.

Eine Verbesserung des Betriebsklimas und der Leistungswerte könnte aber nur dann – vor allem im Zuge einer konsequenten Personalentwicklung – zu höheren Motivationswerten führen, wenn als Grundvoraussetzung eine wie o.a. Modifikation des bisherigen Führungsverständnisses erfolgt. Diese Veränderungen scheinen aber angesichts des autoritären Personalstils des Gesamtaußendienstleiters als noch unwahrscheinlicher als sie es in Organisationen ohnehin sind.

10. Vergleichende Auswertung der Fallstudien

In der folgenden vergleichenden Darstellung wird davon ausgegangen, daß die Reorganisationsbemühungen im Vertrieb zum einen als Reaktion auf das GSG zu deuten sind, von dem alle untersuchten Unternehmen durch Umsatzeinbrüche direkt betroffen waren, zum anderen aber auf die unterschiedlichen Firmenphilosophien und Managementkonzepte oder auf betriebsspezifische Gründe zurückzuführen sind. Die Parallelen und Unterschiede sowohl in der Intention als auch in den Auswirkungen der jeweiligen Strategien werden vor dem Hintergrund der in den theoretischen Kapiteln angesprochenen Schwerpunkte untersucht.

(1) Auswirkungen des Personalabbaus und Außendienstleasings auf den innerbetrieblichen Status der Pharmareferenten

Die beiden Unternehmen A und B führen die massive Reduzierung des Personals im Außendienst (Unternehmen A) bzw. die Volalität der Mitarbeiterzahl (Unternehmen B) in den Jahren von 1993 bis 1996 auf die Auswirkungen der jeweiligen Fusionen zurück. Letztlich wird an der Frage des Personalabbaus - einem zentralen Punkt des Lean Selling – nicht nur ein spezifischer Führungsstil erkennbar, an ihr ist auch die von dem jeweiligen Unternehmen ihren Pharmareferenten entgegengebrachte Wertschätzung und damit deren Stellenwert innerhalb der Gesamtorganisation festzumachen. Während die Geschäftsleitung von Unternehmen A nicht nur die Fusion, sondern auch die durch das GSG intendierten Umsatz- und Marktveränderungen als Begründung für den Personalabbau nennt, dürfte bei Unternehmen B der Hauptgrund eher in der Unternehmenskultur bzw. der eher amerikanischen Strategie einer rigideren Personalkostenreduzierung zu suchen sein.[34] Denn die heutige Produktsituation, die durch einen hohen Innovationsgrad gekennzeichnet ist, scheint entgegen den Angaben der befragten Personen des Unternehmens B nicht so unabsehbar zu sein, wie dies in der Regel abgegeben wird, auch wenn die Prognosesicherheit nicht unbedingt genau für den Zeitpunkt der Markteinführung gilt. Hinter dieser Strategie steht eher eine bestimmte Führungsphilosophie eines amerikanisch geprägten Unternehmen. Hierfür spricht der vehemente Versuch einer dauerhaften Implementierung eines Outsourcingkon-

[34] So gab auch ein Betriebsratsvorsitzender einer deutschen Tochtergesellschaft eines anderen amerikanisch geprägten Unternehmens an: *„Da kommt unsere Personalabteilung immer wieder mit ‚Klöpsen' an, die ihnen aus den USA vorgegeben werden; bei uns zuletzt Leasing. Da helfen meiner Erfahrung nach nur noch Faxe in die USA mit dem Kernsatz: ‚against the law in germany'"*.

zepts, der letztlich nur durch die Intervention des Betriebsrats und entsprechende Gerichtsurteile aufgegeben wurde. Auch die Übertragung der Personalrekrutierung auf einen externen Leasinganbieter und die damit verbundene Verdoppelung der Probezeit neuer Mitarbeiter läßt auf ein eher kostenorientiertes Führungsverständnis des Personalmanagements schließen, das stärker auf Kennzahlen (wie z.B. Umsatz und Personalkosten) als auf die Bedürfnisse des Außendienstmitarbeiters ausgerichtet ist.

Während in den beiden genannten Unternehmen eine klare Struktur im Zeichen der generellen Umsetzung von „leanen" Strategien zu erkennen ist, bildet Unternehmen C eine Ausnahme: Hier folgte man nicht der allgemeinen Reorganisationswelle und baute Stellen im Außendienst ab, man hat diese nur als Vorwand benutzt, um sich von „ausgewählten" Mitarbeitern zu trennen, was Rückschlüsse auf ein wenig mitarbeiterfreundliches Führungskonzept zuläßt. Dafür spricht z.B. auch die Verwendung von zweifelhaften Fragebögen im Rahmen einer Qualifikationsbedarfsanalyse, die in Zusammenarbeit mit einem externen Beratungsunternehmen durchgeführt wurde.

Das ebenfalls praktizierte Outsourcingkonzept gilt in Unternehmen C als endgültig gescheitert, da die Leitung keinen weiteren Versuch mit Außendienstleasing unternehmen will. In Unternehmen A steckt das Outsourcing mit der Vergabe von Dienstleistungsverträgen und bisher drei Mitarbeitern auf Leasingbasis noch in den Kinderschuhen, hier bleibt die weitere Entwicklung abzuwarten. In Unternehmen B scheint der Wunsch nach Outsourcing weiterhin ungebrochen, bei Produkteinführungen wird temporär mit Leasingfirmen zusammengearbeitet, ebenso bei der Einstellung neuer Mitarbeiter.

Letztlich ist allen untersuchten Unternehmen gemein, daß sie die Kosten des Außendienstes, die Umsätze oder die Besuchsfrequenz in das Zentrum des Handelns in der Personalabteilung stellen. Marktveränderungen und Umsatzeinbrüche werden direkt über die Mitarbeiter kompensiert, obwohl diese keinen Einfluß auf z.B. gesetzgeberische Maßnahmen oder Erfolge im Forschungsbereich (Neuproduktentwicklung, Innovationsrate usw.) haben. So sehen sich die Mitarbeiter z.B einer „externen" Konkurrenz durch Pharmareferenten von Leasinganbietern ausgesetzt, die die Produkte des eigenen Unternehmens in ihrem Gebiet bewerben. Die Personalsituation im Zeitablauf von Unternehmen B zeigt, daß sich Pharmareferenten mit relativ schnellen Veränderungen ihrer Arbeitsplatzsituation konfrontiert sehen können.

(2) Entlohnung oder: Die „unendliche Geschichte“

In allen Unternehmen befindet sich seit Jahren das Thema Entlohnung im Außendienst auf der Tagesordnung, es ist das wohl am meisten in den Betrieben diskutierte Managementthema, wobei die Festlegung des prozentualen Anteils erfolgsabhängiger Vergütung am Gesamteinkommen bzw. die generelle Einführung eines Prämiensystems die entscheidende Rolle spielt.

Die Untersuchung in Unternehmen A hat gezeigt, daß keine verbindlichen Aussagen über das Mitarbeiterinteresse an erfolgsabhängiger Vergütung zu treffen sind, darüber hinaus widerlegt die Befragung die vielfach ins Feld geführten Vorurteile zum Typus des sich für bzw. gegen variable Entlohnung aussprechenden Mitarbeiters (vgl. Abb. 13 und Tab. 6). Auch sind die Äußerungen der Manager eher als euphemistisch zu bezeichnen, wenn sie sich zur Frage der Entlohnung äußern. So ist in Unternehmen A das Leugnen eines direkten Zusammenhangs zwischen dem geringen Grad an Produktinnovation und einer schlechten Marktsituation auf der einen Seite und dem stark ausgeprägten Wunsch des Personalleiters nach einer erfolgsorientierten Entlohnung auf der anderen zu bezweifeln. Vielmehr kann die Absicht unterstellt werden, durch Schaffung pekuniärer Anreize den Außendienst zu einem höheren Gesamtumsatz zu bringen, um damit u.a. den mangelnden Innovationsgrad der Produkte zu kompensieren.

Vor dem Hintergrund der Veränderung der Einstellungspolitik - z.B. der Vergabe von Dienstleistungsverträgen - kann bezweifelt werden, daß es die Intention der Personalleitung von Unternehmen A ist, dem leistungswilligen und –fähigen Mitarbeiter eine motivierende Möglichkeit zur „Selbstbestätigung durch Prämien“ zu geben. Vielmehr steht hinter dieser Äußerung ein tiefes Mißtrauen gegenüber der Kompetenz und dem Engagement des eigenen Mitarbeiters, der vor Ort nicht genügend kontrolliert werden kann. Während bei anderen Tätigkeitsprofilen und bei anderen Mitarbeitern des eigenen Unternehmens eine erfolgsabhängige Vergütung entweder nicht pratikabel ist oder einfach nur nicht angestrebt wird, unterstellt die Personalleitung implizit den Pharmareferenten ein „Sichausruhen“ bzw. „Verharren“ auf einem Fixgehalt. So kann eher angenommen werden, daß die dem Management subjektiv als nicht ausreichend empfundenen Kontrollmöglichkeiten durch zusätzlichen Druck kompensiert werden sollen. Damit bestätigten die Angaben der Personalleitung die Ist-Beschreibung von Sprenger (1998: 170) zu den typischen Äußerungen der verantwortlichen Manager: „‘Wir müssen nach Leistung bezahlen!‘ [...] Daß die Rahmenbedingungen, unter denen die Leistung erbracht werden soll, ganz wesentlich zum Leistungsergebnis beitragen, tut man als unerheblich oder das Problem vernebelnd ab.“

In den anderen beiden Unternehmen verursachen die vorhanden Prämiensysteme Schwierigkeiten, so befinden sich beide Unternehmen in einer permanenten Diskussion zwischen Personalleitung und Betriebsrat bzgl. der Modalitäten der Verteilung und der Höhe der variablen Vergütung. Bei Unternehmen B kommt erschwerend hinzu, daß die Zurechenbarkeit der Umsätze immer weniger gegeben ist und nach neuen Wegen der variablen Entlohnung gesucht wird. In Unternehmen C wird der angeblich besonders hohe erfolgsabhängige Teil des Gehalts als Entschädigung für ein niedriges Fixgehalt ins Feld geführt, und das zu unrecht, wie die Erhebung ergeben hat (vgl. Tab. 8).

So ist zu konstatieren, daß die Prämiensysteme offensichtlich für eine Atmosphäre permanenter Spannung sorgen; sollen sie doch letztlich Ziele verwirklichen, für die sie nicht geeignet sind: nämlich die Steuerung des Außendienstes bzw. das Sicherstellen von geplanten Umsatzzielen, die in der Regel über denen des Vorjahres liegen, ohne Berücksichtigung der aktuellen Situation des Marktes oder der innerbetrieblichen Gegebenheiten wie z.B. der eigenen Produktpipeline.

Zudem ist die als Anteil am Gesamteinkommen gemessene individuelle Prämienhöhe – auch über die gesamte Branche gesehen - als nicht so stark ausgeprägt zu bezeichnen. Mit einer Spannbreite über alle Erhebungssparten (Unternehmen, Branche, Gesamtauswertung) von 11,4% bis 14,6% rechtfertigt sie kaum diesen innerbetrieblichen Aufwand, noch wird sie in der Praxis die mit ihr verbundenen Ziele erreichen können.

(3) CAS und die Folgen

Der Einsatz von Technik im Vertrieb wird nach Winkelmann (1998) durch die Umsetzung von Team und Lean Selling sowie durch den Reorganisationsdruck, der weiterhin auf den Vertriebsabteilungen liegt, gefördert.

Die Mitarbeiter aller drei Unternehmen sind mit Laptops ausgestattet, sie nehmen mehrfach die Woche bzw. täglich mit dem Unternehmen Kontakt auf, um die neusten Informationen zu erhalten und das Berichtswesen abzuarbeiten. Allerdings zeigen die Unternehmen A und C auf, warum die Umsetzung des seit 1993 so stark propagierten Trends zum CAS stockt (vgl. Winkelmann 1998: 70). In Unternehmen A ist die mangelhafte Software ein Quell dauerhafter Unzufriedenheit im Außendienst, wofür auch die Geschäftsleitung Verständnis zeigte. Offensichtlich wird nach der Einführung eines EDV-Systems die Abhängigkeit von diesem Instrumentarium so stark, daß wenn es nicht reibungslos funktioniert, sich dieser Umstand nicht nur in stockenden Informationswegen niederschlägt. Vielmehr werden die Mitarbeiter permanent frustriert, wenn sie endlose Versuche des Verbindungsaufbaus erfolglos abschließen müssen, ohne die für ihre nächsten Arbeitstage relevanten Informationen erhalten zu haben. Auch verbessert sich nicht das Verhältnis zwischen Innen- und Außendienst, die Interviewpartner – d.h. sowohl Personalleitung wie Betriebsrat - führen den niedrigsten Wert der Umfrage als Antwort auf die Frage nach der Zusammenarbeit mit dem Innendienst auf die nicht zufriedenstellende Technik zurück. Es ist eben für das Betriebsklima nicht förderlich, wenn frustrierte Außendienstmitarbeiter anrufen und Informationen von einem überlasteten Innendienst abfordern, Konflikte sind in diesem Fall vorprogrammiert.

Daß die mit Technikeinsatz verfolgten Strategien auch heute in der Praxis noch nicht abschließend festgelegt sind (vgl. Kapitel 4.1.3.), zeigt Unternehmen C. Trotz aller Probleme und Tücken, die Computer und Netzwerke generell verursachen, sind die EDV-Systeme in den Unternehmen A und B von der prinzipiellen Ausrichtung eher als ein Außendienstunterstützungssystem angelegt. In Unternehmen C hingegen sind erst letztes Jahr die Zwangskopien jeder Email an den nächsthöheren Vorgesetzten und den Gesamtaußendienstleiter abgeschafft worden. Damit wird deutlich, daß hier CAS primär als Instrument der Außendienststeuerung und damit der Kontrolle des Außendienstes implementiert worden ist. Sicher ein Grund mit, warum die Mitarbeiter im Innen- und Außendienst Vorbehalte gegen einen erweiterten Technikeinsatz im Vertrieb haben.

Trotz aller Mängel und Vorbehalte ist der pharmazeutische Vertrieb in der Umsetzung von CAS-Systemen weit fortgeschritten. Das ein solches System relativ problemlos laufen kann und somit den Außendienstmitarbeiter wirkungsvoll unterstützen kann, zeigt Unternehmen B. Allerdings stehen in den Entscheidungsprozessen in den Unternehmen die Bedürfnisse und Ängste der Mitarbeiter hinter den Effiizienzsteigerungsinteressen des Managements zurück.

(4) Betriebsratsarbeit in der Praxis

Die Fallstudien haben gezeigt, daß sich die Betriebratsarbeit in Zeiten von Reorganisation und Verschlankung als ein schwieriges Unterfangen herausstellt, da Interessen und Bedürfnisse der Mitarbeiter in den Überlegungen des Managements nur allzu häufig zu kurz kommen, zumal dann, wenn der Marktdruck wie im Fall der pharmazeutischen Industrie zusätzlich durch das GSG verschärft wird.

Die Arbeit des Betriebsrats in Unternehmen B kann als vorbildlich bezeichnet werden. Er hat sich in einem Prozeß, der über Jahre andauerte und viele Klagen und Gerichtstermine erforderte, eine Stellung im Unternehmen erarbeitet, die von Seiten der Geschäftsführung und der Mitarbeiter entsprechend honoriert wird. In der Funktion des Co-Managements von der Geschäftsleitung anerkannt und in seiner betriebswirtschaftlichen Kompetenz akzeptiert, wirkt der Betriebsrat frühzeitig bei Entscheidungsprozessen mit: Diese pragmatische Überwindung der klassischen Fronten ist darauf zurückzuführen, daß eine Vielzahl von Entscheidungen von Hause aus durch die weitreichenden Mitbestimmungsrechte des BetrVG die Mitwirkung des Betriebsrats erfordern (vgl. Kapitel 5.1.). An dem im Vergleich zu den anderen Unternehmen sicherlich besten Betriebsklima hat er einen entscheidenen Anteil, da er sich selbst als eine Anlaufstelle für Mitarbeiter sieht und bei Problemen interveniert. Dazu gehört auch der Hinweis an den Außendienstmitarbeiter, daß er im Interesse des Unternehmens die „eine oder andere Pille zu schlucken hat“, z.B. als sich wenige Mitarbeiter über die Begrenzung der erreichbaren Höchstprämie beschwerten. Daß letzlich das Unternehmen B das höchste Gesamtentgeld bezahlt, den klassischen Konflikt zwischen Innen- und Außendienst aktiv angehen und zumindest entschärfen konnte, ist auch ein Verdienst der Betriebsratsarbeit.

Die Kommunikation zwischen Personalleitung und Betriebsrat scheint in Unternehmen A zumindest gestört, da sich die grundlegend unterschiedlichen Auffassungen zum Thema der variablen Entlohung nicht unter einen Hut bringen lassen, ja offensichtlich nicht einmal diskutiert werden können. Hier scheint ein Selbstläufer entstanden zu sein, unter dem die vielfachen anderen und wohl auch verhandelbaren Themen leiden. Wenn auch die Haltung als unnachgiebig und nach dem Interesse des Mitarbeiters ausgerichtet zu bezeichnen ist, dem Bild des Co-Managements entspricht die Betriebsratsarbeit nicht.

In Unternehmen C bezeichnen die mit Außendienstfragen beauftragten Betriebsräte selbst die Arbeit des Betriebsrats in Hinblick auf die Interessen des Außendienstes als mangelhaft. Ein Grund dafür ist, daß es sich bei Unternehmen C im Gegensatz zu den anderen Unternehmen um keine reine Vertriebsorganisation handelt, zwangsläufig müssen die Ressourcen des Betriebsrats aufgeteilt werden, für Außendienstthemen bleibt somit weniger Zeit. Allerdings ist ein Betriebsrat, der noch nie vor Gericht gegangen ist, sicherlich nicht die geeignete Anlaufstelle für Mitarbeiter bei Konflikten mit einem Vorgesetzten - zumal die Geschäftsführung öffentlich ihre negative Haltung zum Betriebsrat äußert. So wie sich der Betriebsrat in Unternehmen B seine heutige Position erkämpft hat und somit viel für die Mitarbeiter erreichen konnte, ermöglicht dagegen die Passivität und devote Haltung des Betriebsrats in Unternehmen C einen sehr hierarchischen und personifizierten Führungsstil, der durch ein tiefes Mißtrauen gegenüber dem Außendienstmitarbeiter geprägt zu sein scheint. Die Haltung gegenüber dem Betriebsrat, die als zweifelhaft zu bezeichnende Bedarfsanalyse oder auch die über einen langen Zeitraum praktizierten Zwangskopien der Emails sprechen dafür.

Es bleibt festzuhalten, daß die Betriebsräte der untersuchten Unternehmen einen Überblick über die qualitative Spannbreite von Betriebsratsarbeit bieten. Zudem wird der subjektive Eindruck durch die Erhebung bestätigt, nach der die Arbeit des Betriebsrats B mit einem Wert von 4,23 „benotet" wird, es folgt Betriebsrat A (3,94), „Schlußlicht" ist der Betriebsrat C (3,69).

(5) Die Managementstrategien

In allen Unternehmen finden sich - mehr oder weniger stark ausgeprägt - zwei parallel zueinander angewandte Typen von Strategien, um auf Marktveränderungen zu reagieren und Vertriebsorganisationen zu steuern:

(a) Die *direkten* Instrumente: Sie sind durch die offen von den Entscheidungsträgern, die überwiegend in den Personalabteilungen beschäftigt sind, dargelegte oder von den Mitarbeitern relativ leicht zu erkennende Intention gekennzeichnet. Weiteres Merkmal dieser *direkten* Strategien sind die in der Regel relativ klar abbzw. vorhersehbaren Folgewirkungen der Maßnahmen auf die Situation des Außendienstmitarbeiters:

- Reduzierung der Personalkosten im Außendienstbereich

Alle drei untersuchten Unternehmen haben die interne Ausbildung zum IHK-geprüften Pharmareferent eingestellt. Unternehmen B überträgt darüber hinaus einen Teil der Verantwortung für den Bereich der Personalrekrutierung – und somit auch einen Teil der Kosten, die Berufsanfänger verursachen - auf ein Leasingunternehmen. Unternehmen C hat durch niedrige Eingruppierung und eine „interpretative“ Umgruppierungsrichtlinie eine geringes Gesamtentlohnungsniveau.

- Erhöhung der Besuchszahl

Die stärkere Kontrolle und die absolute Erhöhung der Besuchsvorgaben wird in Unternehmen C direkt angesprochen, im Gegensatz hierzu versucht Unternehmen B durch „die Hintertür der Arbeitszeiterfassung“ bei den Linien mit überwiegend jungen Mitarbeitern die Vorgabe von Besuchszahlen wieder einzuführen.

- Steigerung der Anzahl der beworbenen Produkte

Gerade in Unternehmen A bewerben die Pharmareferenten nicht nur die meisten Produkte, sie haben nach eigener Einschätzung auch die deutlich höchste Zuwachsrate bei der Anzahl der zu bewerbenden Produkte. Der Versuch einer Erhöhung der Produktpalette des einzelnen Außendienstmitarbeiters im Rahmen eines „switchens“ ist in Unternehmen B schon in der Planungsphase aufgrund der Widerstände im Außendienst aufgegeben worden.

- Flexibilisierung des Außendienstes

Neben dem Outsourcing, das einer flexiblen Personalplanung (vgl. Kapitel 11.2.1.) dienen soll, in der Praxis jedoch oft Gefahr läuft, zu einer „hire and fire“–Strategie zu geraten, kommen auch ähnliche Strategien mit gleicher Absicht zur Anwendung. So wurden z.B. die in Unternehmen A zuletzt eingestellten Pharmareferenten mit einem befristeten Dienstleistungsvertrag ausgestattet.

- Aufgabenintegration im Außendienst

  Aber nicht nur der Personalbestand sollte sich nach Angaben der Personalverantwortlichen in den untersuchten Unternehmen flexibler und schneller an die Marktveränderungen anpassen lassen, auch der einzelne Mitarbeiter im Außendienst sollte sich künftig durch eine höhere Flexibilität bei der Bewältigung seiner Aufgaben auszeichnen. Der Widerstand gegenüber dem „switchen" in Unternehmen B zeigt, daß diese Forderung nicht ganz zu unrecht erhoben wird: Immerhin bewirbt der in Unternehmen A beschäftigte Pharmareferent eine mehr als doppelt so hohe Anzahl an Produkten als der in Unternehmen C – allerdings ist in Unternehmen A der Pharmarefernt auch mit der dazugehörigen Entscheidungsautonomie ausgestattet.

  Der Trend zum Multikontakter ist in den untersuchten Unternehmen virulent (vgl. Abb. 6), die Umsetzungsstrategien sind aber sehr unterschiedlich. Während Unternehmen A einige Mitarbeiter ausgewählt hat, um die neuen Adressatenkreise zu besuchen, gründete Unternehmen B für die Betreuung von Meinungsbildnern eine eigene Linie, Unternehmen B lagerte diesen Bereich im Zuge einer rechtlichen Verselbständigung der zuvor im Betrieb ansässigen Abteilung aus, ein weiteres Outsourcing des Unternehmens B.

(b) Die *indirekten* Instrumente: Sie sind im Gegensatz zu den direkten weniger als Reaktion auf Marktveränderung anzusehen, vielmehr sollen sie zur *Steuerung* des Vertriebs dienen. Sie sind hauptsächlich durch die Komplexität ihrer Folgewirkungen gekennzeichnet, die z.T bei Treffen der entsprechenden Managemententscheidung noch nicht abzusehen waren. So können in diesem Zusammenhang die gruppendynamischen Prozesse bei Teamarbeit, die Beeinträchtigung des Betriebsklimas bei einem fehlerhaftem CAS-System (Unternehmen A) oder aber auch Prämiensysteme generell angeführt werden.

Beide Kategorien haben gemeinsam, daß sie das Aufgabenprofil des Außendienstmitarbeiters tangieren und verändern. Wie die Fallstudien zeigen, haben die direkten Maßnahmen überwiegend nur zu Mehrarbeit für die beschäftigten Pharmareferenten geführt, eine Kompensation oder eine gleichzeitige Weiterqualifizierung beinhalten sie nicht. Die indirekten Managementstrategien sollen der Erleichterung der Arbeitssituation dienen, können aber auch leicht Verschlechterungen für die Mitarbeiter mit sich bringen. Hier sollte ein kompetenter Betriebsrat die Interessen des Außendienstes vertreten, ohne die Marktsituation und die Schwierigkeiten des Unternehmens unberücksichtigt zu lassen.

Die Fallstudien bringen deutlich zum Ausdruck, daß sich die Situation von Außendienstmitarbeitern in den letzten Jahren zunehmend verschlechtert hat. Der z.T. radikale Personalabbau bedeutete Leistungsverdichtung für die verbleibende Außendienstmannschaft, die dann die auf fehlende Innovationskraft der Unternehmen oder gesetzgeberische Maßnahmen zurückzuführenden Umsatzrückgänge kompensieren sollte. Selbst in Unternehmen B, das starke Umsatzsteigerungen verzeichnet und innovative Produkte vertreibt, versucht das Management in Form von vor allem direkten Maßnahmen, den Umsatz zu steigern, ohne auf die Bedürfnisse der im pharmazeutischen Vertrieb Beschäftigten Rücksicht zu nehmen. Die hohe Korrelation zwischen der Dauer der Außendiensttätigkeit und dem Rückgang an Motivation verwundert daher wenig. Ebenso ist den drei Unternehmen gemein, daß das Management überwiegend reagiert, statt zu antizipieren oder zu agieren. Sowohl direkte als auch indirekte Strategien haben so oft den „Beigeschmack“ wenig durchdachter Crash-Strategien.

11. Personalmanagement als Chance für Unternehmen und Beschäftigte

11.1. Personalmanagement im Spannungsfeld unterschiedlicher Zielsetzungen

Mit den neuen Managementtheorien sind zunehmend neue Begriffe und Vokabeln in die Praxis der Unternehmen eingezogen: „Unternehmenskultur", „corporate identity", „Human Resource-Managements" oder die Intensivierung von „Human Relations" am Arbeitsplatz, um nur einige zu nennen. Durch sie gewinnt unternehmensintern das Thema Personalmanagement - zumindest rhetorisch - an Bedeutung. Auch wird de facto die Personalarbeit unter dem Gesichtpunkt von Qualifizierung wichtiger, da - wie oben gezeigt – das Aufgabenspektrum der Mitarbeiter immer breiter wird und die internen Experten für Aus- und Weiterbildung damit stärker als bisher gefordert sind.

Der stehende Satz Neubergers (1991: 9): *„Der Mensch ist Mittelpunkt. - Der Mensch ist Mittel. Punkt."* umschreibt treffend das Spannungsfeld, in dem sich Personalmanagement bewegt. Das gilt in besonderem Maße für den pharmazeutischen Außendienstmitarbeiter: Auf der einen Seite steht er im strategischen *Mittelpunkt* des Unternehmens, d.h. er verantwortet den überwiegenden Teil des Gesamtumsatzes und stellt die zunehmend wichtiger werdende direkte Schnittstelle zum Kunden dar; auf der anderen ist er – wie bereits beschrieben, daß erste „*Mittel* der Wahl", wenn Umsatzrückgänge zu verzeichnen sind.

Ohne eine genaue Beschreibung der Ziele von Personalmanagement sind aber Entscheidungen und Maßnahmen der Personalabteilung nicht zu bewerten. So hat Neuberger (1991) eine Vielzahl von Definitionen zusammengestellt, aus denen das Spannungsfeld von strategischen Unternehmensplanung in Bezug auf Funktions- und Arbeitsgestaltung und den legitimen Ansprüchen der Mitarbeiter auf Förderung ersichtlich wird:

„Personalentwicklung ist die Umformung des unter Verwertungsabsicht zusammengefaßten Arbeitsvermögens" (Neuberger 1991: 3).

Diese Definition stellt das Aggregat der Mitarbeiter in den Vordergrund, Interessen der Mitarbeiter werden ebensowenig berücksichtigt wie deren Ziele; nur die Optimierungsinteressen der Unternehmen zählen. Personal ist ein Produktionsfaktor, dessen Effektivität es zu maximieren gilt. Neuberger weist zwar ausdrücklich darauf hin, daß die sozialen Beziehungen und komplexen Strukturen von Organisationen nicht vernachlässigt werden dürfen, sie sind aber ebenfalls unter Verwertungsabsicht so zu kanalisieren, daß die Ziele des Unternehmen verwirklicht werden. Arbeitsvermögen verstehe sich, so Neuberger, im reinen Sinne des Wortstamms: die *Potenz* (Kraft) und die *Potentialität* (Möglichkeit) die Erbringung einer Arbeitsleistung zu *vermögen* (vgl. ebenda).

Arbeit ist dann unter Kapitalverwertungsabsicht organisiert, wenn nicht der Mensch im Mittelpunkt steht, sondern der finanzielle Ertrag. So hat der Leistungsbeitrag für die Unternehmung höher zu sein als der betriebliche Aufwand, der für diesen Leistungsbeitrag erbracht werden muß (vgl. Hamel 1989: 60). An dieser Stelle sei allerdings die Frage erlaubt, ob bei einer derart rigiden Determinierung der Inhalte von Personalentwicklung nicht eher der Terminus „strategische Personalplanung“ angebracht wäre? Denn nach Thiess/Jacobs (1989: 112) wird unter einer strategischen Personalplanung eine „langfristige, systematische, antizipative und ganzheitliche Planung und Steuerung personeller Ressourcen eines Unternehmen“ verstanden; so wäre vor dem Hintergrund anderer Definitionen von Personalentwicklung die bei Neuberger unangebrachte positive Konnotation des Begriffs eliminiert.

Stellt Neubergers Beschreibung inhaltlich einen Pol des Spannungsfelds von Personalentwicklung dar, so kann Rüters (1988: 35) Definition als der andere bezeichnet werden:

„Personalentwicklung umfaßt [...] die systematisch vorbereitete, durchgeführte und kontrollierte Förderung der Anlagen und Fähigkeiten des Mitarbeiters in Abstimmung mit seinen Erwartungen und unter besonderer Berücksichtigung der Veränderungen der Arbeitsplätze und Tätigkeiten“.

Rüter stellt den Mitarbeiter in den Focus der Betrachtung, Unternehmensinteressen zählen für ihn nicht. So impliziert er, daß geförderte Mitarbeiter, deren Erwartungen an den Arbeitsplatz weitestgehend entsprochen wird, automatisch die effektivste Ressourcenallokation des „Humankapitals“ darstellen. Aber auch unter expliziter Nennung der Notwendigkeit von strategischer Personalplanung, quasi in Koexistenz zu Rüters Personalentwicklung, bleiben bei dieser Betrachtungsweise die Interdependenzen zwischen Personalplanung und -entwicklung unberücksichtigt. So kann z.B. ein Zielkonflikt entstehen, wenn eine Reduzierung des Personalbestands nötig wird, die in der Regel das Betriebsklima stark belastet. Die Bedrohung durch einen potentiellen Arbeitsplatzverlust wird aber kaum mit den Erwartungen eines Mitarbeiters an seinen Arbeitsplatz abzustimmen sein.

Das Personalmanagement hat so primär die Aufgabe, zwischen ökonomischen Zielen der Unternehmung und persönlichen Interessen der Mitarbeiter ein dauerhaftes Gleichgewicht zu erhalten. Die Beschreibung von Personalentwicklung nach Rüter wird im Rahmen der Arbeit als der eine Teil von Personalmanagement angesehen, den anderen stellt die Personalplanung im Sinne von Thiess/Jacobs dar. Beide Elemente ergänzen sich derart, daß Rüter den Mitarbeiter und Thiess/ Jacobs das Unternehmen in das Zentrum ihrer Forderungen stellen. So ist dann letztlich die Steuerung der Schnittmenge von Personalplanung und –entwicklung als die Kernaufgabe eines modernes Personalmangement anzusehen (vgl. Abb. 26). Oder präziser: „Harmonisierung bei Zielkonflikten und maximales Ausschöpfen der Synergieeffekte zwischen Personalplanung und –entwicklung ist die zentrale Herausforderung an ein modernes Personalmanagement."

Abb. 26: Aufgaben des Personalmanagements

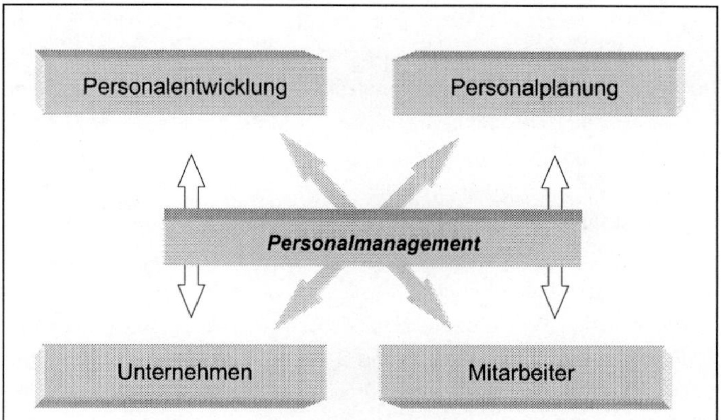

11.2. Zum Stand der Personalarbeit in der Pharmaindustrie

Auf Veränderungen der Rahmenbedingungen wurde nach Einschätzung von Experten bisher jedoch eher *re*-agiert; gestalterische und zukunftsorientierte Personalplanung beschränkte sich - wenn überhaupt - im Außendienst auf die Bereiche Personalgewinnung und –steuerung. Aber auch hier reduzierte sich die Wahrnehmung von Führungsaufgaben überwiegend auf die Anwendung von Prämiensystemen, Incentives oder die Neuaufteilung von Regionen und Linien. Schon Mitte der 80er Jahre wurde deutlich das Fehlen strategischer, d.h. langfristiger Konzepte im Bereich des Personalmanagements in der gesamten pharmazeutischen Industrie hingewiesen (vgl. Thiess/Jacobs 1989: 111).

Diese Trägheit der Personalabteilungen könnte nicht zuletzt daran liegen, daß die – wie auch Thiess/Jacobs (1989: 124f.) konstatieren – Positionen der Entscheidungsträger fast ausschließlich mit Naturwissenschaftlern besetzt wurden bzw. werden. So verschließen sich die Pharmaunternehmen „gegenüber einem großen Know-how-Potential, das insbesondere Betriebswirte, aber auch Volkswirte, Psychologen und Soziologen in die Unternehmung einbringen können". Dem Vorschlag der Autoren, durch Akquise von Hochschulabsolventen der aufgezählten wissenschaftlichen Disziplinen und gezielte Trainee-Programme diese Defizite auszugleichen, wurde mit Ausnahme weniger Großkonzerne nicht gefolgt. Vielmehr scheint eine Art von unterschwelligem Komplex hinsichtlich der eigenen Methodenkompetenz bei den Personalverantwortlichen vorzuliegen. Spricht man sie auf die fast ausschließliche Besetzung der Personalabteilungen mit Naturwissenschafter an, stößt man auf Äußerungen wie diese:

> *„Sie glauben ja nicht, wieviele Betriebswirte ich schon gesehen habe, die nur ‚Murks' machen. Wenn Mißstände existieren, dann nicht wegen der fehlenden Qualifikation in diesen weichen Fachrichtungen. Außerdem ist pharmazeutische Kompetenz und Fachwissen in jeder Abeilung ein Muß."*
> (Personalleiter von Unternehmen B)

Auffallend ist, daß in den drei intensiver untersuchten Unternehmen, wie auch in den Gesprächen mit den Personalleitern vier anderer Unternehmen, jeder einzelne Personalleiter ein „Branchenwechsler" ist: Sechs Personalleiter wechselten aus anderen Branchen in die Pharmaindustrie, einer stand vor einem Wechsel in einen anderen Industriezweig. Wenn das Wissen um die Produkte und die Branchenspezifika in der pharmazeutischen Industrie unverzichtbar sein soll, wie kann dann das höhere Management der Personalabteilung aus Branchenwechslern bestehen?

So scheint wohl doch die Einschätzung von Laukamm (1985: 245) nach wie vor zuzutreffen, daß Personalmanager, auch wenn ein gewisser Wandel in den letzten Jahren stattgefunden hat, noch immer hauptsächlich als Personalverwalter agieren, der Umsetzung von innovativeren Konzepten eher indifferent gegenüberstehen und sich aus Gründen des Kompetenzschutzes auf traditionelle und *direkte* Führungskonzepte verlassen. So laufen die Entscheidungsprozesse in der Praxis bereits quasi „mechanistisch" ab: eine gewisse Größe einer Kennzahl (insbesondere eine Differenz zwischen geplantem und realem Umsatz) löst eine bestimmte, fast schon reflexhaft zu nennende Reaktion der Führungskräfte aus.

Die Untersuchungen haben deutlich aufgezeigt, daß der Markt- und Kostendruck von den Managern ungefiltert an die Mitarbeiter weitergegeben wird. Anders können Outsourcingstrategien (Werkvertragsregelungen usw.) oder die konsequente Verschärfung des Einsatzes direkter Managementinstrumente nicht gedeutet werden. Somit war und ist es offensichtlich das Ziel der Unternehmen, überspitzt formuliert, die Personalverwaltung in gleichem Maß effektiver und flexibler zu gestalten wie z.B. die Lagerverwaltung. Nur haben Lagerbestände und Regale eben keine abnehmenden Motivationswerte und stellen keine im menschlichen Bereich liegenden Anforderungen an ihre Vorgesetzten.

11.2.1. Personalplanung

In Anlehnung an Scholz (1991: 8ff.) und Rosenberger (1990: 4ff.) sind im Vertrieb unter einer strategischen Personalplanung vor allem die Bestandsanalyse, die Personalbedarfsbestimmung, die Personalbeschaffung und –freisetzung sowie die Einsatzplanung zu subsumieren.

Legt man die Personalsituation in den Unternehmen A und B zugrunde, so kann zweifelsohne konstatiert werden, daß die Firmen der Pharmabranche bei der Umsetzung der verschiedenen Möglichkeiten der Personalbeschaffung (Leasing, Werkverträge) oder bei der Personalfreisetzung und „Wiedergewinnung" (vgl. Abb. 14) von Pharmareferenten weit fortgeschritten sind. Unternehmen C reflektiert bei dem Aufbau einer der Marktsituation entsprechenden Stärke der Außendienstmannschaft derart, daß es promovierte Naturwissenschaftler mit einer Eingruppierung in Höhe von E9 einstellt. Unternehmen B überläßt einer Leasingfirma für eine sechsmonatige „Testphase" ihre neuen Mitarbeiter. So zeigt sich deutlich, daß die Unternehmen nicht nur auf die Situation des Absatzmarktes, sondern auch auf die Lage am Arbeitsmarkt reagieren.

Schon an diesen Beispielen wird das Kernproblem der pharmazeutischen Industrie im Bereich der Personalplanung deutlich: Die Personalabteilungen orientieren sich zunehmend stärker in ihrer Ausrichtung an den strategischen Unternehmenszielen. Zwischen den Unternehmensstrategien und den Aufgaben im Bereich der Personalplanung liegt ein den Systemen immanenter Zielkonflikt: Personalplanung unterliegt einer anderen Zeitgestaltung.

Die strategische Führung im Unternehmen ist umso kurzfristiger, desto hektischer oder dynamischer sich die Märkte entwickeln. Da man schon immer in den Pharmaunternehmen stark auf die Umsatzentwicklung fokussiert war, lag der strategischen Ausrichtung der Pharmaunternehmen traditionell ein relativ geringer zeitlichen Horizont zugrunde. „In turbulenten Zeiten sind langfristig stabile Unternehmensstrategien selten, gleichzeitig erfordert Personalentwicklung als Investition einen oft mehrjährigen Planungshorizont. Damit werden aus Managementsicht aber die Unsicherheiten so groß, daß es oft vernünftiger erscheint, mit den Personalproblemen [...] operativ umzugehen" (Looss 1995: 30). Durch das GSG und die in dieser Zeit verstärkt einsetzende Fusionswelle verkürzten sich die schon traditionell kurzen Zeiträume nochmal deutlich, ja ein fast schon hektisch zu nennender Managementaktionismus brach aus, die Personalabteilungen kamen in ihrem Bemühen um Reduktion des Zeitrahmens für Planung und Entscheidung kaum nach.

Operatives Umgehen mit Personal ist aber ein Synonym für eine Verschärfung der – wenn sie kurzfristig anwendbar sind - direkten Managementstrategien (vgl. Kapitel 10). Der von Managern in diesem Zusammenhang gern gebrauchte Terminus „Flexibilisierung" wirkt vor diesem Hintergrund wie ein Euphemismus: Nicht eine vorbereitete Vertriebsmannschaft bewältigt flexibel die Anforderungen eines dynamischer werdenden Marktes, die Entscheidungen werden ambivalenter und für den Außendienstmitarbeiter immer weniger nachvollziehbar, die Mitarbeiter sind die unvorbereiteten ausführenden Organe, oftmals die Leidtragenden.

Thiess/Jacobs verweisen nicht ohne Grund in ihrer Definition auf den antizipativen Charakter von strategischer Personalplanung: Nimmt man Marktentwicklungen unternehmensintern vorweg, hat man als Unternehmen nicht nur einen Vorteil gegenüber der Konkurrenz, die Entscheider in der eigenen Personalabteilung gewinnen auch Zeit. Nach dieser These kann durchaus die Vermutung geäußert werden, daß z.B. Unternehmen B eine (noch) stärkere Marktposition inne hätte, wenn in der Personalabteilung ein längerfristiger Planungshorizont vorgelegen hätte und der Fokus des Handelns nicht so stark auf direkte Managementmethoden ausgerichtet gewesen wäre. Es ist zu bezweifeln, daß der Grund für eine derartige Personalfluktuation ausschließlich auf die Unsicherheit die eigene Produktpalette betreffend zurückzuführen ist.

Auch wenn die Personalkosten gerade im Außendienst sehr hoch sind, hat sich trotzdem gezeigt, daß kurzfristig orientierter Personalabbau nicht zwingend kostensparend und somit risikomindernd ist. Zumindest dann nicht, wenn wie bei Unternehmen B nach einer relativ kurzen Zeitspanne wieder eine Vergrößerung der Außendienstmannschaft einsetzt, was mit erheblichem Rekrutierungs- und Einarbeitungsaufwand und entsprechenden Kosten verbunden ist, von den Auswirkungen einer Entlassungswelle auf das Betriebsklima ganz zu schweigen. Der „scheinbare" Ausweg aus diesem Dilemma – nach erfolgtem Personalabbau mit einer Leasingstrategie weiterzuarbeiten – hat sich als trügerisch erwiesen. In Unternehmen B war langfristig ein solches Vorgehen nicht durchsetzbar, in Unternehmen C wurden überwiegend negative Erfahrungen mit solchen Outsourcingkonzepten gemacht. Eine in den Interviews häufig genannte Einschätzung war, daß Leasingaußendienste kein adäquater Ersatz für den eigenen Außendienst sind, häufig hinterlassen Leasingaußendienstmitarbeiter „verbrannte Erde" in ihrer Region, ein immenser Schaden für das Unternehmen und wiederum mit hohen Kosten verbunden.

11.2.2. Personalentwicklung

Eine adäquate Qualifizierung der Mitarbeiter gilt als eine Voraussetzung für Reorganisationserfolge: ein „schlanker" Vertrieb (vgl. Kapitel 4) stellt eben auch neue Anforderungen an Personalentwicklungsprogramme. Der Spruch: „Der Mensch wächst mit seinen Aufgaben" erfüllt sich nicht automatisch. Eine begleitende, wenn nicht sogar prospektive Qualifizierung der Mitarbeiter ist schon in der Phase der Planung von Reorganisationsmaßnahmen eine notwendige Bedingung für ein Gelingen des Reengineerings.

Unter Berücksichtigung der Definition von Personalplanung und bei der Einbettung unter den Oberbegriff des Personalmanagements wird im Kontext der Arbeit unter Personalentwicklung die inner- oder außerbetriebliche Aus- und Weiterbildung, entweder on oder off the job, aller an der Wertschöpfung beteiligten Personen der jeweiligen Unternehmensabteilung verstanden (vgl. Domsch 1999: 469).

Konkretisiert man die Definition in Hinblick auf den pharmazeutischen Vertrieb sind folgende Aufgaben und Ziele der Personalentwicklung hervorzuheben (vgl. Poy/ Weißbach 1995):

- Personal- und Potentialbeurteilungen
    - Bildungsbedarfsanalysen (eher unternehmens- bzw. abteilungsübergreifend)
    - Qualifikationsanalysen (eher personenbezogen)
    - Assessment Center
- Gezielte Förderung der Mitarbeiter
    - Nachfolgeplanung
    - Laufbahnplanung
    - Traineeprogramme
- Motivierung der Mitarbeiter
- Optimierung von Führungsaufgaben und -funktionen

Ein weitere zentraler Gesichtspunkt von Personalentwicklung ist die Harmonisierung dieser Instrumente. So nutzt z.B. eine konsequente Förderung von Fachkräften weder dem Unternehmen noch dem Mitarbeiter, wenn eine entsprechende Laufbahnplanung für diesen Personenkreis fehlt.

Zwischen Theorie und Praxis liegt allerdings nur allzu häufig ein langer Weg, ein für den Bereich der Personalentwicklung zutreffender Ausspruch. Es kann nicht die Frage sein, ob in den Vertriebsorganisationen der Pharmaindustrie eine permanente Qualifizierung der Außendienstmitarbeiter betrieben wird, da z.B. regelmäßige Rhetorikseminare und Verkaufsschulungen zwangsläufig zum Berufbild des Pharmareferenten gehören. Auch geben 78,19% der Befragten Außendienstmitarbeiter an, daß bei ihnen Personalbeurteilung stattfinden. Diese Maßnahmen zur Personalschulung können aber auch als eher traditionelle und notwendige Bausteine des bereits beschriebenen Personalverwaltens angesehen werden; innovative Konzepte von den Personalverantwortlichen, die überwiegend einen naturwissenschafltlichen Background haben, sind nur selten in den Vertriebsorganisationen vorzufinden. Der zentrale Grund für diesen Zustand dürfte in der fast ausschließlichen Fokussierung auf die meßbaren Größen, allen voran der Umsatzhöhe, liegen. Personalgespräche haben nach Aussage vieler interviewter Pharmareferenten mehr oder weniger den Umsatz des Pharmareferenten als Inhalt, und zwar in allen Facetten, d.h. in Vergleich zum geplanten Umsatz (Forecast), bezogen auf den Umsatz der Konkurrenz in diesem Gebiet, usw.

Auch gezielte Qualifizierung erstreckt sich fast ausschließlich auf den Verkaufserfolg, sie steht im Mittelpunkt der betrieblichen Aus- und Weiterbildung, nicht zuletzt sind auch die festangestellten Trainer oder Coaches überwiegend für den Bereich Verkaufsschulung zuständig. Daneben existiert noch ein weniger bedeutender Bereich von Qualifizierung, hier kann der Mitarbeiter in der Regel aus einem Katalog von Veranstaltungen wie z.B. „Arbeiten mit Windows 98“ einige für ihn wichtige auswählen.

Bei der Besetzung von Führungspositionen, und hier ist insbesonders die Ebene der Regional- oder Gebietsleiter angesprochen, wird wenig systematisch verfahren. Bei der für Mitarbeiter motivierenden Laufbahnplanung, die zugleich für das Unternehmen den wichtigen Bereich der Besetzung von Führungspositionen bedeutet, beschränken sich die Auswahlkriterien für Führungskräfte stark auf die Kriterien Umsatzniveau und Berufserfahrung bzw. Betriebszugehörigkeit. Pars pro toto hierzu ein Betriebsrat aus dem Unternehmen B:

> *„Wenn mal eine Stelle als Regionalleiter zu besetzen ist, schaut man in die Umsätze der letzten Quartale und guckt sich einen aus. Stimmt die Betriebszugehörigkeit und ist sonst nichts Besonderes vorgefallen, fragt man eben: ‚Machst Du's?'“*

Letztlich beschränkt sich in der Pharmaindustrie offensichtlich Führung von Außendienstorganisationen auf eine Intensivierung der direkten Managementmethoden, die Verantwortlichen des Personalmanagements konzentrieren sich auf meßbare Erfolge und richten nach diesen ihr Handeln aus. Durch die dezentrale Organisationsstruktur im Außendienst stand der einzelne Mitarbeiter schon immer zwangsläufig stärker im Blickpunkt des Unternehmens, er ist seit jeher eine Art eigene Organisationseinheit, die von Unternehmensseite her wie ein profit center geführt wird. Soziale und kommunikative Bedürfnisse des Mitarbeiters an seinen Arbeitsplatz wurden so in den aus „Einzelkämpfern“ bestehenden Organisationen traditionell vernachlässigt - spätestens seit Inkrafttreten des GSG verschärft sich dieser Trend zunehmend.

11.3. Anforderungen an ein modernes Personalmanagement im Pharmavertrieb

Wenn aber das „Einzelkämpertum“ permanent zunimmt, so werden für den Pharmarefernten die Themen Personalmanagement und Führung umso bedeutender, da er keine Kollegen hat, mit denen er direkt zusammarbeitet. Der Außendienstmitarbeiter bezieht Lob, Anerkennung, Kritik, Feedback etc. fast ausschließlich durch seinen Vorgesetzten oder die Personalabteilung. Werden hier Fehler gemacht, sind die Folgen gravierender und langfristiger als in anderen Organisationen oder Abteilungen, dies ging aus den Fallbeispielen deutlich hervor. In diesem Kapitel wird daher auf der Grundlage der empirischen Ergebnisse ein Katalog von Anregungen und Verbesserungsvorschlägen entwickelt, der auf die im Rahmen der Untersuchung identifizierten Defizite reflektiert.

Im folgenden soll es nicht – um Mißverständnissen vorzubeugen - um ein „Wegdiskutieren“ von Konsequenzen im Bereich des Personalmanagement gehen, die durch einen gestiegenen Marktdruck entstanden sind: Vielmehr wird der Frage nachgegangen, ob nicht mehr als je zuvor flankierende Maßnahmen der Personalentwicklung angezeigt wären und ob nicht eine Verlagerung von direkten zu indirekten Maßnahmen im Bereich des Managements in gleicherweise effektiv sein kann, da sie stärker Mitarbeiterbedürfnisse berücksichtigt.

11.3.1. Führung im Außendienst

Dem direkten Vorgesetzten des Pharmarefernten, in der Regel ist das der Regional- oder Gebietsleiter, kommt in einer Außendienstorganisation eine hohe Bedeutung zu. Er ist praktisch die Personifizierung des Unternehmens bzw. er ist sowohl der Übermittler übergeordneter Entscheidungen als auch ein Kompetenz- und Entscheidungsträger für den Außendienstmitarbeiter. Im Außendienst hat der direkte Vorgesetzte besonders in der letztgenannten Funktion – als Entscheidungsträger – einen hohen Einfluß auf den Mitarbeiter und seine Arbeitssituation.

Zwischen direktem Vorgesetzten und Außendienstmitarbeiter existiert eine gemeinsamen Arbeitskultur, die ein noch stärkeres „sensibles Innenverhältnis" als in weniger dezentralen Organisationsformen erzeugt (vgl. Kotthoff 1997: 109). Dieses Verhältnis konstituiert sich überwiegend aus dem auf beiden Beteiligten gleichermaßen lastende Umsatzdruck und der Situation, daß Regionalleiter und Mitarbeiter in ihrem Gebiet – überspitzt formuliert - „auf sich allein gestellt und somit bei Problemen aufeinander angewiesen sind". Zudem kommt dem nächsthöheren Vorgesetzten eine weniger bedeutende Rolle zu, da dieser in der Regel in der Zentrale angesiedelt ist. Er kann vor allem die ihm zukommende wichtigste Aufgabe - die des Konfliktmanagers - die seinen Stellenwert für den Mitarbeiter in einer zentralen Organisationsformen wie z.B. der Produktion kennzeichnet, kaum wahrnehmen (vgl. Weibler 1999: 313). Diesen Eindruck bestätigen auch die Fallstudien: In Unternehmen A wurde der aus der mangelhaften EDV resultierende Frust telefonisch an dem zuständigen Innendienstmitarbeitern ausgelassen, in Unternehmen B ist aus der Unternehmenshistorie heraus dem Betriebsrat die Rolle des „informellen Konflikt*managers*" zugekommen. Bei Unternehmen C kann kaum von einem auch nur annähernd partizipativen Führungsverständnis oberhalb des direkten Vorgesetzten gespochen werden.

11.3.1.1. Aufgaben des direkten Vorgesetzten

Nach Oehme (1979: 14) können zunächst die Aufgaben eines Gebietsleiter generell in *Leitungsfunktion* (fachliche Weisungen, Kontrolle des Mitarbeiters) und *Führungsfunktion* (Weitergabe von Informationen, Gestaltung einer leistungsfördernden Organisation, motivierendes Verhalten gegenüber Mitarbeitern, etc.) unterteilt werden. Während sich die Inhalte der Leitungsfunktion in den letzten Jahrzehnten kaum verändert haben, werden die einzelnen Aspekte der Führungsfunktionen zunehmend wichtiger. Zur Unterscheidung beider Bereiche ein Beispiel:

Begleitbesuche (Leitungsfunktion), in denen der Gebietsleiter die Gesprächsführung übernimmt, nutzen wenig, wenn der Vorgesetzte den Mitarbeitern ein gutes Arztgespräch vorführen möchte, lernt doch der Mitarbeiter hier bestenfalls, wie gut sein Vorgesetzter als Mitarbeiter wäre. Hauptanliegen kompetenter Begleitbesuche sollte es indessen sein, hinter der Fassade von Umsatzzahlen das konkrete Arbeitsverhalten zu sehen. Dazu braucht der Vorgesetzte vor allem die Fähigkeit, daß Gesprächsverhalten des Mitarbeiters in all seinen Facetten zu analysieren. Erst die dem Mitarbeiter plausible und nachvollziehbare Erläuterung seiner Beobachtungen (Führungsfunktion) dient dann als Grundlage für Zielsetzungen im weiteren Arbeitsverhalten und können den Mitarbeiter motivieren und seinen Verkaufserfolg erhöhen (vgl. Seibt: 1989: 507).

Die Kompetenz der ersten Führungsebene im Außendienst nimmt somit immer stärkeren, nachhaltigeren Einfluß auf die Beratungsfähigkeit und die Arbeitszufriedenheit der Mitarbeiter (vgl. ebenda). Die Kernfrage, die sich aus dieser Situation ergibt, lautet: Um welche Kompetenzen handelt es sich?

Zunächst ist der situative Aspekt von Führung zu berücksichtigen (vgl. v. Rosenstiel 1999: 14), daher wird in erster Linie durch das ausgeprägte Innenverhältnis zwischen Vorgesetztem und Pharmareferent im Außendienst die Persönlichkeitseigenschaften des Führenden zum Tragen kommen. Eine Studie von *Korn/ Ferry International*, bei der 1500 Führungskräfte nach den wichtigsten Führungseigenschaften befragt wurden, zeigte folgendes Ergebnis: 1988 kennzeichnete den idealen Manager Loyalität, Intelligenz und das Vorhandensein ethischer Grundsätze. Im Jahre 2000 werden nach dieser Untersuchung die wichtigsten Anforderungen sein, daß er Anregungen geben kann, daß er Begeisterungsfähigkeit und Kreativität besitzt (vgl. Regnet 1999: 59); also Eigenschaften, die vor allem auf den persönlichen Kontakt zwischen Führungskraft und Mitarbeiter abzielen und das Verhältnis zwischen ihnen charakterisiert.

Der Vorgesetzte hat den Mitarbeiter aber nicht nur - im weitesten Sinne - zu führen, er muß ihn auch bewerten. In fast acht von zehn Fällen hat der Gebietsleiter eine fest vorgeschriebene und in regelmäßigen zeitlichen Abständen stattfindende Personalbeurteilung vorzunehmen. Hinzu kommt, daß ca. zwei von drei Pharmareferenten angeben, daß sie mit ihrem Vorgesetzten weitere Zielvereinbarungen treffen.

Beurteilungsgespräche sind für alle Beteiligten eine schwierige Situation: zum einen sollen in ihnen Defizite der Mitarbeiter ermittelt werden, um geeignete Qualifizierungsmaßnahmen einleiten zu können, zum anderen besteht aber auch die Gefahr der Selektion von Personal z.B. vor einem bevorstehenden Personalabbau (vgl. Kapitel 4.2.6.). Bei den Mitarbeitern bestehen verständliche Ängste davor, Schwächen offenzulegen, zumal dann, wenn die Vergütung, die Zukunft im Unternehmen oder die eigene Karriere an die Personalbeurteilung gekoppelt ist. Die Mitarbeiter verhalten sich strategisch, vermeiden vielleicht auch eine offene Fehlerdiskussion. Das Mitarbeitergespräch bietet jedoch trotz der asymmetrischen Kommunikationssituation für den Mitarbeiter Möglichkeiten, auf die Gestaltung seiner Arbeitsaufgaben Einfluß zu nehmen, sie zu diskutieren und Vereinbarungen zu treffen – wenn der Vorgesetzte dies zuläßt. Im Außendienst wird die Bedeutung solcher Gespräche nochmal deutlich verschärft, da die Wahrnehmung des Mitarbeiters und seiner Leistung (mit Ausnahme des erzielten Umsatzes) nur im Rahmen dieser Bewertung stattfindet.

Der Vorgesetzte kann sich leicht in die Lage versetzt sehen, sich taktisch verhalten zu müssen. Neben dem in Kapitel 8.1.2. beschrieben Paradoxon bedeuten z.B. permanent gute Benotungen für einen Außendienstmitarbeiter mit hohem Umsatzpotential eine erhöhte Gefahr, diesen Mitarbeiter im Zuge einer Beförderung zu verlieren, erst recht wenn eine Stelle als Gebietsleiter vakant ist (vgl. Toemmler-Stolze: 1995). Eine zu unrecht erteilte schlechte Bewertung dürfte nicht gerade leistungsfördernd wirken, so daß im Falle einer negativen Beurteilung auch hier ein Grund für einen Umsatzrückgang beim Mitarbeiter liegen kann.

Personalbeurteilungen wirken aber nicht nur zur Zentrale hin, sie sind auch ein motivierend wirkendes Feedback für den Außendienstmitarbeiter, zumindest wenn dieser von der Richtigkeit der Einschätzung überzeugt ist. Von welchen Faktoren aber hängt denn aus Mitarbeiterperspektive gesehen die Personalbeurteilung ab?

Den stärksten Einfluß auf die empfundene Richtigkeit der Einschätzung durch die Personalbeurteilung hat die durch den Außendienstmitarbeiter empfundene Qualität der Betreuung durch den Vorgesetzten (vgl. Abb. 27). Im Gegensatz dazu hat der Zusammenhang des Grads an wahrgenommener Kontrolle durch den Vorgesetzten nur bei extrem ausgeprägter Wahrnehmung dieser Kontrolle (Ausprägung 5 und 6 auf der Befragungsskala) eine Wirkung auf die Personalbeurteilung. Andere in der Person des Außendienstmitarbeiters liegende Merkmale wie z.B. Geschlecht, Alter oder Entlohnungshöhe haben hingegen keinen signifikaten Einfluß auf die Aussagekraft der Personalbeurteilung.

Abb. 27: Der Einfluß des Vorgesetzten auf die Personalbeurteilung

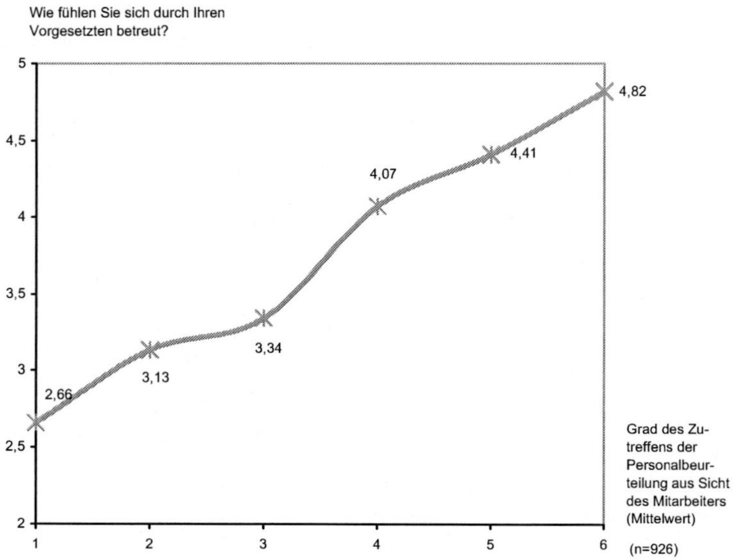

Der Gebietsleiter hat den Mitarbeiter nicht nur zu bewerten, er soll im Rahmen der Führungsführungsfunktion den Mitarbeiter auch zu einer höheren Leistung motivieren. In der Regel trifft er hierzu mit dem Mitarbeiter (Ziel-)Vereinbarungen sowohl in Bezug auf quantitative als auch quantitative Ziele. These ist es, daß sich der Pharmareferent umso stärker um Zielerreichung bemüht, desto enger er sich an die Vereinbarung gebunden fühlt. Im Rahmen der Erhebung wurde dabei nicht unterschieden, ob die Ergebnisse der Zielvereinbarungsgespräche schriftlich (u.U. auch mit Unterschrift der Beteiligten) festgehalten wurden oder nicht. Auf dieses Bindungsgefühl hat die Betreuung durch den Vorgesetzten oder der Grad an der durch ihn ausgeübten Kontrolle keinen deutlichen Einfluß. Wie aber Abb. 28 zeigt, ist die durch den Mitarbeiter empfundene Partizipationsbereitschaft beim Vorgesetzten bzw. dessen „ausgesendete" Bereitschaft, auf den Mitarbeiter einzugehen, ein Erfolgsfaktor für das Instrument Zielvereinbarung.

Abb. 28: Partizipation und Zielvereinbarungen

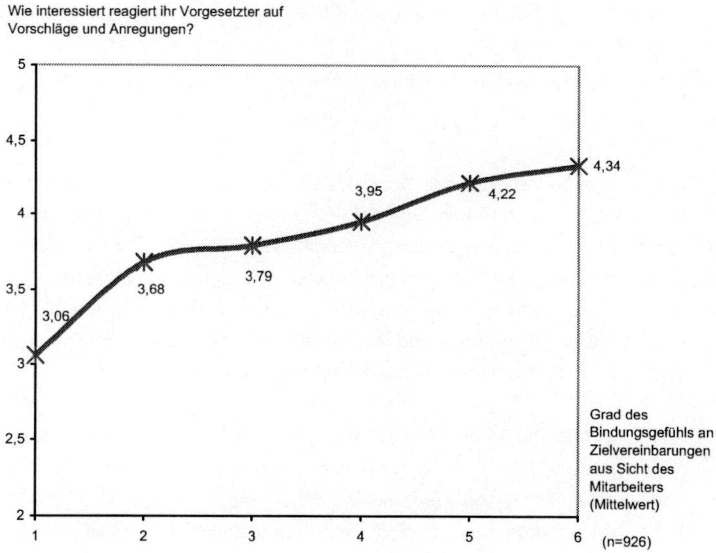

Aus Unternehmenssicht formuliert arbeitet nach den Untersuchungsergebnissen ein direkter Vorgesetzter dann effektiv, wenn er unter Wahrnehmung seiner Leitungsfunktion dem Mitarbeiter ein Gefühl des Interesses an seiner Person und einer guten Betreuung vermittelt. In diesem Fall kann es dann sogar zu einer Zielkongruenz zwischen Unternehmens- und Mitarbeiterinteressen kommen.

11.3.1.2. Die Situation des mittleren Managements

Die Vorgesetzten des mittleren Managements, in Außendienstorganisationen sind dies die Regional- bzw. Gebietsleiter, sahen sich durch das GSG und dem seinerzeit einsetzenden Lean Selling mit einer für sie völlig neuen Situation konfrontiert: Zum ersten Mal in der Nachkriegsgeschichte waren ihre Jobs im Zuge des Hierarchieabbaus und der Kostenorientierung gefährdet. Die Zeitschrift Capital startete 1994 eine Umfrage unter Führungskräften, um die Auswirkungen dieser Entwicklung zu analysieren. Die Ergebnisse waren deprimierend (vgl. Lentz 1994: 100ff):

- 85% der befragten Führungskräfte erlebten eine größere Unsicherheit,
- mehr als jeder Dritte stand unmittelbar vor der inneren Kündigung oder hatte sie bereits vollzogen,
- über 60% begleiteten den Wandel enttäuscht, ängstlich oder unsicher,
- 65% gaben an, daß sich ihre Entscheidungsspielräume verkleinert haben.

Das in einem solchen Klima Demotivation und Resignation gedeihen, liegt auf der Hand. Hektik, Intrigen und Gerüchte nahmen zu, Unsicherheit griff um sich, Führungskräfte versuchten akribisch, jeden Fehler zu vermeiden. Wie sollen aber derart unter Druck geratene Führungskräfte Mitarbeiter motivieren, um die Krise zu meistern? Die befragten Manager sahen den Ausweg in einer Intensivierung von kooperativer Führung und Kommunikation mit dem Mitarbeiter, aber auch in einer kompetenteren und transparenteren Personalpolitik.

Auch wenn in der Pharmaindustrie der Schock des GSG heute überwunden ist, die Folgen sind derzeit noch deutlich zu spüren. Der seinerzeit geforderte Prozeß des Umdenkens in den Personalabteilungen setzte *nicht* ein, auch heute - wenn auch weniger dramatisch - sind die Führungskräfte von häufigen Umstrukturierungen, neuen Gebietsaufteilungen und höherem Ergebnisdruck betroffen.

Für die direkten Vorgesetzten im Außendienst sind keineswegs die Arbeitsplätze gesichert, dies zeigt die in den Unternehmen heftig entbrannte Diskussion um die zukünftige Bedeutung des mittleren Managements. Im Rahmen dieser Kontroverse kristallisieren sich mehr und mehr zwei Lager innerhalb der oberen Führungsetagen heraus:

- Die eher funktional-orientierten Manager gehen von einer deutlichen Reduzierung des mittleren Managements aus: Informationen werden immer stärker über CAS weitergegeben, Pro-Kopf-Umsatzermittlung und -kontrolle findet schon heute in den Zentralen statt, Produktinformationen werden auf größeren Tagungen von Produktmanagern weitergegeben, Verkaufstrainings werden von internen oder externen Spezialisten abgehalten, so die Argumentationskette. Die verbleibenden Gebietsleiter können künftig eine deutlich höhere Anzahl an Pharmareferenten und damit ein sehr viel größeres Gebiet betreuen (Entwicklungstrend A).

- Die auf den menschlichen Aspekt von Führung bedachten Manger gehen von einer Aufstockung des mittleren Managements aus: Kontrolle erstrecke sich nicht nur auf den Umsatz und sei von einer Zentrale aus nicht ausreichend auszuüben, daß Unternehmen muß aber dennoch für den Außendienstmitarbeiter greifbar sein. Eine Intensivierung der Führungsaufgaben, d.h. von Mitarbeitergesprächen, Zielvereinbarungen und Personalbeurteilung wird in einem schärfer werdenden Wettbewerb unverzichtbar, da die Belastungen für den Pharmareferent langfristig zunehmen werden (Entwicklungstrend B).

Wie polarisiert die Diskussion geführt wird, zeigt die Äußerung einer Vertriebsleiterin aus Unternehmen B:

> *„Wir diskutieren diese Frage sehr häufig. 50% wollen die Anzahl der Regionalleiter halbieren, die anderen 50% wollen sie verdoppeln."*

Das auch die Betroffenen die Gefahr eines erneuten Hierarchieabbaus erkennen, zeigt der Umstand, daß sie sich gegen eine intensivere Nutzung von CAS wehren, ja sie boykottieren sogar durch eine zu langsame Bearbeitung der Daten die Effizienz der derzeit eingesetzten EDV-Systeme (vgl. Winkelmann 1998: 71).

11.3.2. Motivation im Pharmaaußendienst

Kaum eine Managementaussage, Personalentwicklungsmaßnahme oder Führungstheorie kommt ohne den Begriff der Motivation aus. Vor diesem Hintergrund wird im folgenden der Aspekt der Motivierung von Außendienstmitarbeitern näher beleuchtet. Was aber ist Motivation? Nach dem Duden (1986: 472) lautet die aus dem lateinischen kommende Definition: „Die Beweggründe, die das Handeln eines Menschen bestimmen". Diese Beschreibung zielt auf das *„Warum"* menschlichen Handelns ab, in Unternehmen steht aber die zentrale Frage im Mittelpunkt: *„Wie"* kann beim Mitarbeiter ein bestimmtes, erwünschtes Verhalten erzeugt werden?"

Um dieser feinsinnigen und im Rahmen dieser Arbeit eher als akademisch zu bezeichnenden Unterscheidung zu entgehen und zu einer pragmatischen Definition von Motivation zu gelangen, wird im folgenden unter dem Begriff Motivation das *„Erzeugen, Erhalten und Steigern der Verhaltensbereitschaft durch den Vorgesetzten sowie durch Anreize"* verstanden (vgl. Sprenger 1998: 22).

Diese Beschreibung verdankt ihre besondere Griffigkeit für die Analyse von Außendienstorganisationen im Hinblick auf Motivierung von Mitarbeitern den gleichwertig genannten Termini *Vorgesetzte* und *Anreize*. Zwar wird in dem überwiegenden Teil der Veröffentlichungen zu dem Thema Führung und Motivation die enge Verknüpfung von Führungsverantwortlichem und Mitarbeiter herausgearbeitet, in der Praxis der pharmazeutischen Außendienstorganisationen fokussiert sich aber der weite Bereich von Motivation fast ausschließlich auf leistungsorientierte Gehaltsbestandteile und geldwerte Entlohnung (vgl. Kapitel 3.5.3.2.f).

Das angesichts der Faktoren wie z.B. der erhöhten Fahrzeit, den kürzeren Gesprächszeiten oder der verstärkten Unsicherheit über die eigene berufliche Zukunft im Unternehmen die Motivation der Pharmarefernten ein virulentes Thema ist, liegt auf der Hand. So nehmen z.B. die Zufriedenheitswerte mit zunehmender Dauer der Betriebszugehörigkeit ab (vgl. Abb. 20). In dem Unternehmen B war zwar diese Tendenz aufgrund der relativ schnell wechselnden Einstellungs- und Entlassungsphasen deutlicher ausgeprägt, das Ergebnis gilt aber auch für die Branchen- und Gesamterhebung. Nach der Definition von Sprenger kann bei einer gesunkenen Zufriedenheit unterstellt werden, daß die Motivation, d.h. die Bereitschaft eine Beratungs- oder Verkaufsleistung zu erbringen, gesunken ist. Eine Zustandsbescheibung, die in den Gesprächen mit Pharmareferenten immer wieder Bestätigung fand. Bei den jüngeren Pharmareferenten, die noch nicht sehr lange in diesem Beruf tätig sind, intendiert die Freude über den Erhalt eines Arbeitsplatzes zunächst hohe Zufriedenheitswerte und eine hohe Motivation, die von der Regionalgruppe Regensburg[35] deutlich auf den Punkt, gebracht wird:

> *„Nach jahrelanger Quälerei in stinkenden Labors und unsinnigen Denksportaufgaben zum Periodensystem der Elemente [...] stehen viele Chemiker nach Examen und Doktorarbeit mit leeren Händen da: Bundesweit 50 freie Stellen für fast 6500 Chemiker meldete das Arbeitsamt. Wo viele Arbeitslose und eine gewisse Weltfremdheit zusammenkommen, da ist offenbar vieles möglich: Die Uni Nürnberg schrieb eine Vollzeitstelle für einen diplomierten Chemiker im Institut für Gerontologie aus, befristet auf ein Jahr, Monatsgehalt 1000 Mark - brutto, versteht sich. Das Interesse war "rege", [...] die Stelle im Handumdrehen vergeben. [...] Manch ein Absolvent ist [...] schon froh, nach 150 Bewerbungen doch noch einen einigermaßen bezahlten Job zu ergattern - und sei es als [...] Pharmareferent."*

35 http://rchs4.chemie.uni-regensburg.de/jcf/text2.htm, 11.04.1999, zitiert nach Süddeutsche Zeitung vom 25./26. Oktober 1997.

Da aber diese anfängliche Euphorie relativ schnell nachläßt und auch bei dieser Personenguppe ein Prozeß der Demotivation einsetzt, werden im folgenden anhand der Untersuchungsergebnisse die beiden einzigen, sowohl nach der Definition als auch gerade im Außendienst, prinzipiell zu Verfügung stehenden „Motivationsinstrumente" – Führungsstil und materielle Anreize - und ihre Interdependenzen auf ihre Bedeutung und Effizienz hin analysiert.

11.3.2.1. Die Bedeutung des Vorgesetzten: Der Vorgesetzte als „Motivator"?

Der Versuch, die Frage nach der künftigen Bedeutung des mittleren Managements, zu beantworten, kommt nicht ohne die Berücksichtigung motivationstheoretischer Aspekte aus. Wenn zuvor gesagt wurde, daß der direkte Vorgesetzte aus dem Blickwinkel des Außendienstmitarbeiters quasi die Personifizierung des Unternehmens darstellt, so deckt er zugleich auch ein breites Spektrum von Motivation ab, das im persönlichen bzw. zwischenmenschlichen Bereich liegt.

Zunächst gilt es festzuhalten, daß die durch den Mitarbeiter wahrgenommene Qualität der Betreuung durch den Vorgesetzten (vgl. Tab. 9) oder der Grad an durch ihn ausgeübter Kontrolle (vgl. Tab. 10) offensichtlich in keinem *linearen oder proportionalem* Zusammenhang mit dem erzielten Pro-Kopf-Umsatz steht.

Tab. 9: Vorgesetzter und erzielter Pro-Kopf-Umsatz des Außendienstmitarbeiters (1)

Wie fühlen Sie sich durch Ihren Vorgesetzten betreut?		Umsatzindex (in DM)	Anzahl der Nennungen
schlecht	1	608.000	96
	2	696.000	94
	3	790.000 X	165
	4	704.000	143
	5	690.000	215
gut	6	592.000	192

Tab. 10: Vorgesetzter und erzielter Pro-Kopf-Umsatz des Außendienstmitarbeiters (2)

Wie stark fühlen Sie sich durch Ihren Vorgesetzten kontrolliert?		Umsatzindex (in DM)	Anzahl der Nennungen
gar nicht	1	622.000	151
	2	694.000	256
	3	776.000 X	202
	4	646.000	160
	5	590.000	92
stark	6	682.000	45

Dieses Ergebnis spricht zunächst eindeutig für den Entwicklungstrend A: In dem sich fast ausschließlich am Umsatzsteigerungskriterium orientierten pharmazeutischen Außendienst sind Führungseigenschaften der mittleren Führungsebene, ja sogar extrem wenig oder stark ausgeübte Kontrolle, nicht direkt umsatzwirksam. So liegt der Schluß nahe, die Führungs- und die Leitungsfunktionen künftig stärker durch CAS-Systeme zu übertragen. Ein weiteres Argument ist der als niedrig zu bezeichnende Einfluß, den die Pharmareferenten auf die Absprache von Vorgaben oder Zielvereinbarungen haben (vgl. Abb. 23). Einen umsatzwirksamen Motivationseffekt scheint der Vorgesetzte und sein Verhalten somit auch nicht zu haben.

Die Ergebnisse erlauben noch einen anderen Rückschluß: Den höchsten Umsatz erzielen die Außendienstmitarbeiter, die einen Vorgesetzten haben, der einen kooperativen Führungsstil pflegt, d.h. der den „goldenen Mittelweg“ im Spannungsfeld von Unternehmens- und Mitarbeiterinteressen, in dem sich das (Personal-) Management bewegt, am ehesten findet und kontinuirlich gehen kann. Diesen Eindruck verifizieren und verstärken auch die Auswertungen der beiden direkt auf die Partizipationsgrad von Gebietsleitern zielenden Fragen:

Tab. 11: Partizipation und Umsatz (1)

Wie reagieren Ihre Vorgesetzten auf Vorschläge und Anregungen?		Umsatzindex (in DM)	Anzahl der Nennungen
nicht interessiert	1	509.000	65
	2	779.000	96
	3	792.000 X	134
	4	706.000	207
	5	679.000	240
interessiert	6	578.000	165

Tab. 12: Partizipation und Umsatz (2)

Haben Sie den Eindruck, daß Vorschläge von Außendienstmitarbeitern auch umgesetzt werden?		Umsatzindex (in DM)	Anzahl der Nennungen
eher nicht	1	701.000	105
	2	741.000	175
	3	782.000 X	139
	4	655.000	172
	5	629.000	160
eher schon	6	579.000	146

11.3.2.2. Der traditionelle Königsweg: Prämiensysteme

Von den 926 befragten Pharmareferenten gaben 80,09% an, im Rahmen eines regulären Prämiensystems eine Prämie erreichen zu können. Dieser hohe Wert und die Vehemenz, mit der in Unternehmen A versucht wird, ein Prämiensystems zu implementieren, zeigen, welch hohe Bedeutung die Unternehmensführungen erfolgsabhängigen Entlohnungsformen beimessen.

Ähnlich polarisiert wie die Haltungen von Betriebsrat und Personalleitung in Unternehmen A zum Thema Prämien ist auch die Diskussion in der einschlägigen

Managementliteratur. Pars pro toto seien an dieser Stelle die zwei Grundpositionen skizziert.

Nach Bußmann (1996: 157f) habe variable Entlohnung nicht nur eine Motivationsfunktion, sie sei auch ein wichtiges und zentrales Steuerungsinstrument. So verfüge jeder Mensch über ein gewisses Energiereservoir, daß sich auf geschäftliche und familiäre Aktivitäten verteilt. Ein variables Entlohnungssystem leiste auf jeden Fall einen wesentlichen Beitrag dazu, daß die gegebenen Energien besser in Richtung der Firmenzielsetzung kanalisiert werden können. Wenn die anderen Rahmenbedingungen es zulassen, bewirke ein solches Entlohnungssystem, daß ein Mitarbeiter darüber hinaus zusätzliche – d.h. zuvor nicht beruflich eingesetzte Energien - für den Beruf zur Verfügung stellt.

Sprenger (1992: 5ff) interpretiert Prämiensysteme dahingehend, daß in ihnen ein unausgesprochenes Mißtrauen zum Ausdruck kommt. Die Mitarbeiter leisten aus sich heraus nicht das, was sie sollen, wozu sie sich vertraglich verpflichtet haben und wofür sie bezahlt werden. Prämiensystems tragen dazu bei, daß es den Mitarbeiter nicht mehr um ihre eigentliche Tätigkeit geht, sondern nur noch um die Extrazulage. Zudem müsse diese Belohnung permanent erhöht werden, damit sie ihrer Anreizfunktion nicht verliert, so stehen die Unternehmen in Krisenzeiten vor einem Dilemma: Die finanziellen Mittel für weitere Prämienerhöhungen fehlen, die „belohnungssüchtig" gewordenen Mitarbeiter sind - gerade wenn das Unternehmen ihre Einsatzkraft und -freude am dringendsten braucht – demotiviert. Zusätzlich ist solchen Systemen ein Problem der Verteilungsgerechtigkeit immanent, daß für Unfrieden, Neid und Mißgunst unter den Mitarbeitern sorgen kann. Erst recht, wenn die Umsatzzahlen in sog. Renn- oder Rankinglisten organisationsweit bekanntgegeben werden.

In einer dezentralen Organisation wie dem pharmazeutischen Außendienst fehlt den Unternehmen systembedingt der enge Kontakt zum Mitarbeiter, somit aber auch ein gewisses Maß an Kontroll- und Steuerungsfunktion. Dieser zumindest subjektiv wahrgenommene Mangel führte zu einer „Zielüberladung" des Instruments „erfolgsabhängige Entlohnung". Durch das Fehlen von Alternativen entstand über die Jahre in den Köpfen der Manager ein Arbeitnehmerbild vom Pharmareferenten, daß durch dessen pekuniäre Motivations- und Steuerungseigenschaft gekennzeichnet ist. Die Aussage eines Bayer-Managers auf die Frage nach den Schwierigkeiten bei der Einführung von Teamarbeitsstrukturen im Außendienst belegt dies nachhaltig: *„Die gemeinsame Teamprämie vor Augen löst* *jedes Problem".* So ist letztlich zu konstatieren, daß die Ergebnisse der Untersuchung (vgl. Kapitel 10) dem von Sprenger entworfenen Arbeitnehmerbild und den von ihm beschriebenen systemimmanenten Problemen von Prämienentlohnung entsprechen.

So zutreffend die Beschreibung von Sprenger für den pharmazeutischen Außendienst auch ist, selbst wenn die so praktizierte Motivierung die Krankheit ist, für deren Heilung sie sich hält, sein Lösungsweg - Abschaffung der Prämien - ist in der Praxis nicht durchsetzbar. Zu renitent, zu eingefahren sind die Denkmuster bei den Verantwortlichen. Selbst als in Unternehmen B das praktizierte Prämiensystem durch zunehmend fehlende Zurechenbarkeit der Umsätze auf die einzelnen Pharmareferenten nicht mehr aufrechtzuerhalten war, war die Abschaffung von Prämien für das Management „kein Thema" - ein neues System mußte her.

Es scheint vielmehr so, daß nicht die Pharmareferenten die „Droge" der monetären Belohnung brauchen, sondern das die Unternehmen und Vorgesetzten Prämienanreize instrumentalisieren, um an ihre „Droge" zu kommen: Mehr Umsatz!

> *So berichtete eine Pharmareferentin in einem dem Fragebogen beigelegten Brief, daß ihr Vorgesetzter, nachdem sie im abgelaufenen Berichtsjahr mit einem Umsatzvolumen von 1,1 Mio. DM ihre Zielvorgabe sogar leicht überschritten hatte, trotz eines rückläufigen Gesamtmarktes nunmehr einen Umsatz im kommenden Jahr in Höhe von 1,78 Mio. DM von ihr fordert.*

11.4. Ansatzpunkte für mehr Motivation im Außendienst

Unter dieser aus der Praxis vorgegebenen Prämisse wird im folgenden der Versuch unternommen, anhand der empirischen Befunde einen praktikablen Weg für das Personalmanagement aufzuzeigen, der sowohl das Unternehmensinteresse nach Effizienz im Vertrieb als auch die Erwartungen der Außendienstmitarbeiter an ihren Arbeitsplatz berücksichtigt.

Die Unternehmen, so die These, die als erste erkennen, daß Macht und rigide Kontrolle als Steuerungsmedium ausgedient haben und den Mut haben, neue auf Partizipation fussende Strategien zu praktizieren, werden letztlich den entscheidenden Wettbewerbsvorteil besitzen. Dieser Ansatz wertet aber in einer derart dezentralen Organisationsform die Position der direkten Vorgesetzten deutlich auf; die primäre Zielgruppe für Maßnahmen des Personalmanagements ist somit das mittlere Management.

Schon heute werden die Führungskräfte dieser Hierarchieebene größtenteils aus den eigenen Mitarbeiterreihen rekrutiert, allerdings ist das Auswahlverfahren stark auf das Kriterium der als Außendienstmitarbeiter erbrachten Umsätze konzentriert. Künftig wird im Rahmen dieses Ansatzes stärker bei der Personalplanung auf soziale Führungskompetenz zu achten sein, ein Motivations- und Kompetenzdefizit bei den Managern der mittleren Führungsebene ist auch im schwierigen Außendienstbereich nicht zu tolerieren. Hier irrt Sprenger (1992: 9f), wenn er meint, daß man sich bei Führungskräften im Außendienst „mit hoher Fluktuation, nachlässiger Rekrutierung oder der dezentralen Steuerungslücke herausreden" könne. Vielmehr findet die These Bestätigung, daß der praktizierte Führungsstil des direkten Vorgesetzten in seiner Bedeutung wesentlich höher einzuschätzen ist, als dies bisher von Unternehmensseite her angenommen wurde:

So konnten durch die Erhebung interessante Zusammenhänge zwischen den persönlichen Merkmalen der Pharmareferenten und den verschiedenen Instrumenten zur Steuerung und Motivation von Außendienstmitarbeitern ermittelt werden:

(1) Das Bindungsgefühl an Zielvereinbarungen mit dem Vorgesetzten ist mit einer Ausnahme in allen untersuchten Unternehmen und im Rahmen der Branchen- und der Gesamterhebung höher als die Motivationswirkung von Prämien. Die Ausnahme bildet hier Unternehmen C, aber aufgrund des skizzierten autoritären Führungsstils des nächsthöheren Vorgesetzten und der somit stark eingeschränkten Entscheidungskompetenz des direkten Vorgesetzten ist diese Ausnahme eher eine Bestätigung der Regel (vgl. hierzu auch die Abb. 29/30/31).

(2) Der Führungsstil des Vorgesetzten ist ein Einflußfaktor auf den Pro-Kopf-Umsatz des Außendienstmitarbeiters, ein partizipativer Ansatz unter Beibehaltung eines durchschnittlichen Maßes an Kontrolle wirkt am effizientesten (s.o.).

(3) Der Gebietsleiter bespricht mit dem Pharmareferenten die zentralen Kennzahlen, die prämienrelevant (z.B. Umsatzvorgaben, Prämienhöhe, etc.) sind, aber auch die weiteren Zielvereinbarungen wie z.B. Besuchsfrequenz oder Arztselektion. Die Art und Weise, mit der der Gebietsleiter diese Vier-Augen-Gespräche führt, hat nicht nur einen direkten Einfluß auf das Bindungsgefühl an die abge-

sprochenen Vereinbarungen, sondern auch auf die Motivationswirkung pekuniärer Anreize (vgl. Abb. 29). Die Qualität der Betreuung und die Effektivität von Prämien- und Provisionssystemen stehen in einem direkten, positiven und linearen Zusammenhang.

Abb. 29: Betreuung und Motivation

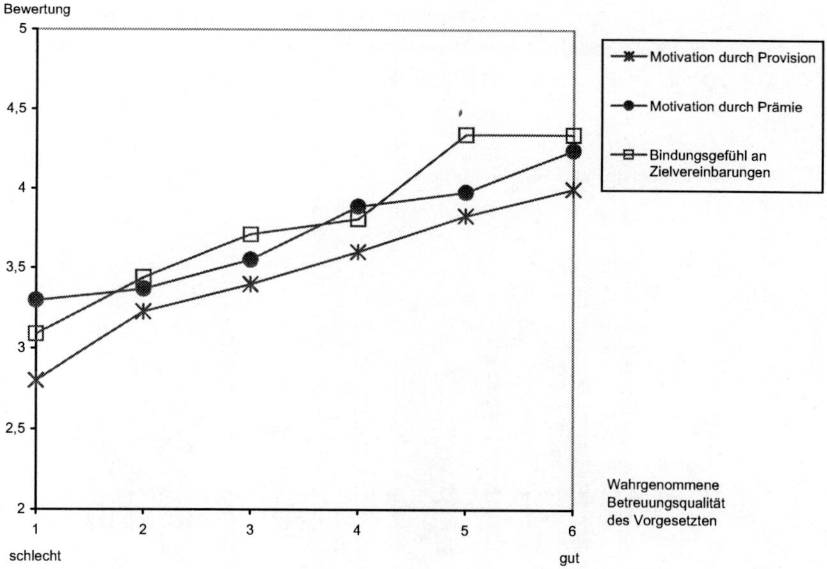

(4) Zusätzliche Potentiale liegen in einer stärker differenzierenden direkten Führung: Der Pharmareferent „als solches und im allgemeinen" ist überwiegend Gegenstand der Planungen in den Außendienst- oder Personalleitungen. So ist er beispielsweise durch Prämien zu motivieren, hat seine Vorgaben zu erfüllen und die CAS-Software zu nutzen. Viele der in der Zentrale getroffenen Entscheidungen gehen nicht auf eine Gruppe von Außendienstmitarbeitern ein, schon gar nicht auf den einzelnen Pharmareferenten. Aber gerade hier liegen nicht nur die besonderen Schwierigkeiten einer dezentralen Organisation, auch Potentiale und Vorteile sind vorhanden: So kann z.B. einem einzelnen Pharmareferenten eine intensivere Betreuung zuteil werden, ohne daß ein gewisses Maß an Neid bei den

Kollegen aufkommt. Wie aber soll ein individuelleres und differenzierenderes Eingehen auf den einzelnen Pharmareferenten durch den direkten Vorgesetzten aussehen?

Das Instrument der Zielvereinbarung wirkt z.B. umso stärker, desto qualifizierter und bedeutender die Beratungsleistung des Pharmarefrenten ist bzw. je mehr Aufgaben dieser aus dem Bereich des Key-Account-Management wahrnimmt (vgl. Abb. 30). Ein ähnliches Wirkungsgefälle tritt bei einer Unterscheidung nach dem Geschlecht zu Tage, Pharmareferentinnen stehen Zielvereinbarungen mit dem Vorgesetzten aufgeschlossener gegenüber als ihre männlichen Kollegen, ihr Bindungsgefühl an Absprachen ist offensichtlich deutlicher ausgeprägt (vgl. Abb. 31).

Abb. 30: Aufgabenbereich und Motivation

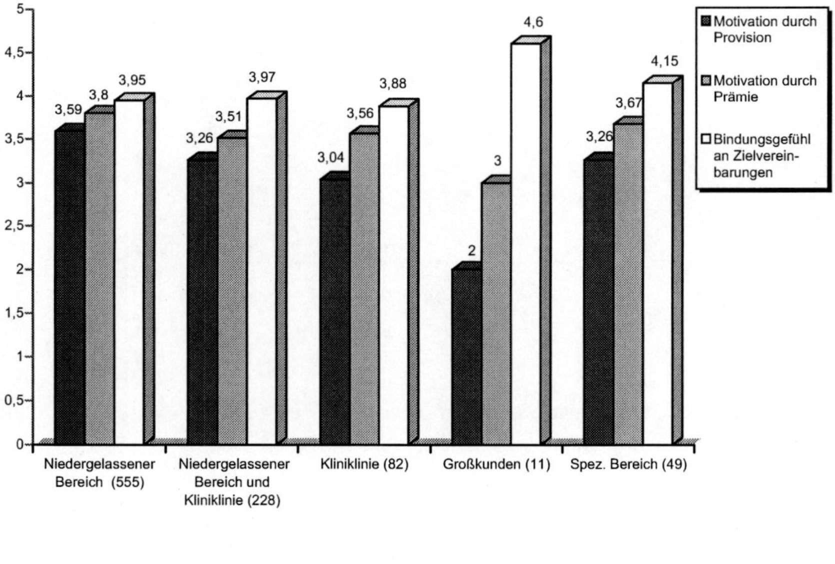

Abb. 31: Motivation und Geschlecht

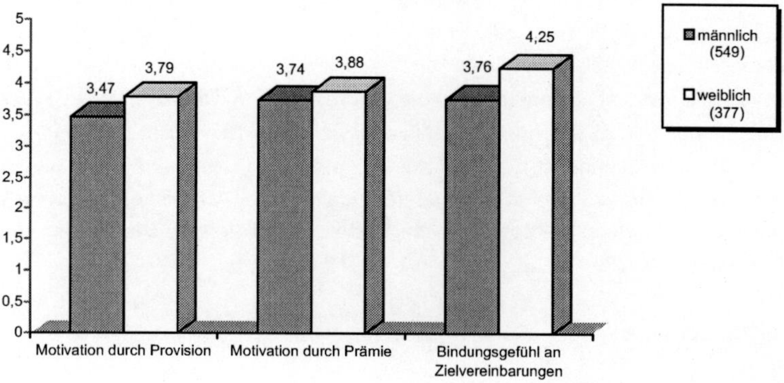

Hinsichtlich der Dauer der Außendiensttätigkeit bzw. des Alters der Pharmareferenten kann konstatiert werden, daß sich alle denkbaren Maßnahmen des Vorgesetzten oder auch der Führung allgemein im Laufe der Zeit zunehmend verschleißen (vgl. Abb. 32).

Abb. 32: Berufserfahrung und Motivation

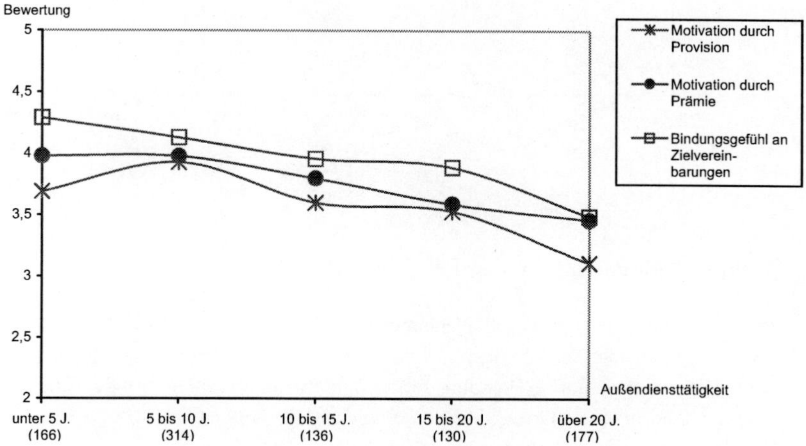

Für die älteren Außendienstmitarbeiter wären zielgruppenspezifische Qualifikationsmaßnahmen im technischen Bereich angebracht, da mit zunehmendem Alter die Schwierigkeiten mit der Anwendungssoftware des jeweiligen Unternehmens größer werden (vgl. Abb. 33). Eine Vermutung, die zwar auf der Hand liegt, erstaunlicherweise aber von den befragten Personalverantwortlichen bezweifelt wurde. Anhand der Betrachtung von Unternehmen A wurde ersichtlich, wieviel Unzufriedenheit im Außendienst entsteht, wenn die EDV nicht vollständig funktioniert; eine Erkenntnis, die auch auf den einzelnen (älteren) Außendienstmitarbeiter zu übertragen sein dürfte. Zudem entfalten die CAS-Systeme erst ihre volle Funktionalität, wenn sie von allen am System Beteiligten gleichermaßen genutzt werden (vgl. Kapitel 4.1.3.).

Abb. 33: Alter und Technik

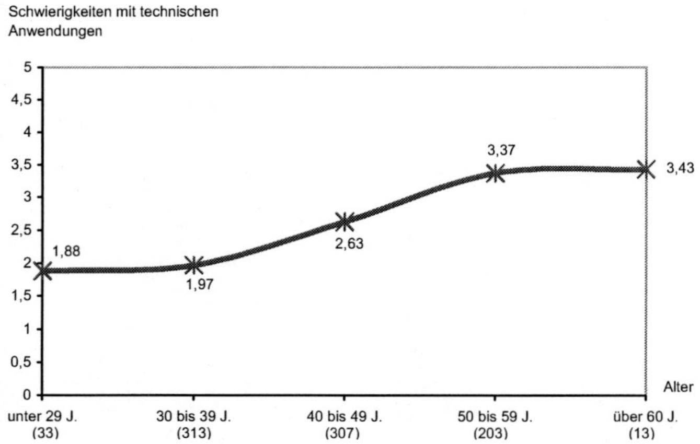

11.5. Konsequenzen für das Personalmanagement

Will man den neuesten Veröffentlichungen Glauben schenken, hat Personalentwicklung offensichtlich Konjunktur. Unter der Prämisse, daß Verkaufstrainings noch keine abschließende Personalentwicklung darstellen, ist die Trendwende von einem administrativen hin zu einem human-resource-orientierten Verständnis in der pharmazeutischen Industrie kaum vollzogen.

Die betriebliche Realität der Personalentwicklung sieht oft so aus: Man beschränkt sich darauf, daß vorhandene Personal qualifikatorisch grob zu erfassen und leistungsmäßig zu bewerten, geeignet erscheinende Pharmareferenten werden befördert, wenig qualifizierte Mitarbeiter gegebenenfalls geschult oder gleich ausgetauscht. Die zumindest informelle Entscheidung dafür liegt nach wie vor zumeist bei dem direkten Vorgesetzten, der seine Auswahlkriterien und somit auch das Ergebnis der Personalbeurteilung „nach Gutdünken" festlegen kann.

Die Verengung des Blickwinkels auf die Steigerung der Leistungs*fähigkeit* der Mitarbeiter, die bei klassischen Qualifizierungsmaßnahmen erfolgt, führt dazu, daß Fragen der Steigerung der Leistungs*bereitschaft* vernachlässigt werden. Und gerade hier liegen ja die motivatorischen Defizite, die zu kompensieren sich die Personalentwickler auf ihre Fahnen geschrieben haben. Die mangelnde fachliche Qualifikation ist selten der Engpaß.

Aber selbst ambitionierte Personalentwicklungskonzepte können an ihre Grenzen stoßen: Nicht jeder Mitarbeiter ist z.B. „teamfähig" oder „teamwillig". Personalplanung beginnt bei der Einstellung der Mitarbeiter. Defizite der Mitarbeiter (Teamfähigkeit, Kundenorientierung, Verkaufstalent) sollten daher bereits im Bewerbungsgespräch ausgemacht werden. Adäquate Testmethoden (z.B. Assessment Center) stehen zur Verfügung und sollten daher genutzt werden. Noch wichtiger im Rahmen der Personalplanung ist die Besetzung der Führungspositionen im mittleren Außendienstmanagement, da hier ein Schneeballeffekt zum Tragen kommt: Ein Gebietsleiter mit mangelhafter Führungskompetenz kann bis zu 20 Außendienstmitarbeiter demotivieren und zu einem Leistungsabfall in einer gesamten Region führen. Die Umsatzfixierung bei der Entscheidungsfindung führte aber in der Vergangenheit, nicht zuletzt durch Mißbrauch dieser Kennzahl als „Rückversicherung" der Personalverantwortlichen im Falle des Mißerfolgs, zu einem Vabanquespiel, zumindest aus Sicht der Pharmareferenten: Ein direkter Vorgesetzter mit den beschriebenen Führungsqualitäten war ein Glücksfall.

Ein künftig – nach den Ergebnissen zur Bedeutung des direkten Vorgesetzten – nicht zu haltendes Verfahren. Vielmehr sollten stärker die persönlichen Eigenschaften der Gebietsleiter wie z.B. Begeisterungs- und Motivationsfähigkeit im Vordergrund stehen, er sollte sein Verhalten gegenüber dem Mitarbeiter situativ und personenbezogen anpassen können. Führt man diesen Gedanken konsequent fort, darf der Außendienstmitarbeiter aber nicht nur selbst bewertet werden, sondern er muß im Gegenzug auch die Möglichkeit erhalten, seine Vorgesetzten zu beurteilen. Eine solche Vorgesetztenbeurteilung könnte dann als Entscheidungsbasis für die Maßnahmenplanung der Personalentwicklung dienen, wenn das Modell „vom Boß zum Coach" funktionieren soll.

Der Hauptgrund für das bisher kaum wahrzunehmende Umdenken in den Führungsetagen liegt vor allem in dem durch Mißtrauen geprägten Arbeitnehmerbild vom Pharmareferenten und in den einer dezentralen Organisationsstruktur immanenten geringeren Kontroll- und Steuerungsmöglichkeiten. Abgabe von zentral koordinierter Kontrolle zugunsten von mehr Autonomie und Entscheidungskompetenz bei den direkten Vorgesetzten und Pharmareferenten „vor Ort" scheint in der Praxis kaum praktikabel; zu hoch ist der Abhängigkeitsgrad des gesamten Unternehmens vom Aggregat der Einzelumsätze, zu beharrlich sind die eingefahrenen Denk- und Handlungsmuster. Auch der Verlust von brachliegenden Potentialen wird entweder nicht wahrgenommen oder stillschweigend akzeptiert.

So ist über die gesamte Untersuchung hinweg die Entscheidungskompetenz beim Pharmareferenten hinsichtlich der zu bewerbenden Produkte als extrem niedrig zu bezeichnen. In Unternehmen B wurde sogar auf eine stärkere Flexibilisierung bei den zu bewerbenden Produkten („switchen") verzichtet, da dies unter Beibehaltung der rigiden Vorgaben zu einem nicht zu bewältigenden organisatorischen Aufwand geführt hätte. Diese geringe Autonomie steht aber im krassen Widerspruch zu der seit Jahren virulenten Key-Account-Diskussion, in deren Rahmen immer wieder die überragende Bedeutung der Orientierung an den Kundenbedürfnissen herausgestrichen wird. Der Pharmareferent als zentrale Schnittstelle zum Kunden und zugleich Kompetenzträger hat kaum Einfluß auf die Auswahl der Produkte, die er bewerben bzw. verkaufen soll. Das eine Übertragung von mehr Entscheidungskompetenz möglich ist, zeigt Unternehmen A: Wenn auch durch den niedrigen Innovationsgrad und die hohe Anzahl der zu bewerbenden Produkte bedingt, hat der Außendienstmitarbeiter deutlich mehr Einfluß auf die Produktauswahl.

Letztlich wird nur eine Dezentralisierung von Kontrolle und Steuerung - unter Aufrechterhaltung einer zentralen Ergebniskontrolle – zum einen den Wettbewerbsvorteil in einem dynamischer werdenden Markt sichern, zum anderen die Aktivierung von den beschriebenen Potentialen einer partizipativeren Führung ermöglichen.

Werden die Gebietsleiter in das Zentrum eines an einem human-resource-orientierten Grundverständnis orientierten Personalmanagements gestellt, setzt ein positiver Schneeballeffekt ein: Durch konsequente Personalauswahl und –entwicklung eines Gebietsleiters werden Motivation und Zufriedenheit bei bis zu 20 Außendienstmitarbeitern erhöht. Selbst die Wirkung der Anreizfunktion eines Prämiensystems verstärkt sich bei den durch diesen Gebietsleiter betreuten Pharmareferenten. Die Frage nach der Zukunft des mittleren Außendienstmanagements stellt sich in diesem Fall dann nicht mehr, ein Ausdünnen dieser Hierarchieebene im Sinne des Entwicklungstrends A wäre so kontraproduktiv.

Personalentwicklung kann sich dann - auf die Außendienstmitarbeiterebene bezogen - künftig verstärkt auf die aus Stress und Überforderung resultierende Demotivation konzentrieren, also eine dringend benötigte kompensierende Wirkung haben. Zaghafte Ansätze wurden in diesem Bereich schon gemacht: So ist das aktive Angehen des klassischen Konflikts zwischen Innen- und Außendienst durch Intensivierung des persönlichen Kontakts in Unternehmen B ein erster Schritt in die richtige Richtung.

12. Schlußbetrachtung

Jahrzehntelang galt die schlichte Gleichung, je mehr Besuche des Pharmareferenten in einem Zeitabschnitt, desto mehr Umsatz. In dieser Ära galt die Strategie der wissenschaftlichen Informationsverbreitung mit einem gewissen Grad kommerzieller Promotion als der Schlüsselfaktor des Pharmamarketing. Der Außendienstmitarbeiter war zwar ein teures, aber zugleich auch unverzichtbares und wichtigstes Instrument der pharmazeutischen Distribution, er dominierte die anderen Wettbewerbsfaktoren wie z.B. den Preis.

Mit dem einsetzenden Preisverfall Ende der 80er Jahre, dem zunehmenden Erfolg der Generika und dem Beginn massiver Eingriffe des Gesetzgebers in den Pharmamarkt, vor allem durch die Einführung von Festbeträgen und Arzneimittelbudgets, veränderte sich das Berufsbild des Pharmaberaters dramatisch. Die durch veränderte gesetzliche Rahmenvorgaben ohnehin gestiegene Preissensibilität wurde durch marginale Innovationssprünge in dem „reifen" Pharmamarkt weiter erhöht. Der Preis wurde zum dominierenden Kriterium im Vertrieb - der Außendienst war nur noch das teuerste, nicht mehr das wirkungsvollste Marketinginstrument.

Darüber hinaus blieb er auch von der Verschiebung der Kundenstruktur nicht unberührt. In der Vergangenheit waren mehr als 80% der Außendienstaktivitäten auf den einzelnen Arzt ausgerichtet, erst dann kamen Krankenhäuser und Apotheken. Künftig wird sich der Außendienst auf eine Heterogenisierung seiner Kundenstruktur einstellen müssen. Um persönliche Risiken zu minimieren und zudem ein breiteres Leistungsspektrum anbieten, werden sich auf der Kundenseite die Organisationsstrukturen verändern. Ansprechpartner des Außendienstes werden immer häufiger Gruppenpraxen, Praxiskliniken, Centerapotheken, u.U. auch Apotheken- bzw. Krankenhaus-Ketten, Krankenkassen mit eigenen Versorgungsstrukturen, Einkaufsgemeinschaften bei vernetzten Praxen usw. sein. Ob durch diese Entwicklung das positiv besetzte Spezialistentum als leitende Orientierung durch die Forderung nach mehr Kommunikations-Know-how und Beziehungsmanagement abgelöst wird, ist bisher noch nicht zu entscheiden.

Der Außendienst geriet folglich unter Kostendruck und Handlungszwang: Die Vertriebsaktivitäten mußten effizienter und effektiver gestaltet werden, um Marktanteile auszubauen und Vertriebsenergien bündeln zu können. So war es nur eine

Frage der Zeit, bis die Ideen des Lean Management als Kostensenkungsstrategie in den pharmazeutischen Vertrieb Einzug hielten.

Der offensichtliche Erfolg der Restrukturierungsprojekte – gemessen an der raschen Kompensation des durch das GSG verursachten Umsatzschocks – wurde zumindest teilweise durch einen radikalen Personalabbau erkauft. Aber nicht nur der Personalabbau bedeutete eine kontinuierliche Leistungsverdichtung für den Rest der verbliebenen Außendienstbelegschaft, die weiteren Konzepte des Lean Sellings flankierten diese Entwicklung: So hat sich gezeigt, daß sich durch den stärkeren Einsatz von Technik die Arbeitszeit im heimischen Büro für die Pharmareferenten erhöhte und daß die Intensivierung der leistungsabhängigen Entlohnungsformen, hier allen voran der Prämienzahlungen, den Leistungsdruck verschärfte.

Die präsentierten Fallbeispiele verdeutlichen zudem, daß die Umsetzung von einzelnen Lean Management-Modulen, die unter dem Druck von Markterfordernissen einfach kopiert oder von außen übergestülpt wurden, ohne Beteiligung der Betroffenen, ohne Blick auf langfristige Ziele und Werte, zu einem Nullsummenspiel führen, in dem es notwendigerweise Verlierer geben muß – die Außendienstmitarbeiter sind hier an erster Stelle zu nennen. Strategische, umfassend verwirklichte Restrukturierungsmodelle, die langfristig angelegt sind, u.U. auch gesellschaftliche Prozesse des Wertewandels berücksichtigen und schließlich auch nicht vor den Führungsetagen halt machen, waren nicht vorhanden.

Besondere Bedeutung kommt in diesem Veränderungsprozeß auch dem Betriebsrat zu: Im Grunde sehen sich die Betriebsräte durch die neuen Strukturen einer ähnlichen Situation wie die mittleren Führungskräfte ausgesetzt, nämlich die des drohenden Machtverlusts. Macht und Hierarchie - eben auch in der Kommunikation zwischen Betriebsrat und den Führungskräften - werden als Steuerungsinstrumente an Bedeutung verlieren. Statt Veränderungen in althergebrachter gewerkschaftlicher Manier zu boykottieren, müßten Betriebsräte eher die stärkere Einbindung in strategische Entscheidungsprozesse fordern - gerade in Fragen der Personalplanung bis hin zur konkreten Gestaltung von Personalentwicklung- und Qualifizierungsmaßnahmen, wie dies z.B. unter dem Begriff des Co-Managements derzeit häufig diskutiert wird. Das dieser Weg trotz der beschriebenen Defizite im Außendienstbereich auch gangbar ist, zeigt in Ansätzen das Beispiel des Betriebsrats von Unternehmen B.

Für die Betriebsräte stellt sich angesichts dieser Entwicklungen die Aufgabe, *Reorganisationskonzepte mitzuentwickeln,* um so Beschäftigteninteressen frühzeitig in die Diskussion einbringen zu können und sich nicht mit der Rolle des Nachbesserers von Unternehmensentscheidungen zu begnügen. Die Fallstudie B zeigt, daß die relativ frühzeitige, aktive Mitwirkung der Arbeitnehmer an den Entscheidungen eine wesentliche Erfolgsvariable darstellen kann - Partizipation also auch im Interesse der Unternehmensleitungen liegen sollte. Eruiert wurden aber in den Unternehmen A und C nur tiefgreifende und lang andauernde Konflikte, die bis in die persönliche Beziehung zwischen Vertretern des Managements und Betriebsrats reichten. Ein Grund für diesen Umstand liegt aber auch bei den Betriebsräten, die im Zeichen des Wandels durch Lean Selling-Module auf Macht- und Boykottstrategien setzten.

Die unkoordinierten Maßnahmen, vor allem in der Personalabteilung, führen dann zu Unsicherheit bei den Mitarbeitern und zu einem sinkenden Vertrauen in die Führungskräfte mit der Folge mangelnder Einsatzbereitschaft und Arbeitsmotivation. In den zahlreichen Gesprächen mit Pharmareferenten wurde deutlich, daß ein Prozeß kontinuierlich voranschreitender Demotivierung längst eingesetzt hat. Nicht nur der zunehmende Leistungsdruck, auch das mittlerweile fast ausschließlich unter Umsatzerzielung stehende Personalmanagement - „über die Köpfe der Pharmareferenten" - hinweg, hat zu einer Entwicklung geführt, bei der sich der Pharmareferent immer stärker in Spannungs- bzw. Konfliktfeldern befindet: Ist er nun ein hochqualifizierter und –spezialisierter wissenschaftlicher Berater oder ein auf Umsatz abzielender Verkäufer? Kann er den Aussagen der Manager auf den Außendiensttagungen seiner Firma glauben, nach denen der Außendienst das - wenn auch teure – aber wichtigstes und unverzichtbares Marketinginstrument ist und somit der Pharmareferent eine Schlüsselposition als Kompetenzträger für das Unternehmen darstellt, der nunmehr vom Arztbesucher, der in erster Linie Produktinformationen vermittelt hatte, zum beratenden Key-Accounter und Multikontakter avanciert? Oder ist der festangestellte Pharmaberater ein immer stärker durch geleaste Außendienstmitarbeiter und im Zuge des technischen Fortschritts ein durch Mailings zu ersetzendes „Auslaufmodell"?

Als Angelpunkt der Diskussion um die Zukunft des Außendienstes hat sich in den Unternehmen die Frage des Führungsstils herauskristallisiert. Nur wenn Führung durch den direkten Vorgesetzten kooperativ und partizipativ verstanden wird, können die Potentiale, die in Kapitel 11 ausgemacht wurden, angemessen genutzt werden. Erst die differenzierende und situative Behandlung des Mitarbeiters durch seinen Vorgesetzten könnte beiden Seiten, den Unternehmens- wie den Mitarbeiterinteressen, Rechnung tragen. Ob sich dies angesichts der verschärfenden Marktsituation und dem Umsatzdruck in den Unternehmen jedoch durchsetzen läßt, bleibt fraglich. In einigen Unternehmen ist im Gegenteil eher von einer Zuspitzung der Situation (z.B. durch Leasing-Konkurrenz) auszugehen.

Dem Personalmanagement kommt daher die Aufgabe zu, diese Entwicklung zu kompensieren, d.h. den Pharmareferenten zu vermitteln, daß sie mehr als durch Verkaufsschulungen zu optimierende Cash-cows sind, nämlich gezielt zu fördernde Ressourcen, die jedoch durch fehlende Produktinnovationen und Kundenreaktionen massiven Demotivationsrisiken ausgesetzt sind. Die Strategien der Erschließung von Human Resources im Bereich des Außendienstes stellen sich also als aussichts-, aber auch spannungsreiches Unterfangen dar, welche auch die Kernstrukturen der Unternehmensorganisation und die Wertsysteme bis in das Top Management hinein infrage stellen können. Konkret heißt das: Führungskräfte (Gebietsleiter usw.) müssen in Hinblick auf die Anforderungen des skizzierten Führungsstils geschult werden und die Autonomiespielräume der Pharmareferenten müssen erweitert werden, ohne daß jedoch die motivationssteigernden Effekte nicht wieder durch Überlastung konterkariert werden.

13. Literaturverzeichnis

Ackoff, R. (1974): Redesigning the future, New York.

Allport, F. H. (1924): Social psychology, Boston, Mass.

Ansoff, H. I. (1976): From Strategic Planning to Strategic Management, London.

Antoni, C. H. (1996): Gruppenarbeit in Unternehmen: Konzepte, Erfahrungen, Perspektiven, Weinheim.

Baecker, D. (1994): Postheroisches Management, Berlin.

Baethge, M./Oberbeck, H. (1986): Die Zukunft der Angestellten, Frankfurt/M. und New York.

Baethge, M./Oberbeck, H. (1990): Systemische Rationalisierung von Dienstleistungsarbeit und Dienstleistungsbeziehungen: Eine neue Herausforderung für Unternehmen und wissenschaftliche Analyse, Frankfurt/M. und New York.

Baldamus, W. (1960): Der gerechte Lohn, Berlin.

Berggren, C. (1991): Von Ford zu Volvo, Berlin.

Becke, G. (1994): Lean Service als Herausforderung für eine beteiligungsorientierte Innovation im öffentlichen Personennahverkehr, in: WSI-Mitteilungen, Nr. 7.

Becker, H./Jäger, K. (1994): Teams müssen sich zusammenraufen, in: Harvard Business manager, Nr. 4.

Becker, L. (1994): Wege zur virtuellen Marketingorganisation, in: Gablers Magazin, Nr. 8.

Bender, G. (1998): Entstandardisierte Formen der Entgeltbestimmung, Dortmund.

BPI - Bundesverband der pharmazeutischen Industrie e.V. (1996): Rote Liste 1996, Frankfurt/M.

BPI - Bundesverband der pharmazeutischen Industrie e.V. (1998): Pharma Daten´98, Frankfurt/M.

Bunk, B. (1992): Produkte differenzieren - Beratung bündeln, in: absatzwirtschaft, Nr. 2.

Bußmann, W.F. (1994): Lean Selling, Landsberg.

Bußmann, W.F. (1996): Team Selling, Landsberg.

Chandler, A. D. (1962): Strategy and Structure, Cambridge, Mass.

Child, J./Ganter, H. D./Kieser, A. (1987): Technological innovation and organizational conservatism, in: New technology as organizational innovation, Cambridge, Mass.

Demske, I. (1989): Das Zusammenspiel zwischen Forschung & Entwicklung und Vertrieb im Strategieprozeß pharmazeutischer Unternehmen, in: E. Dichtl u.a. (Hg.), Innovatives Pharma-Marketing, Wiesbaden.

Dilcher, B./M. Kittner (1995): Arbeitsrecht und Personalmanagement, in: Organisationsentwicklung, Nr. 2.

Domsch, M. E. (1999): Personalplanung und Personalentwicklung für Fach- und Führungskräfte, in: L. von Rosenstiel u.a. (Hg.), Führung von Mitarbeitern, Stuttgart.

Doppler, K./C.Lauterburg (1994): Change Management - den Unternehmenswandel gestalten, Frankfurt/M./New York.

Duden (1986): Rechtschreibung der deutschen Sprache und der Fremdwörter, 19. Aufl., Mannheim/Wien/Zürich.

Eglau, H.-O. (1995): Ansteckendes Fieber, in: Die Zeit, Nr. 11.

Encarnacao, J. L./Lockemann, P. C./Rembold, U. (Hg.) (1990): AUDIUS - Außendienstunterstützungssystem. Anforderungen, Konzepte und Lösungsvorschläge, Berlin.

Fahlbusch, D. (1994): Firmenaufspaltungen und Ausgliederungen, in: Gewerkschaftliche Umschau, Nr. 2.

Fischer, K. (1995): Gestaltung von Vergütungssystemen für den Außendienst, in: Versicherungswirtschaft, Nr. 7.

Friedman, A. (1977) : Industry and labour, London.

Friesewinkel, H. (1992): Pharma-Business, Berlin.

Friesewinkel, H. (1996): Pharma-Außendienste – noch zeitgemäß?, Beitrag zur EUROFORUM Konferenz „Neue Trends im Pharma-Außendienst", 12./13. Februar.

Gatermann, M./Krogh, H. (1993): Im roten Bereich, in: manager magazin, Nr. 10.

Gaugler, E./Weber, W. (1987): Methodische Probleme bei der Untersuchung von Arbeitnehmerverhalten, Frankfurt/M.

Gersemann, O. (1995): Biologen und Chemiker, in: Handelsblatt, 06.10.1995.

Gey, T. (1990): EDV-orientierte Außendienststeuerung. Einsatz in der Konsumgüterindustrie, Wiesbaden.

Glasmacher, H. (1994): Der Pharma-Außendienst - Im Spannungsfeld zwischen GSG und Unternehmenswandel, Beitrag zur EUROFORUM Konferenz „Pharma-Außendienst", 20./21. September.

Haller, E./Gzik, H./Frölic, W. (1991): Neue Formen der Arbeitsorganisation, in: Zeitschrift für Arbeitswissenschaft, Nr. 2.

Hamel, W. (1989): Individualisierung – Neue Herausforderung der Personalwirtschaft?, in: Drumm, H. J. (Hg.), Individualisierung der Personalwirtschaft, Bern.

Hanser, P. (1993): Reicht Make-up für Kundennähe, in: absatzwirtschaft, Nr.10.

Hanser, P. (1994): Zukunft mit Info-Netzen, in: absatzwirtschaft, Nr. 10.

Heidenreich, M. (1994): Gruppenarbeit zwischen Toyotismus und Humanisierung, in: Soziale Welt, Nr. 1.

Heinrich, W. (1992): Outsourcing: Modelle - Strategien - Praxis, Bergheim.

Heisig, U. / W. Littek (1995): Wandel von Vertrauensbeziehungen im Arbeitsprozeß, in: Soziale Welt, Nr. 46.

Hermanns, A./Prieß, S. (1987): Computer Aided Selling (CAS), München.

Hirschman, A. (1970): Exit, Voice, and Loyalty, Cambridge, Mass.

Hoferichter, R. (1998): Arzneimittelinnovationen auf dem Prüfstand, in: Frankfurter Allgemeine Zeitung, Nr. 265.

Http://rchs4.chemie.uni-regensburg.de/jcf/text2.htm, 11.04.1999, zitiert nach Süddeutsche Zeitung vom 25./26. Oktober 1997.

Hunold, W. (1993): Arbeitsrecht im Außendienst. Bewährte Problemlösungen für die Praxis, München.

Hunold, W. (1993): Lean Production. Rechtsfragen bei der Einführung neuer Arbeitsformen und Techniken, München.

Jarmai, H. (1994): Leistungsfähige Sourcing-Strategien, in: Gablers Magazin, 1994, Nr. 8.

Jonas, M./Weißbach H.J./Weißbach, W. (1994): Chemieforschung - Quo vadis, Dortmund.

Klenger, F. (1993) : Produktivitätsriesen, in: absatzwirtschaft, Nr. 10.

Knips, J. (1982): Der Pharma-Referent im Leasing, in: Pharma-Marketing Journal, Nr. 3.

Knüttel, A. B. (1994): CAS als strategischer Wettbewerbsvorteil, in: sales profi, Nr. 11.

König, R. (1973): Grundlegende Methoden und Techniken der empirischen Sozialforschung. Erster Teil, Stuttgart.

Kotthoff, H. (1996): Hochqualifizierte Angestellte und betriebliche Umstrukturierung. Erosion von Sozialintegration und Loyalität im Großbetrieb, in: Soziale Welt, Nr. 47.

Kotthoff, H. (1997): Führungskräfte im Wandel der Firmenkultur. Quasi-Unternehmer oder Arbeitnehmer, Berlin.

Kreutz, H. (1972): Soziologie der empirischen Sozialforschung, Stuttgart.

Kreutzer, R. T. (1990): Die Basis für den Dialog, in: absatzwirtschaft, Nr. 4.

Kucher, E./Simon, H. (1998): Kundenorientierte Gesundheitsförderung statt Kassenversorgung, in: Frankfurter Allgemeine Zeitung, Nr. 265.

Laukamm, T. (1985): Strategisches Management von Human-Resourcen, in: Raffée, H./ Wiedmann, K. P. (Hg.), Strategisches Marketing, Stuttgart.

Lentz, B. (1994): Viel Frust - wenig Lust. Deutschlands Führungskräfte im Stimmungstief, in: Capital, Nr. 3.

Lewin, K. (1947): Frontiers in Group Dynamics, in: Human Relations, Vol. 1.

Liebrecht, C. H. (1983): Marketing entscheidet die Zukunft, in: Medizin und Information, Nr. 6.

Link, J./Hildebrand, V. (1994): Database Marketing und Computer Aided Selling, in: Marketing ZFP, Nr. 2.

Link, J./Hildebrand, V. (1993): Verbreitung und Einsatz des Database Marketing und CAS, München.

Littek, W./Heisig, U. (1986): Rationalisierung von Arbeit als Aushandlungsprozeß, in: Soziale Welt, Nr. 37.

Looss, W. (1995): Personalentwicklung in turbulenten Zeiten, in: Organisationsentwicklung, Nr. 3.

Mayer, U. R. (1996): Arbeitsrecht für den Außendienst, Hannover.

Mill, U./H.-J. Weißbach (1992): Vernetzungswirtschaft, in: Malsch, T./Mill, U. (Hg.), ArBYTE. Neue Herausforderungen an die Industriesoziologie, Berlin.

Moldaschl, M. (1998): Internalisierung des Marktes. Neue Unternehmensstrategien und qualifizierte Angestellte, in: Jahrbuch Sozialwissenschaftliche Technikberichterstattung 1997, Berlin.

Neuberger, O. (1974): Messung der Arbeitszufriedenheit, Stuttgart.

Neuberger, O. (1991): Personalentwicklung, Stuttgart.

Nilsson, R. (1992): Outsourcing-Strategie als integraler Bestandteil des Informationsmanagements, in: Controller Magazin, Nr. 3.

o.A. (1990): Mangelhafte Ertragsorientierung im Vertrieb, in: absatzwirtschaft, Nr. 11.

o.A. (1993): Ärzte wirklich im „Pharma-Netz"?, in: Aussenspiegel, Nr. 2.

o.A. (1994): Vertriebs-Revolution in Leverkusen, in: sales profi, Nr. 12.

o.A. (1994a): Alles im Team, in: Aussenspiegel, Nr. 1.

o.A. (1995): Vergütung im Außendienst, in: ORGA-Handbuch „Außendienst 2“, Nr. 3.

o.A. (1996): Vergütung im Außendienst der Pharma-Industrie, in: Aussenspiegel, Nr. 2.

o.A. (1997a): Überstunden und häuslicher Arbeitsplatz gehören zu den größten Problemen, in: AniA – Angestellte informieren Angestellte, Nr. 3.

o.A. (1997b): Fusions-Monopoly, in: Aussenspiegel, Nr. 1.

o.A. (1998): Hoechst AG vor Fusion, in: Westfalenpost, Nr. 277.

Oehme, W. (1979): Führen durch Motivation, Essen.

Paffhausen, A. (1995): Vergütungssysteme im Außendienst, in: ORGA-Handbuch „Außendienst 1", Nr. 3.

Peter, S./Schneider, W. (1994): Strategiefaktor Kundennähe, in: IO Management Zeitschrift, Nr. 6.

Peters, K. (1997): Die neue Autonomie in der Arbeit, in: DGB-Bundesvorstand Angestelltensekretariat (Hg.), Informationen zur Angestelltenpolitik, Nr. 5.

Poy, A. (1998): Betriebliche Reorganisation im Zeichen von Lean Management und Business Reengineering, Dortmund.

Poy, A./Weißbach, H. J. (1995): Personalentwicklung und organisatorische Innovation, Studie im Auftrag des DGB- Bundesvorstandes, Dortmund.

Regenauer, H. V. (1998): Entscheidung im Vertrieb, in: absatzwirtschaft, Nr. 12.

Regnet, E. (1999): Der Weg in die Zukunft – Neue Anforderungen an die Führungskraft, in: L. von Rosenstiel u.a. (Hg.), Führung von Mitarbeitern, Stuttgart.

Rensmann, F. J. (1993): Database-Marketing und Kundenmanagement, in: Marktforschung & Management, Nr. 3.

Richter, H. J. (1970): Die Strategie schriftlicher Massenbefragungen. Ein verhaltenswissenschaftlicher Beitrag zur Methodenforschung, Bad Harzburg.

Riedel, R. R. (1998): Pharmaindustrie weltweit im Umbruch, in: Frankfurter Allgemeine Zeitung, Nr. 265.

Roethlisberger, F. J./Dickson, W. J. (1939): Management and the worker, Cambridge, Mass.

Rohrbacher, R. (1988): Soziologie der Pharma-Beratung, Frankfurt/M./New York.

Rominski, D. (1993): Karriere, aber wo?, in: absatzwirtschaft, Nr. 6.

Rosenberger, W. (1990): Personalentwicklung im Vertrieb, in: Geissler, K.-H. (Hg.), Handbuch Personalentwicklung und Training, Köln.

Rüßmann, K. H. (1994): Alles im Team, in: manager magazin, Nr. 5.

Rüter, H. D. (1988): Personalentwicklung bei der Landesbank Rheinland-Pfalz, Wirtschaft und Gesellschaft im Beruf, Sonderheft Oktober.

Schölzel, G. (1993): Veränderte Management- und Produktionskonzepte erfordern neue Wege in der Betriebsratsarbeit!, in: Der Betriebsrat, Nr. 3.

Schölzel, G. (1994): Rechtliche Bedingungen betrieblicher Beteiligungskonzepte, in: Der Betriebsrat, Nr. 5.

Scholz, C. (1991): Personalmanagement, München.

Schorre, W. (1998): Ärzte – Opfer oder Akteure des Strukturwandels im Gesundheitswesen?, in: Frankfurter Allgemeine Zeitung, Nr. 265.

Seibt, N. (1989): Verbesserung des kommunikativen Verhaltens des pharmazeutischen Außendienstes, in: E. Dichtl u.a. (Hg.), Innovatives Pharma-Marketing, Wiesbaden.

Semlinger, K. (1989): Fremdleistungsbezug als Flexibilitätsreservoir, in: WSI-Mitteilungen, Nr. 9.

Spickschen, Th. (1989): Wandel im Pharmamarkt - Strategische Neuausrichtung der forschenden Pharmaunternehmen, in: E. Dichtl u.a. (Hg.), Innovatives Pharma-Marketing, Wiesbaden.

Sprenger, R. K. (1992): Mythos Motivation, in: Organisationsentwicklung, Nr. 2.

Sprenger, R. K. (1998): Mythos Motivation. Wege aus der Sackgasse, Frankfurt/M./New York.

Staehle, W. H. (1990): Management, München.

Stein, M. (1994): Alleskönner in Bild und Ton, in: Der Stern, Nr. 43.

Steppan, R. (1992): Magersüchtig, in: WirtschaftsWoche, Nr. 37.

Stinchcombe, A. L. (1990): Information and Organizations, Berkeley.

Stürzl, W. (1992): Lean Production in der Praxis - Spitzenleistung durch Gruppenarbeit, Paderborn.

Sydow, J. (1990): Strukturwandel der Dienstleistungsarbeit als Folge des Einsatzes neuer Informations- und Kommunikationstechnik?, in: Rock, R./Ulrich, P./Witt, F. (Hg.), Strukturwandel der Dienstleistungsgesellschaft, Frankfurt/M./New York.

Sydow, J. (1992): Strategische Netzwerke, Wiesbaden.

Thiele, A. (1988): Die Kunst zu überzeugen, Düsseldorf.

Thiess, M./Jacobs, S. (1989): Strategische Personalplanung als Basis eines strategischen Pharma-Marketing, in: E. Dichtl u.a. (Hg.), Innovatives Pharma-Marketing, Wiesbaden.

Tikart, J. (1994): Innovative Unternehmenspolitik, in: Gewerkschaftliche Monatshefte, Nr. 11.

Toemmler-Stolze, K. (1995): Die Chance im Konflikt, in: absatzwirtschaft, Nr. 5.

Troy, N. /Baitsch, C./Katz, C. (1986): Bürocomputer - Chance für die Organisationsgestaltung?, Frankfurt/M./New York.

Ulrich, P. (1990): Kommunikative Rationalisierung - ein neuer Rationalisierungstyp jenseits der technikgestützten Systemsteuerung, Franfurt und New York.

VCI - Verband der Chemischen Industrie e.V. (1994): Chemiewirtschaft in Zahlen, Frankfurt/M.

Voigt, B. (1993): Team und Teamentwicklung, in: Organisationsentwicklung, Nr. 3.

von Bechtolsheim, M. (1994): Effizienz und Flexibilität umsetzen, in: Gablers Magazin, Nr. 8.

von Hoegen, C. (1993): Außendienstvergütung 1993, in: absatzwirtschaft, Nr. 6.

von Hoegen, C. (1996): Wo stehen Marketing und Vertrieb?, in: absatzwirtschaft, Nr. 8.

von Kutzschenbach, C. (1994): Ich habe die Kosten reduziert, in: sales profi, Nr. 12.

von Rosenstiel, L. (1999): Grundlagen der Führung, in: L. von Rosenstiel u.a. (Hg.), Führung von Mitarbeitern, Stuttgart.

Weibler, J. (1999): Führung der Mitarbeiter durch den nächsthöheren Vorgesetzten, in: L. von Rosenstiel u.a. (Hg.), Führung von Mitarbeitern, Stuttgart.

Weißbach, H. J./Witzgall, E./Vierthaler, R. (1990): Außendienstarbeit und neue Technologien, Opladen.

Weltz, F. (1996): Reengineering oder Evolution. Wissensverwertung, Macht und Innovation in Unternehmen, in: H.-J. Braczvk (Hg.), Neue Organisationsformen in Dienstleistung und Verwaltung, Stuttgart/Berlin/Köln.

Wieser, M. (1994): Neue Kunden gewinnen, in: Wirtschaft und Produktivität, Nr. 6.

Wilkes, M. W, (1989): Wertewandel in Marketing und Medizin – Konsequenzen für das Pharma-Marketing, in: E. Dichtl u.a. (Hg.), Innovatives Pharma-Marketing, Wiesbaden.

Wilmes, J. (1996): CAS auf dem Prüfstand, in: acquisa, Nr. 6.

Winkelmann, P. (1998): Der lange Marsch zum Durchbruch, in: absatzwirtschaft, Nr. 3.

Womack, J. P./Jones, D. T./Roos, D. (1991): Die zweite Revolution in der Automobilindustrie. Konsequenzen aus der weltweiten Studie des Massachusetts Institute of Technology, Frankfurt/New York.

Wotschack, W. (1987): Vom Taylorismus zur kontrollierten Autonomie. Über Personaleinsatzkonzepte und Arbeitsanforderungen bei neuen Technologien, Berlin.

Trist, E. L. (1980): The Environment and Systems Response Capability, in: K. Trebesch (Hg.), Organisationsentwicklung in Europa, Bern/Stuttgart.

Zdral, W. (1994): Fit durch schlanken Vertrieb, in: TopBusiness, Nr.6.

14. Anhang

(1) Verwendeter Fragebogen

Fragebogen zur Situation von AußendienstmitarbeiterInnen in der pharmazeutischen Industrie

Sehr geehrte Damen und Herren,

kaum ein Berufsbild ist derzeit von so grundlegenden organisatorischen Veränderungen betroffen wie das des pharmazeutischen Außendienstes.

Im Rahmen meiner Promotion möchte ich ein realistisches Bild dieses Berufstandes zeichnen und die Auswirkungen der Reorganisation in den letzten Jahren beschreiben.

Daher bitte ich Sie, sich an der Befragung zu beteiligen und ca. 25 min. für die Beantwortung der Fragen aufzubringen. Sie haben keine handschriftlichen Daten einzutragen und Ihre Angaben werden selbstverständlich vertraulich und anonym behandelt.

Vielen Dank für Ihre Mühe.

Mit freundlichen Grüßen

Dirk Stienen

Zu Ihrer Person

1. Ihr Geschlecht?

❒ männlich ❒ weiblich

2. Wie alt sind Sie?

❒ unter 29 J. ❒ 30-39 J. ❒ 40-49 J.
❒ 50-59 J. ❒ über 60 J.

3. Ihre Ausbildung?

❒ Lehre ❒ Diplom ❒ Promoviert
❒ sonstiges

4. In welcher wissenschaftlichen Fachrichtung?

❒ Medizin ❒ Pharmazie ❒ Biologie
❒ Physik ❒ Chemie ❒ Wirtschaft
❒ Gesellschaftswissenschaften ❒ Jura
❒ Technischer Bereich ❒ anderes

5. Sind sie geprüfter PharmareferentIn?

❒ ja ❒ nein

6. Wie lange sind Sie im pharmazeutischen Außendienst?

❒ unter 5 J. ❒ 5-10 J. ❒ 10-15 J.
❒ 15-20 J. ❒ über 20 J.

7. Wie lange sind Sie bei Ihrem jetzigen Unternehmen?

❒ unter 5 J. ❒ 5-10 J. ❒ 10-15 J.
❒ 15-20 J. ❒ über 20 J.

Zu Ihrem Arbeitsbild

8. In welcher Linie sind Sie tätig?

❒ Niedergelassener Bereich ❒ Krankenhaus
❒ Großkunden ❒ spezieller Bereich

9. Wo liegt Ihr Arbeitsgebiet?

❒ alte Bundesländer ❒ neue Bundesländer
❒ gesamtes Bundesgebiet

10. Wie sind Sie eingruppiert?

❒ E9 ❒ E10 ❒ E11 ❒ E12 ❒ E13
❒ AT-Bereich ❒ keine Eingruppierung
❒ variable Gehaltsanteile

11. Wie hoch ist Ihr Jahresumsatz (in tausend DM)?

❒ bis 100 ❒ 100-150 ❒ 150-300
❒ 300-500 ❒ 500-1Mio. ❒ über 1Mio.

12. Wieviele Produkte vertreten Sie?

❒ 1-2 ❒ 2-4 ❒ 4-6 ❒ 6-8 ❒ 8-10
❒ mehr als 10

13. Die Anzahl der von Ihnen beworbenen Produkte hat sich in den letzten 4 Jahren...

gesenkt / stagnierte / erhöht

❒	❒	❒	❒	❒	❒	❒
-3	-2	-1	0	+1	+2	+3

Zu Ihrer Arbeitszeit

14. Wie hoch schätzen Sie Ihre wöchentliche Arbeitszeit?

❒ bis 35 Std. ❒ 35-40 Std. ❒ 40-45 Std.
❒ 45-50 Std. ❒ 55-60 Std. ❒ über 60 Std.

15. Dokumentieren Sie Ihre Arbeitszeit?

❒ ja ❒ nein

16. Wie schätzen Sie die Entwicklung Ihrer Gesamtarbeitszeit in den letzten 4 Jahren ein?

wurde weniger / ist gleich geblieben / hat zugenommen

❒	❒	❒	❒	❒	❒	❒
-3	-2	-1	0	+1	+2	+3

17. Wie hat sich Ihre Arbeitszeit im heimischen Büro in den letzten 4 Jahren entwickelt?

wurde weniger / ist gleich geblieben / hat zugenommen

❒	❒	❒	❒	❒	❒	❒
-3	-2	-1	0	+1	+2	+3

18. Wie hat sich die Veränderung Ihrer heimischen Tätigkeit im einzelnen entwickelt?

-3	-2	-1	0	+1	+2	+3
❒	❒	❒	❒	❒	❒	❒ Produktinformationen auswerten
❒	❒	❒	❒	❒	❒	❒ Sonstige Informationen durchsehen
❒	❒	❒	❒	❒	❒	❒ Tourenplanung
❒	❒	❒	❒	❒	❒	❒ Adressenkartei pflegen
❒	❒	❒	❒	❒	❒	❒ Berichtswesen
❒	❒	❒	❒	❒	❒	❒ Kommunikation mit dem Unternehmen
❒	❒	❒	❒	❒	❒	❒ Gesprächsvorbereitung
❒	❒	❒	❒	❒	❒	❒ Andere administrative Tätigkeiten

19. Wie schätzen Sie Ihren Aufwand an Fahrzeit in den letzten 4 Jahren ein?

wurde weniger / ist gleich geblieben / hat zugenommen

❒	❒	❒	❒	❒	❒	❒
-3	-2	-1	0	+1	+2	+3

20. Falls keine Stagnation vorliegt, warum hat sich der Fahraufwand verändert?
(Mehrfachnennungen möglich)

❒ größeres Gebiet ❒ kleineres Gebiet
❒ mehr Tagungen ❒ weniger Tagungen
❒ mehr Kundenkontakte ❒ weniger Kundenkontakte
❒ andere Verkehrsbedingungen

Zu Ihrer Situation „vor Ort"

21. Wie oft besuchen Sie im Durchschnitt den einzelnen Kunden?

❒ 14-tägig ❒ monatlich ❒ quartalsweise
❒ halbjährlich ❒ weniger als halbjährlich

22. Wie hat sich die Anzahl der Kundenbesuche in den letzten 4 Jahren entwickelt?

wurde weniger / ist gleich geblieben / hat zugenommen

❒	❒	❒	❒	❒	❒	❒
-3	-2	-1	0	+1	+2	+3

23. Wie oft (in Prozent) kommt es zu keinem direkten Kundenkontakt (z.B. mit dem Arzt oder Apotheker)?

❐ unter 10% ❐ 10-25% ❐ 25-40% ❐ 40-50%
❐ 50-70% ❐ 70-90% ❐ mehr als 90%

24. Die Dauer des direkten Kundenkontakts ist in den letzten 4 Jahren eher...

kürzer geworden			gleich geblieben			länger geworden
❐	❐	❐	❐	❐	❐	❐
-3	-2	-1	0	+1	+2	+3

25. Die Dauer des direkten Kundenbesuchs beträgt heute durchschnittlich ca. ...

❐ unter 4 Min. ❐ 4-8 Min. ❐ 8-12 Min.
❐ 12-15 Min. ❐ über 15 Min.

26. Die Wartezeit beim Kunden hat sich in den letzten 4 Jahren eher....

verkürzt			nicht verändert			verlängert
❐	❐	❐	❐	❐	❐	❐
-3	-2	-1	0	+1	+2	+3

27. Die Wartezeit beim Kunden beträgt heute durchschnittlich...

❐ unter 5 Min. ❐ 5-10 Min. ❐ 10-15 Min.
❐ 15-20 Min. ❐ über 20 Min.

28. Im Durchschnitt wurden die Ansprechpartner in den vergangenen 4 Jahren eher...

desin--teressierter			gleich interessiert			interes-sierter
❐	❐	❐	❐	❐	❐	❐
-3	-2	-1	0	+1	+2	+3

29. Die Ansprechpartner hatten für Beratung in den letzten 4 Jahren zunehmend...

weniger Zeit			die gleiche Zeit			mehr Zeit
❐	❐	❐	❐	❐	❐	❐
-3	-2	-1	0	+1	+2	+3

30. Die Beratung „vor Ort" beim Kunden wurde eher...

schwieriger			blieb unverändert			leichter
❐	❐	❐	❐	❐	❐	❐
-3	-2	-1	0	+1	+2	+3

31. Wie schätzen Sie die Bedeutung des persönlichen Verhältnisses zum Kunden ein?

gesunken			gleich geblieben			gestiegen
❐	❐	❐	❐	❐	❐	❐
-3	-2	-1	0	+1	+2	+3

32. Der Anteil von Nicht-Ärzten oder Nicht-Kliniken an Ihrer Klientel wurde in den letzten 4 Jahren ...

geringer			blieb gleich			höher
❐	❐	❐	❐	❐	❐	❐
-3	-2	-1	0	+1	+2	+3

33. Die Bedeutung von Nicht-Ärzten oder Nicht-Kliniken hat in den vergangenen 4 Jahren ...

abge-nommen			ist gleich geblieben			zuge-nommen
❐	❐	❐	❐	❐	❐	❐
-3	-2	-1	0	+1	+2	+3

Zu Ihrer Situation im Unternehmen

34. Erhalten Sie Provisionen?

❐ ja ❐ nein

35. Wenn ja, wie stark motivieren Sie Provisionen?

gar nicht	❐	❐	❐	❐	❐	❐	stark
	1	2	3	4	5	6	

36. Können Sie Prämien erreichen?

❐ ja ❐ nein

37. Wenn ja, wie stark motivieren Sie Prämien?

gar nicht	❐	❐	❐	❐	❐	❐	stark
	1	2	3	4	5	6	

38. Wenn ja, wie häufig haben sie die Prämie in den letzten 3 Jahren erhalten?

❐ nie ❐ einmal ❐ zweimal ❐ immer

39. Wenn Sie variable Gehaltsanteile erhalten können, wie hoch schätzen Sie den Anteil Ihres Einkommens, der nicht als Festgehalt, sondern als Provision, Prämie, Bonus o.ä. gezahlt wird?

❐ bis ca. 10% ❐ ca. 10-20% ❐ ca. 20-30%
❐ ca. 30-50% ❐ mehr als 50%
❐ keine variablen Gehaltsanteile

40. Wenn Sie Provisionen und/oder Prämien erhalten können, wie werden die Vorgaben für variable Gehaltsanteile getroffen?

❐ vorgegeben ❐ abgesprochen
❐ keine Provision oder Prämie

41. Wenn die Vorgaben abgesprochen werden, wie hoch schätzen Sie Ihren Einfluß auf die getroffene Vereinbarung ein?

keinen ❐ ❐ ❐ ❐ ❐ ❐ hoch
1 2 3 4 5 6

42. Können Sie Incentives erreichen?

❐ ja ❐ nein

43. Wenn ja, wie stark motivieren Sie Incentives?

gar nicht ❐ ❐ ❐ ❐ ❐ ❐ stark
1 2 3 4 5 6

44. Finden auch weitere Zielvereinbarungen statt (außer über Umsatzziele)?

❐ ja ❐ nein

45. Wenn ja, wie stark fühlen Sie sich an solche Vereinbarungen gebunden?

gar nicht ❐ ❐ ❐ ❐ ❐ ❐ stark
1 2 3 4 5 6

46. Finden Personalbeurteilungen statt?

❐ ja ❐ nein

47. Wenn ja, wie zutreffend finden Sie Ihre Personalbeurteilung?

nicht zutreffend ❐ ❐ ❐ ❐ ❐ ❐ zutreffend
1 2 3 4 5 6

48. Wie fühlen Sie sich durch Ihren Vorgesetzten betreut?

schlecht ❐ ❐ ❐ ❐ ❐ ❐ gut
1 2 3 4 5 6

49. Wie stark fühlen Sie sich durch Ihren Vorgesetzten kontrolliert?

gar nicht ❐ ❐ ❐ ❐ ❐ ❐ stark
1 2 3 4 5 6

50. Wie reagieren Ihre Vorgesetzten auf Vorschläge und Anregungen?

nicht interessiert ❐ ❐ ❐ ❐ ❐ ❐ interessiert
1 2 3 4 5 6

51. Haben Sie den Eindruck, daß Vorschläge von AußendienstmitarbeiterInnen auch umgesetzt werden sollen?

eher nicht ❐ ❐ ❐ ❐ ❐ ❐ eher schon
1 2 3 4 5 6

52. Wie werden die Interessen des Außendienstes Ihrer Meinung nach durch den Betriebsrat vertreten?

schlecht ❐ ❐ ❐ ❐ ❐ ❐ gut
1 2 3 4 5 6

53. Inwieweit können Sie selbst entscheiden, welche Produkte beworben werden?

wird vorgegeben ❐ ❐ ❐ ❐ ❐ ❐ autonom
1 2 3 4 5 6

54. Inwieweit können Sie selbst entscheiden, welche Kunden beworben werden?

wird vorgegeben ❐ ❐ ❐ ❐ ❐ ❐ autonom
1 2 3 4 5 6

55. Wie schätzen Sie das Bild des Außendienstes im Unternehmen ein?

schlecht ❐ ❐ ❐ ❐ ❐ ❐ gut
1 2 3 4 5 6

56. Wie integriert ist Ihrer Meinung nach der Außendienst im Unternehmen?

schlecht ❐ ❐ ❐ ❐ ❐ ❐ gut
1 2 3 4 5 6

57. Wie beurteilen Sie die Zusammenarbeit mit dem Innendienst?

schlecht ❐ ❐ ❐ ❐ ❐ ❐ gut
1 2 3 4 5 6

58. Wie würden Sie gerne mit anderen AußendienstmitarbeiterInnen zusammenarbeiten?

weniger intensiv — so wie bisher — intensiver

❐ ❐ ❐ ❐ ❐ ❐ ❐
-3 -2 -1 0 +1 +2 +3

59. Wie würden Sie gerne mit dem Innendienst (Unternehmen) zusammenarbeiten?

weniger intensiv			so wie bisher			inten-siver
❐	❐	❐	❐	❐	❐	❐
-3	-2	-1	0	+1	+2	+3

Zu Ihrem „Kollegen Computer“

60. Wie schwierig ist es für Sie, sich in neue technische Anwendungen (z.B. neue Software) einzuarbeiten?

leicht	❐	❐	❐	❐	❐	❐	schwer
	1	2	3	4	5	6	

61. Wie häufig nehmen Sie über den Computer mit dem Unternehmen Kontakt auf?

- ❐ 1x täglich
- ❐ 2x täglich
- ❐ mehrmals täglich
- ❐ 1x wöchentlich
- ❐ 2x wöchentlich
- ❐ mehrfach in der Woche, aber nicht täglich
- ❐ 1x monatlich
- ❐ 2-4x monatlich
- ❐ mehr als 4x monatlich, aber unregelmäßig

62. Sind Sie zufrieden mit Ihrer Unterstützung bzw. Schulung in technischen Gebieten?

nicht zufrieden	❐	❐	❐	❐	❐	❐	zufrieden
	1	2	3	4	5	6	

63. Bei welchen Arbeitsinhalten setzen Sie den „Kollegen Computer“ ein?

(Mehrfachnennungen möglich)

- ❐ Produktinformationen auswerten
- ❐ Andere Informationen der Firma empfangen
- ❐ Touren planen
- ❐ Adressenkartei verwalten
- ❐ Textverarbeitung allgemein (Korrespondenz)
- ❐ Berichte versenden
- ❐ Gesprächsvorbereitung
- ❐ Kunden bewerten
- ❐ Kunden auswählen
- ❐ Kongresse vorbereiten
- ❐ Sich informieren (z.B. im Internet)
- ❐ Reisekosten verwalten
- ❐ Weitere nicht aufgeführte Anwendungen
- ❐ Keine Benutzung eines Computers

64. Wenn Sie mit einem Laptop ausgestattet sind, wie und wo setzten Sie den Laptop ein?

(Mehrfachnennungen möglich)

- ❐ kein Laptop vorhanden
- ❐ zu Hause
- ❐ bei der Kundenberatung
- ❐ im Wartezimmer
- ❐ im Auto (z.B. im Stau)
- ❐ auf Reisen (z.B. im Hotel)
- ❐ der Laptop wird nicht genutzt

65. Wie stark hat der Computer generell Ihre Arbeitszeit verändert?

wurde weniger			blieb unverändert			hat zuge-nommen
❐	❐	❐	❐	❐	❐	❐
-3	-2	-1	0	+1	+2	+3

Sie haben es geschafft. Nochmals vielen Dank für Ihre Mühe!

(2) Standardisierte Auswertung der Umfrage

Frage 1: Ihr Geschlecht?	**Anzahl der Nennungen**					**in Prozent**				
	A	**B**	**C**	**BE**[35]	**G**[36]	**A**	**B**	**C**	**BE**	**G**
männlich	117	135	97	200	549	68,02%	48,74%	63,40%	61,73%	59,29%
weiblich	55	142	56	124	377	31,98%	51,26%	36,60%	38,27%	40,71%
Summe	172	277	153	324	926	100%	100%	100%	100%	100%

Frage 2: Wie alt sind Sie?	**Anzahl der Nennungen**					**in Prozent**				
	A	**B**	**C**	**BE**	**G**	**A**	**B**	**C**	**BE**	**G**
unter 29 Jahre	2	23	2	10	37	1,18%	8,33%	1,31%	3,09%	4,01%
30-39 Jahre	54	112	71	92	329	31,76%	40,58%	46,41%	28,40%	35,64%
40-49 Jahre	71	75	61	119	326	41,76%	27,17%	39,87%	36,73%	35,32%
50-59 Jahre	42	61	17	94	214	24,71%	22,10%	11,11%	29,01%	23,19%
über 60 Jahre	1	5	2	9	17	0,59%	1,81%	1,31%	2,78%	1,84%
Summe	170	276	153	324	923	100%	100%	100%	100%	100%
durchschnittliches Alter	43,9 Jahre	41,3 Jahre	41,0 Jahre	44,5 Jahre	42,8 Jahre					

Frage 3: Ihre Ausbildung?	**Anzahl der Nennungen**					**in Prozent**				
	A	**B**	**C**	**BE**	**G**	**A**	**B**	**C**	**BE**	**G**
Lehre	52	111	34	128	325	30,32%	40,36%	22,22%	39,75%	35,25%
Diplom	62	70	74	104	310	36,04%	25,45%	48,37%	32,30%	33,62%
Promoviert	17	44	12	31	104	9,88%	16,00%	7,84%	9,62%	11,28%
sonstiges	41	50	33	59	183	23,83%	18,18%	21,57%	18,32%	19,85%
Summe	172	275	153	322	922	100%	100%	100%	100%	100%

[35] Betriebsergebnis (BE), d.h. es sind hier alle Fragebögen zusammengefaßt, die im Rahmen der Zeitschriftenumfrage eingingen.

[36] Gesamtergebnis (G), die Summe aller ausgewerteten Fragebögen.

Frage 4: In welcher wissenschaftlicher Fachrichtung?	Anzahl der Nennungen					in Prozent				
	A	B	C	BE	G	A	B	C	BE	G
Medizin	27	38	33	54	152	16,46%	14,84%	22,45%	17,88%	17,49%
Pharmazie	20	32	13	46	111	12,20%	12,50%	8,84%	15,23%	12,77%
Biologie	22	39	28	38	127	13,41%	15,23%	19,05%	12,58%	14,61%
Physik	-	-	1	3	4	-	-	0,68%	0,99%	0,46%
Chemie	36	55	23	59	173	21,95%	21,48%	15,65%	19,53%	19,91%
Wirtschaft	22	27	8	29	86	13,41%	10,55%	5,44%	9,60%	9,89%
Gesellschafts-Wissenschaften	6	9	8	7	30	3,66%	3,52%	5,44%	2,31%	3,45%
Jura	2	-	1	3	6	1,22%	-	0,68%	0,99%	0,69%
Technischer Bereich	5	16	6	12	39	3,05%	6,25%	4,08%	3,97%	4,49%
Anderes	24	40	26	51	141	14,63%	15,63%	17,69%	16,88%	16,23%
Summe	164	256	147	302	869	100%	100%	100%	100%	100%

Frage 5: Sind Sie geprüfter Pharmareferent?	Anzahl der Nennungen					in Prozent				
	A	B	C	BE	G	A	B	C	BE	G
ja	107	177	147	207	638	62,57%	64,13%	96,08%	64,49%	69,27%
nein	64	99	6	114	283	37,43%	35,87%	3,92%	35,51&	30,73%
Summe	171	276	153	321	921	100%	100%	100%	100%	100%

Frage 6: Wie lange sind Sie im pharmazeutischen Außendienst?	Anzahl der Nennungen					in Prozent				
	A	B	C	BE	G	A	B	C	BE	G
unter 5 J.	20	79	20	47	166	11,63%	28,62%	13,07%	14,60%	17,99%
5-10 J.	71	70	74	99	314	41,28%	25,36%	48,37%	30,75%	34,02%
10-15 J.	24	33	24	55	136	13,95%	11,96%	15,69%	17,08%	14,73%
15-20 J.	26	36	22	46	130	15,11%	13,04%	14,38%	14,29%	14,08%
über 20 J.	31	58	13	75	177	18,02%	21,01%	8,50%	23,29%	19,18%
Summe	172	276	153	322	923	100%	100%	100%	100%	100%
durchschnittliche Außendiensttätigkeit	11,8 Jahre	11,1 Jahre	10,3 Jahre	12,6 Jahre	11,6 Jahre					

Frage 7: Wie lange sind Sie bei Ihrem jetzigen Unternehmen?	Anzahl der Nennungen					in Prozent				
	A	B	C	BE	G	A	B	C	BE	G
unter 5 J.	25	137	22	102	286	14,62%	49,46%	14,38%	31,81%	30,92%
5-10 J.	79	43	76	90	288	46,20%	15,52%	49,67%	27,78%	31,14%
10-15 J.	26	33	22	55	136	15,20%	11,91%	14,38%	16,98%	14,70%
15-20 J.	25	32	20	30	107	14,62%	11,55%	13,07%	9,26%	11,57%
über 20 J.	16	32	13	47	108	9,36%	11,55%	8,50%	14,51%	11,68%
Summe	171	277	153	324	925	100%	100%	100%	100%	100%
durchschnittliche Betriebszugehörigkeit	10,4 Jahre	8,5 Jahre	10,1 Jahre	9,9 Jahre	9,6 Jahre					

Frage 8: In welcher Linie Sind Sie tätig?	Anzahl der Nennungen					in Prozent				
	A	B	C	BE	G	A	B	C	BE	G
Niedergelassener Bereich	44	188	84	191	507	25,58%	68,12%	54,90%	58,95%	54,81%
Niedergelassener Bereich und Krankenhaus	108	8	49	77	242	62,79%	2,90%	32,03%	23,77%	26,16%
Niedergelassener Bereich und spezieller Bereich	4	-	-	5	9	2,33%	-	-	1,54%	0,97%
Niedergelassener Bereich, Krankenhaus und spezieller Bereich	3	3	1	6	13	1,74%	1,09%	0,65%	1,85%	1,41%
Niedergelassener Bereich, Krankenhaus und Großkunden	3	1	4	4	12	1,74%	0,36%	2,61%	1,23%	1,30%
Krankenhaus	4	42	5	24	75	2,33%	15,22%	3,27%	7,40%	8,11%
Krankenhaus und spezieller Bereich	-	1	1	3	5	-	0,36%	0,65%	0,93%	0,54%
Krankenhaus, spezieller Bereich und Großkunden	-	1	1		2	-	0,36%	0,65%		0,22%
Großkunden	-	7	1	2	10	-	2,54%	0,65%	0,62%	1,08%
Großkunden und spezieller Bereich	-	1	-		1	-	0,36%	-		0,11%
spezieller Bereich	6	24	7	12	49	3,49%	8,70%	4,58%	3,70%	5,30%
Summe	172	276	153	324	925	100%	100%	100%	100%	100%

Frage 9: Wo liegt Ihr Arbeitsgebiet?	Anzahl der Nennungen					in Prozent				
	A	B	C	BE	G	A	B	C	BE	G
alte Bundesländer	113	200	109	236	658	65,70%	72,73%	71,24%	72,84%	71,21%
alte und neue Bundesländer	-	13	5	8	26	-	4,73%	3,27%	2,47%	2,81%
neue Bundesländer	57	56	35	70	218	33,14%	20,36%	22,88%	21,60%	23,59%
gesamtes Bundesgebiet	2	6	4	10	22	1,16%	2,18%	2,61%	3,09%	2,38%
Summe	172	275	153	324	924	100%	100%	100%	100%	100%

Frage 10: **Wie sind Sie eingruppiert?**	**Anzahl der Nennungen**					**in Prozent**				
	A	**B**	**C**	**BE**	**G**	**A**	**B**	**C**	**BE**	**G**
E9	-	2	11	5	18	-	0,94%	7,69%	2,42%	2,48%
E10	2	2	16	6	26	1,23%	0,94%	11,19%	2,90%	3,59%
E11	15	34	53	21	123	9,26%	15,96%	37,06%	10,14%	16,97%
E12	76	54	31	34	195	46,91%	25,35%	21,68%	16,43%	26,90%
E13	29	46	14	33	122	17,90%	21,60%	9,79%	15,94%	16,83%
AT-Bereich	40	75	18	108	241	24,69%	35,21%	12,59%	52,17%	33,24%
(keine Eingruppierung)	(1)	(33)	(2)	(87)	(123)	-	-	-		-
Summe	162	213	143	207	725	100%	100%	100%	100%	100%

Frage 11: **Wie hoch ist Ihr Jahresumsatz (in tausend DM)?**	**Anzahl der Nennungen**					**in Prozent**				
	A	**B**	**C**	**BE**	**G**	**A**	**B**	**C**	**BE**	**G**
bis 100	4	19	6	35	64	2,45%	8,60%	4,26%	11,51%	7,72%
100-150	4	13	9	13	39	2,45%	5,88%	6,38%	4,28%	4,70%
150-300	4	13	18	19	54	2,45%	5,88%	12,77%	6,25%	6,51%
300-500	19	24	17	19	79	11,66%	10,86%	12,06%	6,25%	9,53%
500- 1 Mio.	30	43	55	79	207	18,40%	19,46%	39,01%	25,99%	24,97%
über 1 Mio.	102	109	36	139	386	62,58%	49,32%	25,53%	45,72%	46,56%
Summe	163	221	141	304	829	100%	100%	100%	100%	100%
durchschnittlicher Jahresumsatz	ca. 891.000 DM	Ca. 763.000 DM	ca. 664.000 DM	ca. 754.000 DM	ca. 768.000 DM					

Frage 12: **Wieviele Produkte vertreten Sie?**	**Anzahl der Nennungen**					**in Prozent**				
	A	**B**	**C**	**BE**	**G**	**A**	**B**	**C**	**BE**	**G**
1 - 2	8	96	25	7	136	4,71%	35,16%	16,45%	2,19%	14,88%
2 – 4	15	46	80	33	174	8,82%	16,85%	52,63%	10,34%	19,04%
4 – 6	10	23	39	66	138	5,88%	8,42%	25,66%	20,69%	15,10%
6 – 8	35	41	8	41	125	20,59%	15,02%	5,26%	12,85%	13,68%
8 – 10	57	32	-	24	113	33,53%	11,72%	-	7,52%	12,36%
mehr als 10	45	35	-	148	228	26,47%	12,82%	-	46,39%	24,95%
Summe	170	273	152	319	914	100%	100%	100%	100%	100%
durchschnittliche Produktzahl	ca. 8 Produkte	ca. 5 Produkte	ca. 3-4 Produkte	ca. 8 Produkte	ca. 6 Produkte					

Frage 13: Die Anzahl der von Ihnen beworbenen Produkte hat sich in den letzten 4 Jahren...	**Anzahl der Nennungen**					**in Prozent**				
	A	**B**	**C**	**BE**	**G**	**A**	**B**	**C**	**BE**	**G**
gesenkt -3	14	23	9	17	63	8,54%	9,70%	6,12%	5,40%	7,30%
-2	7	9	20	13	49	4,26%	3,80%	13,61%	4,13%	5,68%
-1	2	11	18	12	43	1,22%	4,64%	12,24%	3,81%	4,98%
stagnierte 0	9	46	52	42	149	5,49%	19,41%	35,37%	13,33%	17,27%
+1	14	27	16	34	91	8,54%	11,39%	10,88%	10,79%	10,54%
+2	23	33	20	52	128	14,02%	13,92%	13,61%	16,51%	14,83%
erhöht +3	95	88	12	145	340	57,93%	37,13%	8,16%	46,03%	39,40%
Summe	164	237	147	315	863	100%	100%	100%	100%	100%
durchschnittliche Einschätzung (Mittelwert)	1,75	1,09	0,05	1,43	1,20					

Frage 14: Wie hoch schätzen Sie Ihre wöchentliche Arbeitszeit?	**Anzahl der Nennungen**					**in Prozent**				
	A	**B**	**C**	**BE**	**G**	**A**	**B**	**C**	**BE**	**G**
bis 35 Std.	2	2	-	3	7	1,18%	0,74%	-	0,93%	0,77%
35-40 Std.	5	18	3	10	36	2,94%	6,62%	1,99%	3,11%	3,93%
40-45 Std.	27	81	26	44	178	15,88%	29,78%	17,22%	13,66%	19,45%
45-50 Std.	67	93	56	116	332	39,41%	34,19%	37,09%	36,02%	36,28%
55-60 Std.	54	62	58	113	287	31,76%	22,79%	38,41%	35,09%	31,37%
über 60 Std.	15	16	8	36	75	8,82%	5,88%	5,30%	11,18%	8,20%
Summe	170	272	151	322	915	100%	100%	100%	100%	100%
durchschnittliche Arbeitszeit	ca. 50,7 Stunden	ca. 48,4 Stunden	ca. 51,1 Stunden	ca. 51,6 Stunden	ca. 50,4 Stunden					

Frage 15: Dokumentieren Sie Ihre Arbeitszeit?	**Anzahl der Nennungen**					**in Prozent**				
	A	**B**	**C**	**BE**	**G**	**A**	**B**	**C**	**BE**	**G**
ja	115	217	100	209	641	70,99%	82,20%	65,79%	65,72%	71,54%
nein	47	47	52	109	255	29,01%	17,80%	34,21%	34,28%	28,46%
Summe	162	264	152	318	896	100%	100%	100%	100%	100%

Frage 16: Wie schätzen Sie die Entwicklung Ihrer Gesamtarbeitszeit in den letzten 4 Jahren ein?	Anzahl der Nennungen					in Prozent				
	A	B	C	BE	G	A	B	C	BE	G
wurde weniger -3	-	1	-	-	1	-	0,41%	-		0,11%
-2	-	-	2	2	4	-	-	1,32%	0,63%	0,45%
-1	1	7	5	3	16	0,60%	2,86%	3,31%	0,94%	1,81%
gleich geblieben 0	7	36	13	18	74	4,17%	14,69%	8,61%	5,62%	8,37%
+1	27	41	30	48	146	16,07%	16,73%	19,87%	15,00%	16,52%
+2	72	102	68	117	359	42,86%	41,63%	45,03%	36,56%	40,61%
hat zugenommen +3	61	58	33	132	284	36,31%	23,67%	21,85%	41,25%	32,13%
Summe	168	245	151	320	884	100%	100%	100%	100%	100%
durchschnittliche Einschätzung (Mittelwert)	2,10	1,67	1,70	2,10	1,91					

Frage 17: Wie hat sich Ihre Arbeitszeit im heimischen Büro in den letzten 4 Jahren entwickelt?	Anzahl der Nennungen					in Prozent				
	A	B	C	BE	G	A	B	C	BE	G
wurde weniger -3	-	-	-	-	-	-	-	-	-	-
-2	-	1	-	1	2	-	0,40%	-	0,31%	0,22%
-1	-	3	3	3	9	-	1,21%	1,96%	0,93%	1,01%
gleich geblieben 0	5	17	14	11	47	2,96%	6,88%	9,15%	3,43%	5,28%
+1	9	34	25	39	107	5,33%	13,77%	16,34%	12,15%	12,02%
+2	53	95	55	90	293	31,36%	38,46%	35,95%	28,04%	32,92%
hat zugenommen +3	102	97	56	177	432	60,36%	39,27%	36,60%	55,14%	48,54%
Summe	169	247	153	321	890	100%	100%	100%	100%	100%
durchschnittliche Einschätzung (Mittelwert)	2,49	2,06	1,96	2,32	2,22					

Frage 18: Wie hat sich die Veränderung Ihrer heimischen Tätigkeit im einzelnen entwickelt?	Mittelwert (Standardabweichung) [Anzahl der Nennungen]				
	A	B	C	BE	G
Produktinformationen auswerten	**1,42** (1,20) [168]	**1,46** (1,09) [244]	**1,17** (0,95) [149]	**1,34** (1,18) [302]	**1,36** (1,13) [863]
Sonstige Informationen durchsehen	**2,02** (0,89) [172]	**1,71** (1,01) [244]	**1,62** (0,90) [151]	**1,73** (0,99) [311]	**1,76** (0,97) [878]
Tourenplanung	**0,90** (1,17) [168]	**0,75** (1,21) [239]	**0,99** (1,20) [147]	**1,03** (1,27) [302]	**0,92** (1,23) [856]
Adressenkartei pflegen	**0,87** (1,16) [165]	**0,78** (1,27) [239]	**1,03** (1,09) [146]	**1,19** (1,29) [301]	**0,99** (1,24) [851]
Berichtswesen	**1,96** (1,07) [166]	**1,10** (1,28) [241]	**1,51** (1,14) [150]	**1,56** (1,29) [307]	**1,50** (1,26) [864]
Kommunikation mit dem Unternehmen	**1,49** (1,18) [170]	**1,39** (1,13) [251]	**1,61** (1,09) [150]	**1,44** (1,29) [309]	**1,46** (1,19) [880]
Gesprächsvorbereitung	**1,13** (1,07) [168]	**1,18** (1,19) [243]	**1,28** (1,04) [149]	**1,15** (1,18) [302]	**1,18** (1,14) [862]
Andere administrative Tätigkeiten	**2,12** (0,96) [172]	**1,77** (1,11) [249]	**1,91** (0,95) [150]	**1,98** (1,06) [310]	**1,94** (1,04) [881]
Durchschnitt der Mittelwerte	1,49	1,27	1,39	1,43	1,39

Frage 19: Wie schätzen Sie Ihren Aufwand an Fahrzeit in den letzten 4 Jahren ein?	Anzahl der Nennungen					in Prozent				
	A	B	C	BE	G	A	B	C	BE	G
wurde weniger -3	2	6	2	5	15	1,17%	2,49%	1,31%	1;58%	1,70%
-2	4	8	3	8	23	2,34%	3,32%	1,96%	2,52%	2,61%
-1	16	16	8	13	53	9,36%	6,64%	5,23%	4,10%	6,01%
gleich geblieben 0	32	46	19	53	150	18,71%	19,09%	12,42%	16,72%	17,01%
+1	24	53	36	70	183	14,04%	21,99%	23,53%	22,08%	20,75%
+2	51	51	42	73	217	29,82%	21,16%	27,45%	23,03%	24,60%
hat zugenommen +3	42	61	43	95	241	24,56%	25,31%	28,10%	29,97%	27,32%
Summe	171	241	153	317	882	100%	100%	100%	100%	100%
durchschnittliche Einschätzung (Mittelwert)	1,30	1,20	1,50	1,44	1,36					

Frage 20: **Falls keine Stagnation vorliegt, warum hat sich der Fahraufwand verändert?** (Mehrfachnennung möglich)	**Anzahl der Nennungen**					**in Prozent**				
	A	**B**	**C**	**BE**	**G**	**A**	**B**	**C**	**BE**	**G**
(höherer Fahraufwand)										
größeres Gebiet	80	100	86	169	435	28,37%	28,65%	32,33%	30;34%	29,92%
mehr Tagungen	54	59	41	95	249	19,15%	16,91%	15,41%	17,06%	17,13%
mehr Kundenkontakte	45	57	50	115	267	15,96%	16,33%	18,80%	20,65%	18,36%
(Zwischensumme)	(179)	(216)	(177)	(379)	(951)	(63,48%)	(61,89%)	(66,54%)	(68,04%)	(65,41%)
(niedrigerer Fahraufwand)										
kleineres Gebiet	24	27	14	29	94	8,51%	7,74%	5,26%	5,21%	6,46%
weniger Tagungen	2	7	6	8	23	0,71%	2,01%	2,26%	1,44%	1,58%
weniger Kundenkontakte	3	7	2	6	18	1,06%	2,01%	0,75%	1,08%	1,24%
(Zwischensumme)	(29)	(41)	(22)	(43)	(135)	(10,28%)	(11,75%)	(8,27%)	(7,72%)	(9,28%)
andere Verkehrsbedingungen	74	92	67	135	368	26,24%	26,36%	25,19%	24,24%	25,31%

Frage 21: **Wie oft besuchen Sie im Durchschnitt den einzelnen Kunden?**	**Anzahl der Nennungen**					**in Prozent**				
	A	**B**	**C**	**BE**	**G**	**A**	**B**	**C**	**BE**	**G**
14-tägig	2	8	1	17	28	1,18%	3,07%	0,66%	5,30%	3,10%
14-tägig bis monatlich	-	5	1	7	13	-	1,92%	0,66%	2,18%	1,44%
monatlich	22	113	97	131	363	13,02%	43,30%	63,82%	40,81%	40,20%
monatlich bis quartalsweise	32	43	23	45	143	18,93%	16,48%	15,13%	14,02%	15,84%
quartalsweise	104	90	29	119	342	61,54%	34,48%	19,08%	37,07%	37,87%
quartalsweise bis halbjährlich	3	-	-	-	3	1,78%	-	-		0,33%
halbjährlich	3	2	-	1	6	1,78%	0,77%	-	0,31%	0,66%
weniger als halbjährlich	3	-	1	1	5	1,78%	-	0,66%	0,31%	0,55%
Summe	169	261	152	321	903	100%	100%	100%	100%	100%
durchschnittliche Besuchsfrequenz	ca. alle 10,7 Wochen	ca. alle 7,5 Wochen	ca. alle 6,3 Wochen	ca. alle 7,5 Wochen	ca. alle 7,9 Wochen					

Frage 22: Wie hat sich die Anzahl der Kundenbesuche in den letzten 4 Jahren entwickelt?	**Anzahl der Nennungen**					**in Prozent**				
	A	**B**	**C**	**BE**	**G**	**A**	**B**	**C**	**BE**	**G**
wurde weniger -3	4	1	-	3	8	2,35%	0,42%	-	0,95%	0,91%
-2	6	11	3	6	26	3,53%	4,62%	1,96%	1,90%	2,96%
-1	22	31	10	24	87	12,94%	13,03%	6,54%	7,59%	9,92%
gleich geblieben 0	54	88	47	73	262	31,76%	36,97%	30,72%	23,10%	29,87%
+1	46	56	39	92	233	27,06%	23,53%	25,49%	29,11%	26,57%
+2	28	40	47	77	192	16,47%	16,81%	30,72%	24,37%	21,89%
hat zugenommen +3	10	11	7	41	69	5,88%	4,62%	4,58%	12,97%	7,87%
Summe	170	238	153	316	877	100%	100%	100%	100%	100%
durchschnittliche Einschätzung (Mittelwert)	0,51	0,48	0,90	1,03	0,75					

Frage 23: Wie oft (in Prozent) kommt es zu keinem direkten Kundenkontakt (z.B. mit dem Arzt oder Apotheker)?	**Anzahl der Nennungen**					**in Prozent**				
	A	**B**	**C**	**BE**	**G**	**A**	**B**	**C**	**BE**	**G**
unter 10%	87	109	75	169	440	54,04%	42,91%	50,00%	52,98%	49,77%
10-25%	51	96	49	95	291	31,68%	37,80%	32,67%	29,78%	32,92%
25-40%	8	27	6	17	58	4,97%	10,63%	4,00%	5,33%	6,56%
40-50%	1	7	5	7	20	0,62%	2,76%	3,33%	2,19%	2,26%
50-70%	-	3	-	2	5	-	1,18%	-	0,63%	0,57%
70-90%	5	6	4	11	26	3,11%	2,36%	2,67%	3,45%	2,94%
mehr als 90%	9	6	11	18	44	5,60%	2,36%	7,33%	5,64%	4,98%
Summe	161	254	150	319	884	100%	100%	100%	100%	100%
durchschnittliche Anzahl	ca. 17,9 %	ca. 18,3 %	ca. 20,1 %	ca. 19,4 %	ca. 18,8 %					

Frage 24: Die Dauer des direkten Kundenkontakts ist in den letzten 4 Jahren eher...	**Anzahl der Nennungen**					**in Prozent**				
	A	**B**	**C**	**BE**	**G**	**A**	**B**	**C**	**BE**	**G**
kürzer geworden -3	6	7	1	5	19	3,55%	2,92%	0,65%	1,58%	2,16%
-2	20	19	17	31	87	11,83%	7,92%	11,11%	9,81%	9,90%
-1	33	34	40	67	174	19,53%	14,17%	26,14%	21,20%	19,80%
gleich geblieben 0	52	75	60	98	285	30,77%	31,25%	39,22%	31,01%	32,42%
+1	35	47	25	62	169	20,71%	19,58%	16,34%	19,62%	19,23%
+2	20	42	9	41	112	11,83%	17,50%	5,88%	12,97%	12,74%
länger geworden +3	3	16	1	12	32	1,78%	6,67%	0,65%	3,78%	3,64%
Summe	169	240	153	316	879	100%	100%	100%	100%	100%
durchschnittliche Einschätzung (Mittelwert)	-0,04	0,36	-0,20	0,11	0,10					

Frage 25: Die Dauer des direkten Kundenbesuchs beträgt heute durchschnittlich ca. ...	**Anzahl der Nennungen**					**in Prozent**				
	A	**B**	**C**	**BE**	**G**	**A**	**B**	**C**	**BE**	**G**
unter 4 Min.	8	11	11	24	54	4,73%	4,10%	7,19%	7,50%	5,93%
4-8 Min.	89	121	82	162	454	52,66%	45,15%	53,59%	50,63%	49,89%
8-12 Min.	47	68	40	65	220	27,81%	25,37%	26,14%	20,31%	24,18%
12-15 Min.	15	28	15	29	87	8,88%	10,45%	9,80%	9,06%	9,56%
über 15 Min.	10	40	5	40	95	5,92%	14,93%	3,27%	12,50%	10,44%
Summe	169	268	153	320	910	100%	100%	100%	100%	100%
durchschnittliche Dauer	ca. 8,2 Min.	ca. 9,3 Min.	ca. 7,9 Min.	ca. 8,6 Min.	ca. 8,6 Min.					

Frage 26: **Die Wartezeit beim Kunden hat sich in den letzten 4 Jahren eher...**	**Anzahl der Nennungen**					**in Prozent**				
	A	**B**	**C**	**BE**	**G**	**A**	**B**	**C**	**BE**	**G**
verkürzt -3	-	3	-	3	6	-	1,23%	-	0,95%	0,68%
-2	1	3	2	5	11	0,59%	1,23%	1,31%	1,58%	1,25%
-1	9	10	7	19	45	5,33%	4,12%	4,58%	6,01%	5,11%
nicht verändert 0	35	58	30	68	191	20,71%	23,87%	19,61%	21,52%	21,68%
+1	35	70	56	91	252	20,71%	28,81%	36,60%	28,80%	28,60%
+2	59	77	44	93	273	34,91%	31,69%	28,76%	29,43%	30,99%
verlängert +3	30	22	14	37	103	17,75%	9,05%	9,15%	11,71%	11,69%
Summe	169	243	153	316	881	100%	100%	100%	100%	100%
durchschnittliche Einschätzung (Mittelwert)	1,37	1,09	1,14	1,11	1,16					

Frage 27: **Die Wartezeit beim Kunden beträgt heute durchschnittlich....**	**Anzahl der Nennungen**					**in Prozent**				
	A	**B**	**C**	**BE**	**G**	**A**	**B**	**C**	**BE**	**G**
unter 5 Min.	-	3	2	4	9	-	1,14%	1,31%	1,25%	0,99%
5-10 Min.	1	21	4	21	47	0,59%	7,98%	2,61%	6,56%	5,19%
10-15 Min.	13	47	24	56	140	7,65%	17,87%	15,69%	17,50%	15,45%
15-20 Min.	66	83	67	108	324	38,82%	31,56%	43,79%	33,75%	35,76%
über 20 Min.	90	109	56	131	386	52,94%	41,44%	36,60%	40,94%	42,60%
Summe	170	263	153	320	906	100%	100%	100%	100%	100%
durchschnittliche Wartezeit	ca. 19,7 Min.	ca. 17,7 Min.	ca. 18,1 Min.	ca. 17,8 Min.	ca. 18,2 Min.					

Frage 28: Im Durchschnitt wurden die Ansprechpartner in den vergangenen 4 Jahren eher...	Anzahl der Nennungen					in Prozent				
	A	B	C	BE	G	A	B	C	BE	G
desinteressierter -3	6	2	7	17	32	3,53%	0,83%	4,64%	5,38%	3,64%
-2	22	24	16	35	97	12,94%	9,92%	10,60%	11,08%	11,04%
-1	49	44	52	72	217	28,82%	18,18%	34,44%	22,78%	24,69%
gleich interessiert 0	52	63	42	87	244	30,59%	26,03%	27,81%	27,53%	27,76%
+1	27	52	22	66	167	15,88%	21,49%	14,57%	20,89%	19,00%
+2	14	37	10	29	90	8,24%	15,29%	6,62%	9,18%	10,24%
interessierter +3	-	20	2	10	32	-	8,26%	1,32%	3,16%	3,64%
Summe	170	242	151	316	879	100%	100%	100%	100%	100%
durchschnittliche Einschätzung (Mittelwert)	-0,33	0,36	-0,38	-0,12	-0,07					

Frage 29: Die Ansprechpartner hatten für Beratung in den letzten 4 Jahren zunehmend...	Anzahl der Nennungen					in Prozent				
	A	B	C	BE	G	A	B	C	BE	G
weniger Zeit -3	7	9	13	22	51	4,17%	3,77%	8,50%	6,96%	5,82%
-2	32	30	28	67	157	19,05%	12,55%	18,30%	21,20%	17,92%
-1	66	63	59	78	266	39,29%	26,36%	38,56%	24,68%	30,37%
die gleiche Zeit 0	32	68	41	97	238	19,05%	28,45%	26,80%	30,70%	27,17%
+1	17	31	9	35	92	10,12%	12,97%	5,88%	11,08%	10,50%
+2	14	30	3	15	62	8,33%	12,55%	1,96%	4,75%	7,08%
mehr Zeit +3	-	8	-	2	10	-	3,35%	-	0,63%	1,14%
Summe	168	239	153	316	876	100%	100%	100%	100%	100%
durchschnittliche Einschätzung (Mittelwert)	-0,63	-0,15	-0,91	-0,66	-0,56					

Frage 30: Die Beratung „vor Ort" beim Kunden wurde eher...	Anzahl der Nennungen					in Prozent				
	A	B	C	BE	G	A	B	C	BE	G
schwieriger -3	20	16	19	37	92	11,76%	6,58%	12,42%	11,67%	10,42%
-2	48	61	49	115	273	28,24%	25,10%	32,03%	36,28%	30,92%
-1	78	80	64	99	321	45,88%	32,92%	41,83%	31,23%	36,35%
blieb unverändert 0	14	67	18	40	139	8,24%	27,57%	11,76%	12,62%	15,74%
+1	5	14	2	18	39	2,94%	5,76%	1,31%	5,68%	4,42%
+2	2	2	1	6	11	1,18%	0,82%	0,65%	1,89%	1,25%
leichter +3	3	3	-	2	8	1,76%	1,23%	-	0,63%	0,91%
Summe	170	243	153	317	883	100%	100%	100%	100%	100%
durchschnittliche Einschätzung (Mittelwert)	-1,27	-0,92	-1,41	-1,27	-1,20					

Frage 31: Wie schätzen Sie die Bedeutung des persönlichen Verhältnisses zum Kunden ein?	Anzahl der Nennungen					in Prozent				
	A	B	C	BE	G	A	B	C	BE	G
gesunken -3	-	-	-	1	1	-	-	-	0,31%	0,11%
-2	1	1	1	5	8	0,58%	0,40%	0,65%	1,57%	0,90%
-1	5	8	5	15	33	2,92%	3,24%	3,27%	4,70%	3,71%
gleich geblieben 0	14	19	19	25	77	8,19%	7,69%	12,42%	7,84%	8,65%
+1	27	43	32	49	151	15,79%	17,41%	20,92%	15,36%	16,97%
+2	61	98	59	129	347	35,67%	39,68%	38,56%	40,44%	38,99%
gestiegen +3	63	78	37	95	273	36,84%	31,58%	24,18%	29,78%	30,67%
Summe	171	247	153	319	890	100%	100%	100%	100%	100%
durchschnittliche Einschätzung (Mittelwert)	1,94	1,87	1,66	1,77	1,81					

Frage 32: Der Anteil von Nicht-Ärzten oder Nicht-Kliniken an Ihrer Klientel wurde in den letzten 4 Jahren ...	Anzahl der Nennungen					In Prozent				
	A	B	C	BE	G	A	B	C	BE	G
geringer -3	4	10	7	6	27	2,41%	4,48%	4,76%	2,06%	3,26%
-2	5	8	5	-	18	3,01%	3,59%	3,40%	-	2,18%
-1	7	6	11	6	30	4,22%	2,69%	7,48%	2,06%	3,63%
blieb gleich 0	102	134	103	170	509	61,45%	60,09%	70,07%	58,42%	61,55%
+1	21	35	12	51	119	12,65%	15,70%	8,16%	17,53%	14,39%
+2	16	24	4	37	81	9,64%	10,76%	2,72%	12,71%	9,79%
höher +3	11	6	5	21	43	6,63%	2,69%	3,40%	7,22%	5,20%
Summe	166	223	147	291	827	100%	100%	100%	100%	100%
durchschnittliche Einschätzung (Mittelwert)	0,34	0,22	-0,05	0,56	0,32					

Frage 33: Die Bedeutung von Nicht-Ärzten oder Nicht-Kliniken hat in den vergangenen 4 Jahren ...	Anzahl der Nennungen					in Prozent				
	A	B	C	BE	G	A	B	C	BE	G
abgenommen -3	2	9	7	6	24	1,26%	4,11%	4,86%	2,10%	2,97%
-2	5	6	5	2	18	3,14%	2,74%	3,47%	0,70%	2,23%
-1	5	7	7	7	26	3,14%	3,20%	4,86%	2,45%	3,22%
ist gleich geblieben 0	80	109	90	143	422	50,31%	49,77%	62,50%	50,00%	52,23%
+1	40	46	23	64	173	25,16%	21,00%	15,97%	22,38%	21,41%
+2	14	32	8	42	96	8,81%	14,61%	5,56%	14,69%	11,88%
zugenommen +3	13	10	4	22	49	8,18%	4,57%	2,78%	7,69%	6,06%
Summe	159	219	144	286	808	100%	100%	100%	100%	100%
durchschnittliche Einschätzung (Mittelwert)	0,54	0,43	0,09	0,65	0,47					

Frage 34: Erhalten Sie Provisionen?	Anzahl der Nennungen					in Prozent				
	A	B	C	BE	G	A	B	C	BE	G
ja	3	76	54	116	249	1,78%	29,57%	36,24%	37,06%	28,04%
nein	166	181	95	197	639	98,22%	70,43%	63,76%	62,94%	71,96%
Summe	169	257	149	313	888	100%	100%	100%	100%	100%

Frage 35: Wenn ja, wie stark motivieren Sie Provisionen?	Anzahl der Nennungen (Standardabweichung)				
	A	B	C	BE	G
gar nicht ❐❐❐❐❐❐ 1 2 3 4 5 6 stark	51	178	75	230	534
Mittelwert der Nennungen	3,47 (1,77)	3,57 (1,82)	3,80 (1,77)	3,58 (1,91)	3,60 (1,85)

Frage 36: Können Sie Prämien erreichen?	Anzahl der Nennungen					In Prozent				
	A	B	C	BE	G	A	B	C	BE	G
ja	112	223	147	234	716	68,29%	85,11%	96,71%	74,05%	80,09%
nein	52	39	5	82	178	31,71%	14,89%	3,29%	25,95%	19,91%
Summe	164	262	152	316	894	100%	100%	100%	100%	100%

Frage 37: Wenn ja, wie stark motivieren Sie Prämien?	Anzahl der Nennungen (Standardabweichung)				
	A	B	C	BE	G
gar nicht ❐❐❐❐❐❐ 1 2 3 4 5 6 stark	126	262	149	291	828
Mittelwert der Nennungen	3,73 (1,64)	3,94 (1,66)	3,85 (1,54)	3,68 (1,78)	3,80 (1,68)

Frage 38: Wenn ja, wie häufig haben sie die Prämie in den letzten 3 Jahren erhalten?	Anzahl der Nennungen					In Prozent				
	A	B	C	BE	G	A	B	C	BE	G
nie	42	23	2	36	103	38,53%	9,87%	1,33%	13,00%	13,39%
einmal	31	19	15	22	87	28,44%	8,15%	10,00%	7,94%	11,31%
zweimal	20	34	37	63	154	18,35%	14,59%	24,67%	22,74%	20,03%
immer	16	157	96	156	425	14,68%	67,38%	64,00%	56,32%	55,27%
Summe	109	233	150	277	769	100%	100%	100%	100%	100%
durchschnittliche Häufigkeit	ca. 1,1	ca. 2,4	ca. 2,5	ca. 2,2	ca. 2,2					

Frage 39: **Wenn Sie variable Gehaltsanteile erhalten können, wie hoch schätzen Sie den Anteil Ihres Einkommens, der nicht als Festgehalt, sondern als Provision, Prämie, Bonus o.ä. Gezahlt wird?**	**Anzahl der Nennungen**					**in Prozent**				
	A	**B**	**C**	**BE**	**G**	**A**	**B**	**C**	**BE**	**G**
bis ca. 10%	35	83	53	92	263	66,04%	38,07%	44,54%	38,98%	42,01%
ca. 10-20%	10	87	47	87	231	18,87%	39,91%	39,50%	36,86%	36,90%
ca. 20-30%	5	38	15	26	84	9,43%	17,43%	12,61%	11,02%	13,42%
ca. 30-50%	1	8	3	15	27	1,89%	3,67%	2,52%	3,36%	4,31%
mehr als 50%	2	2	1	16	21	3,77%	0,92%	0,84%	6,78%	3,35%
Summe	53	218	119	236	626	100%	100%	100%	100%	100%
durchschnittlicher Anteil	ca. 11,4%	ca. 14,2%	ca. 12,8%	ca. 13,0%	ca. 14,6%					
keine variablen Gehaltsanteile	84	25	20	67	196					

Frage 40: **Wenn Sie Provisionen und/oder Prämien erhalten können, wie werden die Vorgaben für variable Gehaltsanteile getroffen?**	**Anzahl der Nennungen**					**in Prozent**				
	A	**B**	**C**	**BE**	**G**	**A**	**B**	**C**	**BE**	**G**
vorgegeben	71	178	133	184	566	52,59%	76,72%	92,36%	62,37%	70,22%
abgesprochen	17	33	7	21	78	12,59%	14,22%	4,86%	7,12%	9,68%
keine Provision oder Prämie	47	21	4	90	162	34,81%	9,05%	2,78%	30,50%	20,10%
Summe	135	232	144	295	806	100%	100%	100%	100%	100%

Frage 41: **Wenn die Vorgaben abgesprochen werden, wie hoch schätzen Sie Ihren Einfluß auf die getroffene Vereinbarung ein?**	**Anzahl der Nennungen** (Standardabweichung)				
	A	**B**	**C**	**BE**	**G**
keinen ❑❑❑❑❑❑ hoch 1 2 3 4 5 6	118	246	102	276	742
Mittelwert der Nennungen	2,03 (1,11)	2,04 (1,31)	1,56 (1,02)	2,05 (1,29)	1,98 (1,24)

Frage 42: Können Sie Incentives erreichen?	Anzahl der Nennungen					in Prozent				
	A	B	C	BE	G	A	B	C	BE	G
ja	50	111	98	149	408	34,48%	49,78%	66,22%	51,56%	50,68%
nein	95	112	50	140	397	65,52%	50,22%	33,78%	48,44%	49,32%
Summe	145	223	148	289	805	100%	100%	100%	100%	100%

Frage 43: Wenn ja, wie stark motivieren Sie Incentives?	Anzahl der Nennungen (Standardabweichung)				
	A	B	C	BE	G
gar nicht ❐❐❐❐❐❐ 1 2 3 4 5 6 stark	88	212	127	256	683
Mittelwert der Nennungen	3,39 (1,69)	2,65 (1,69)	2,15 (1,36)	2,86 (1,76)	2,73 (1,69)

Frage 44: Finden auch weitere Zielvereinbarungen statt (außer über Umsatzziele)?	Anzahl der Nennungen					In Prozent				
	A	B	C	BE	G	A	B	C	BE	G
ja	107	176	82	203	568	63,31%	68,75%	54,67%	64,86%	63,96%
nein	62	80	68	110	320	36,69%	31,25%	45,33%	35,14%	36,04%
Summe	169	256	150	313	888	100%	100%	100%	100%	100%

Frage 45: Wenn ja, wie stark fühlen Sie sich an solche Vereinbarungen gebunden?	Anzahl der Nennungen (Standardabweichung)				
	A	B	C	BE	G
gar nicht ❐❐❐❐❐❐ 1 2 3 4 5 6 stark	125	196	102	268	691
Mittelwert der Nennungen	4,26 (1,25)	4,16 (1,45)	3,64 (1,39)	3,78 (1,59)	3,95 (1,48)

Frage 46: Finden Personalbeurteilungen statt?	Anzahl der Nennungen					in Prozent				
	A	B	C	BE	G	A	B	C	BE	G
ja	88	249	109	246	692	53,33%	93,26%	74,66%	80,13%	78,19%
nein	77	18	37	61	193	46,67%	6,74%	25,34%	19,87%	21,81%
Summe	165	267	146	307	885	100%	100%	100%	100%	100%

Frage 47: Wenn ja, wie zutreffend finden Sie Ihre Personalbeurteilung?	Anzahl der Nennungen (Standardabweichung)				
	A	B	C	BE	G
nicht zutref-fend ❒❒❒❒❒❒ 1 2 3 4 5 6 zutref-fend	77	234	104	250	665
Mittelwert der Nennungen	4,01 (1,25)	4,07 (1,40)	4,13 (1,22)	3,71 (1,44)	3,94 (1,38)

Frage 48: Wie fühlen Sie sich durch Ihren Vorgesetzten betreut?	Anzahl der Nennungen (Standardabweichung)				
	A	B	C	BE	G
schlecht ❒❒❒❒❒❒ gut 1 2 3 4 5 6	170	269	152	314	905
Mittelwert der Nennungen	4,16 (1,40)	4,10 (1,57)	4,00 (1,67)	3,69 (1,73)	3,95 (1,62)

Frage 49: Wie stark fühlen Sie sich durch Ihren Vorgesetzten kontrolliert?	Anzahl der Nennungen (Standardabweichung)				
	A	B	C	BE	G
gar nicht ❒❒❒❒❒❒ 1 2 3 4 5 6 stark	171	269	152	314	906
Mittelwert der Nennungen	2,86 (1,34)	2,66 (1,29)	3,23 (1,34)	3,01 (1,53)	2,91 (1,40)

Frage 50: Wie reagieren Ihre Vorgesetzten auf Vorschläge und Anregungen?	Anzahl der Nennungen (Standardabweichung)				
	A	B	C	BE	G
nicht interes-siert ❐❐❐❐❐❐ inter-essiert 1 2 3 4 5 6	170	268	153	316	907
Mittelwert der Nennungen	4,21 (1,41)	4,25 (1,43)	4,10 (1,38)	1,79 (1,59)	4,05 (1,49)

Frage 51: Haben Sie den Eindruck, daß Vorschläge von AußendienstmitarbeiterInnen auch umgesetzt werden sollen?	Anzahl der Nennungen (Standardabweichung)				
	A	B	C	BE	G
eher nicht ❐❐❐❐❐❐ eher schon 1 2 3 4 5 6	168	261	150	318	897
Mittelwert der Nennungen	4,32 (1,64)	3,26 (1,43)	4,11 (1,67)	3,27 (1,59)	3,61 (1,63)

Frage 52: Wie werden die Interessen des Außendienstes Ihrer Meinung nach durch den Betriebsrat vertreten?	Anzahl der Nennungen (Standardabweichung)				
	A	B	C	BE	G
schlecht ❐❐❐❐❐❐ gut 1 2 3 4 5 6	171	248	153	299	871
Mittelwert der Nennungen	3,94 (1,53)	4,23 (1,35)	3,69 (1,55)	3,70 (1,69)	3,89 (1,56)

Frage 53: Inwieweit können Sie selbst entscheiden, welche Produkte beworben werden?	Anzahl der Nennungen (Standardabweichung)				
	A	B	C	BE	G
wird vorge-geben ❐❐❐❐❐❐ auto-nom 1 2 3 4 5 6	169	265	153	319	906
Mittelwert der Nennungen	2,36 (1,57)	1,48 (0,99)	1,08 (0,31)	2,15 (1,60)	1,81 (1,37)

Frage 54: **Inwieweit können Sie selbst entscheiden, welche Kunden beworben werden?**	**Anzahl der Nennungen** (Standardabweichung)				
	A	**B**	**C**	**BE**	**G**
wird vorge-geben ☐☐☐☐☐☐ 1 2 3 4 5 6 auto-nom	170	270	153	321	914
Mittelwert der Nennungen	4,21 (1,55)	3,79 (1,63)	2,65 (1,35)	4,14 (1,67)	3,80 (1,68)

Frage 55: **Wie schätzen Sie das Bild des Außendienstes im Unternehmen ein?**	**Anzahl der Nennungen** (Standardabweichung)				
	A	**B**	**C**	**BE**	**G**
schlecht ☐☐☐☐☐☐ gut 1 2 3 4 5 6	169	265	151	315	900
Mittelwert der Nennungen	3,62 (1,22)	3,82 (1,51)	3,52 (1,26)	3,85 (1,46)	3,74 (1,41)

Frage 56: **Wie integriert ist Ihrer Meinung nach der Außendienst im Unternehmen?**	**Anzahl der Nennungen** (Standardabweichung)				
	A	**B**	**C**	**BE**	**G**
schlecht ☐☐☐☐☐☐ gut 1 2 3 4 5 6	171	260	153	316	900
Mittelwert der Nennungen	3,40 (1,27)	3,84 (1,47)	3,33 (1,27)	3,73 (1,47)	3,63 (1,42)

Frage 57: **Wie beurteilen Sie die Zusammenarbeit mit dem Innendienst?**	**Anzahl der Nennungen** (Standardabweichung)				
	A	**B**	**C**	**BE**	**G**
schlecht ☐☐☐☐☐☐ gut 1 2 3 4 5 6	171	268	152	320	911
Mittelwert der Nennungen	3,14 (1,34)	3,88 (1,36)	3,41 (1,16)	3,82 (1,30)	3,64 (1,33)

Frage 58: Wie würden Sie gerne mit anderen Außendienstmitar-beiterInnen zusammenarbeiten?	**Anzahl der Nennungen**					**in Prozent**				
	A	**B**	**C**	**BE**	**G**	**A**	**B**	**C**	**BE**	**G**
weniger intensiv -3	-	2	2	4	8		0,76%	1,32%	1,27%	0,89%
-2	3	2	-	6	11	1,75%	0,76%	-	1,90%	1,22%
-1	2	2	3	5	12	1,17%	0,76%	1,99%	1,59%	1,33%
so wie bisher 0	72	110	68	135	385	42,11%	41,67%	45,03%	42,86%	42,73%
+1	45	57	36	65	203	26,32%	21,59%	23,84%	20,63%	22,53%
+2	35	62	28	56	181	20,47%	23,48%	18,54%	17,78%	20,09%
intensiver +3	14	29	14	44	101	8,19%	10,98%	9,27%	13,97%	11,21%
Summe	171	264	151	315	901	100%	100%	100%	100%	100%
Durchschnittliche Einschätzung (Mittelwert)	0,87	0,97	0,83	0,89	0,90					

Frage 59: Wie würden Sie gerne mit dem Innendienst (Unternehmen) zusammenarbeiten?	**Anzahl der Nennungen**					**in Prozent**				
	A	**B**	**C**	**BE**	**G**	**A**	**B**	**C**	**BE**	**G**
Weniger intensiv -3	-	-	-	2	2	-	-	-	0,63%	0,22%
-2	2	2	1	5	10	1,17%	0,75%	0,65%	1,56%	1,10%
-1	3	2	4	3	12	1,75%	0,75%	2,61%	0,94%	1,32%
so wie bisher 0	27	82	32	89	230	15,79%	30,60%	20,92%	27,81%	25,22%
+1	60	69	45	88	262	35,09%	25,75%	29,41%	27,50%	28,73%
+2	54	77	54	89	274	31,58%	28,73%	35,29%	27,81%	30,04%
intensiver +3	25	36	17	44	122	14,62%	13,43%	11,11%	13,75%	13,38%
Summe	171	268	153	320	912	100%	100%	100%	100%	100%
durchschnittliche Einschätzung (Mittelwert)	1,38	1,21	1,29	1,18	1,25					

Frage 60: **Wie schwierig ist es für Sie, sich in neue technische Anwendungen (z.B. neue Software) einzuarbeiten?**	**Anzahl der Nennungen** (Standardabweichung)				
	A	**B**	**C**	**BE**	**G**
gar nicht ❒❒❒❒❒❒ stark 1 2 3 4 5 6	170	272	153	277	872
Mittelwert der Nennungen	2,71 (1,62)	2,29 (1,42)	2,65 (1,59)	2,68 (1,72)	2,56 (1,60)

Frage 61: **Wie häufig nehmen Sie über den Computer mit dem Unternehmen Kontakt auf?**	**Anzahl der Nennungen**					**In Prozent**				
	A	**B**	**C**	**BE**	**G**	**A**	**B**	**C**	**BE**	**G**
1x täglich	15	171	106	130	422	14,42%	63,81%	69,28%	60,47%	57,03%
2x täglich	-	6	1	1	8	-	2,24%	0,65	0,47%	1,08%
mehrmals täglich	1	1	-	4	6	0,96%	0,37%	-	1,86%	0,81%
1x wöchentlich	42	8	1	18	69	40,38%	2,99%	0,65%	8,37%	9,32%
2x wöchentlich	13	17	2	20	52	12,50%	6,34%	1,31%	9,30%	7,03%
mehrfach in der woche, aber nicht täglich	16	63	43	33	155	15,38%	23,51%	28,10%	15,35%	20,95%
1x monatlich	11	1	-	5	17	10,58%	0,37%	-	2,33%	2,30%
2-4x monatlich	1	-	-	-	1	0,96%	-	-		0,14%
mehr als 4x monatlich, aber unregelmäßig	5	1	-	4	10	4,81%	0,37%	-	1,86%	1,35%
Summe	104	268	153	215	740	100%	100%	100%	100%	100%
durchschnittliche monatliche Kontaktaufnahme	ca. 10 Kontakte	ca. 24 Kontakte	ca. 25 Kontakte	ca. 23 Kontakte	ca. 22 Kontakte					

Frage 62: **Sind Sie zufrieden mit Ihrer Unterstützung bzw. Schulung in technischen Gebieten?**	**Anzahl der Nennungen** (Standardabweichung)				
	A	**B**	**C**	**BE**	**G**
nicht zufrie-den ❒❒❒❒❒❒ zufrie-den 1 2 3 4 5 6	162	262	153	249	826
Mittelwert der Nennungen	2,80 (1,53)	3,58 (1,66)	3,94 (1,62)	3,12 (1,78)	3,35 (1,71)

Frage 63: **Bei welchen Arbeitsinhalten setzen Sie den „Kollegen Computer“ ein?** (Mehrfachnennung möglich)	**Anzahl der Nennungen**				
	A	**B**	**C**	**BE**	**G**
Produktinformationen auswerten	9	80	46	52	187
Andere Informationen der Firma empfangen	63	232	151	188	634
Touren planen	45	95	66	109	315
Adressenkartei verwalten	89	188	121	195	593
Textverarbeitung allgemein (Korrespondenz)	121	171	130	207	629
Berichte versenden	76	238	149	198	661
Gesprächsvorbereitung	12	23	23	29	87
Kunden bewerten	33	93	112	108	346
Kunden auswählen	74	164	116	139	493
Kongresse vorbereiten	14	37	24	47	122
Sich informieren, z.B. im Internet oder in anderen Datenbanken	13	39	9	33	94
Reisekosten verwalten	127	232	122	136	617
Weitere nicht aufgeführte Anwendungen	53	65	60	97	275
(Keine Benutzung eines Computers)	(7)	(-)	(-)	(43)	(50)

Frage 64: **Wenn Sie mit einem Laptop ausgestattet sind, wie und wo setzten Sie den Laptop ein?** (Mehrfachnennung möglich)	**Anzahl der Nennungen**				
	A	**B**	**C**	**BE**	**G**
kein Laptop vorhanden	-	-	-	70	70
zu Hause	159	264	153	196	772
bei der Kundenberatung	11	44	1	9	65
im Wartezimmer	7	2	-	4	13
im Auto (z.B. im Stau)	18	31	17	30	96
auf Reisen (z.B. im Hotel)	35	67	55	78	235
der Laptop wird nicht genutzt	9	-	-	5	14

Frage 65: Wie stark hat der Computer generell Ihre Arbeitszeit verändert?	**Anzahl der Nennungen**					**in Prozent**				
	A	**B**	**C**	**BE**	**G**	**A**	**B**	**C**	**BE**	**G**
wurde weniger -3	1	-	1	1	3	0,60%	-	0,66%	0,42%	0,37%
-2	2	17	1	3	23	1,20%	6,75%	0,66%	1,26%	2,84%
-1	6	21	13	10	50	3,61%	8,33%	8,55%	4,18%	6,18%
blieb unverändert 0	17	54	17	25	113	10,24%	21,43%	11,18%	10,46%	13,97%
+1	37	52	32	46	167	22,29%	20,63%	21,05%	19,25%	20,64%
+2	57	66	52	82	257	34,34%	26,19	34,21%	34,31%	31,77%
hat zugenommen +3	46	42	36	72	196	27,71%	16,67%	23,68%	30,13%	24,23%
Summe	166	252	152	239	809	100%	100%	100%	100%	100%
durchschnittliche Einschätzung (Mittelwert)	1,66	1,01	1,49	1,70	1,44					